교회를 선택한 사람들

IVP(InterVarsity Press)는
캠퍼스와 세상 속의 하나님 나라 운동을 지향하는
IVF(InterVarsity Christian Fellowship)의 출판부로
생각하는 그리스도인을 위한 문서 운동을 실천합니다.

한국교회탐구센터(The Research Center for the Korean Churches)는
'하나님 나라를 위한 교회, 한국 교회를 위한 탐구'를 모토로
한국 교회 개혁을 위한 연구에 힘쓰고 있습니다.

이 책은 IVP와 한국교회탐구센터가 함께 만들었습니다

"교회를 선택한 사람들"

탈교회 상황에서 사람들은 어떻게 회심하고,
교회는 무엇을 해야 하는가

정재영 · 김선일 · 송인규 · 이민형 · 정지영 지음

교회탐구포럼 11

한국교회탐구센터 IVP

차례

머리말   7

01 새신자의 교회 출석 경로 및 교회생활 _정재영   11

02 새신자의 회심 서사를 통한 교회의 새신자 사역 전망 _김선일   73

03 예수를 만난 사람들: 회심으로의 등정 _송인규   133

04 교회를 선택한 사람들: FFT 연구 소개 _이민형   173

05 책으로 톺아보는 한국 교회 회심 이야기:

　　한 1970년생 출판인의 스케치 _정지영   197

부록: 설문 조사 문항   219

머리말

가나안 성도, 탈종교화 시대, 비제도권 교회 등 최근 우리가 접하는 기독교계의 소식은 줄줄이 여러 형태의 교회 이탈 현상이었다. 특히 코로나 사태를 겪으며 교회의 전통적 존립 방식과 활동은 다각적으로 도전받았고, 이제는 심지어 급속히 화석화되는 인상까지 풍긴다. 전도와 회심, 새신자 영입 관련의 사안들 또한 교회 성장을 구가하던 시절의 목회적 주 메뉴로 퇴각해 버렸다.

이 모든 표면적 대세에도 불구하고 지난 몇 년 동안 교회를 선택한 사람들 ─ 많거나 흔하지는 않지만 그럼에도 불구하고 신앙 공동체에 합세한 이들 ─ 이 있었다. 한국교회탐구센터는 이들의 행보와 발자취를 선명히 드러내는 일에 역점을 두고 이번 연구와 조사를 실시했다. 늘 그렇듯이 온라인 설문 조사가 주된 방편이었는데, 조사를 의뢰받은 지앤컴리서치는 2021년 8월 20일부터 9월 13일까지 23일 동안 19세 이상 총 458명의 개신교 새신자를 대상으로 하여 이들의 교회 유입과 정착 내역을 살펴보았다. 여기에서 새신자는 교회를 출석한 지 5년 이내(2016-2021년 사이)인 사람을 의미한다.

그런데 새신자의 유입 형편은 양적 조사만으로 충분히 밝혀질 수 없기에 설문 조사에 더해 소수의 인원에 대해 심층 인터뷰도 병행했다. 이들은 20대에서 60대에 이르는 여덟 명의 남녀 새신자였고, 대면·화상 대면·전화 통화의 방식으로 인터뷰를 진행했다. 이처럼 설문 조사와 심층 인터뷰를 함께 실시해 새신자의 유입 경위에 대한 양적·질적 연구를 아우르고자 했다.

설문 조사 내용을 요약한 것이 첫 번째 글 "**새신자의 교회 출석 경로 및 교회생활**"(정재영)이다. 설문 문항은 교회 출석 전 종교, 전도 과정, 교회 출석 후 믿음을 갖게 된 과정, 교회생활, 코로나19 상황에서의 신앙생활 등 총 다섯 개 영역을 망라하며, 글의 대부분은 각 문항에 대한 통계 수치가 주는 의미를 밝히는 데 할애되었다. 독자들은 이 해설을 통해 새신자들의 교회 유입 내역을 자세히 파악할 수 있을 것이다. 또 글의 끝부분에 등장하는 목회적·선교적·종교사회학적 성격의 '제언'은 새신자 사역을 좀 더 넓은 맥락에서 조망히도록 돕는 유익한 지침이 될 것이다.

그다음 글 "**새신자의 회심 서사를 통한 교회의 새신자 사역 전망**"(김선일)은 최근 몇 년 사이에 새신자가 된 이들의 신앙 이야기를 통해 교회가 어떻게 처음 믿는 이들을 맞이하고 터전을 마련해 줄지 진단·분석·처방을 함께 시도한 논고다. 필자 김선일은 심층 인터뷰의 연구 결과로서 먼저 '전형적 회심 요소'를 서너 가지 찾아냈고, 연구자 자신조차 예상하지 않았던 사항들을 '의외의 교훈들'로 정리했다. 그리고 나서 새신자가 교회에 정착하는 데 필요하다고 여겨지는 여섯 가지 항목을 '개별적 성찰점'이라는 제하에 열거했다. 또 자신의 전문 지식과 경험에 비추어 앞으로 교회가 새신자 사역과 관련해 고려할 바를 제언하며 글을 마무리한다.

이어서 새신자의 유입과 관련한 여타의 종교적·신학적 고찰 논문 세 편이 등장한다. 먼저 "**예수를 만난 사람들: 회심으로의 등정**"(송인규)에서 필자 송인규는 한국 교회가 1970-1980년대에 맞본 수적 부흥과 호황 때문에 회심관에 있어 오해와 편향이 야기되었다고 본다. 필자는 그러한 문제점/약점을 네 가지 항목—회심의 과거적 측면에만 집착, 위기적 회심관으로의 편향, 신앙의 사사화가 심화됨, 교회교적 풍토에의 함몰—으로 정리하고, 동시에 올바른 회심관에 입각한 개선 방안을 제시한다.

다음에 선보이는 "**교회를 선택한 사람들: FFT 연구 소개**"(이민형)는 제목이 예시하듯 교회에 유입된 새신자의 형편을 미국의 상황에서 소상히 설명한다. FFT는 Finding Faith Today의 약어로, 보스턴 대학의 브라이언 스톤(Bryan P. Stone) 교수가 새로 신앙인이 된 18세 이상 성인을 대상으로 미국 전역에 걸쳐 시행한 연구 프로젝트다. 이 프로젝트에 연구원으로 참여한 필자 이민형은 이 글을 통해 '그리스도인이 된다는 것' '그리스도인이 된 이유' '기독교 신앙으로 이끈 것/사람' '이후의 변화'에 대한 연구 결과를 조목조목 소개한다. 응답자를 천주교 전통, 개신교 복음주의 전통, 개신교 주류 전통으로 나눈 것도 흥미롭고 유익하다.

마지막에 실리는 "**책으로 톺아보는 한국 교회 회심 이야기: 헌 1970년생 출판인의 스케치**"(정지영)는 넓은 의미의 회심을 주제로 다룬 한국 교회의 저술을 시대별로 정리한 서지학적 보고서다. 필자의 안내에 따라 1970년대 이전부터 시작해 2010년 이후까지의 책들을 훑어보노라면 어느새 한국 보수 교회의 목회적·선교적 변천 과정을 조감하는 듯한 느낌을 받는다. 이는 도서 소개가 서지학적 정보에 그치지 않고 한국 교회가 처한 시대적 환경에서의 평가를 포함하고 있기 때문일 것이다.

전도와 새신자 영입은 교회의 시대적·환경적 조건이 여유 있든 팍팍하든 항시 고려해야 할 중차대한 사안이다. 포스트코로나 시대의 사역 여건이 녹록하지 않지만, 그래도 우리는 '교회를 선택한 사람들'을 잊지 말아야 할 것이다.

2022년 10월
송인규

01
새신자의 교회 출석 경로 및 교회생활

정재영(실천신학대학원대학교 종교사회학 교수)

1. 들어가는 말

최근 한국 교회는 성장 이후기를 맞았다. 폭발적 성장을 하던 1970-1980년대 부흥기를 지나 1990년대에 정체기를 맞았으며, 2000년대 이후에는 여러 교단에서 교세 감소를 보고하고 있다. 특히 교회를 이탈하는 '가나안' 성도들은 크게 늘고 있는 반면 새로 교회로 유입되는 신자는 늘지 않으면서 교인 수가 감소하고 있다. 게다가 한국의 출산율이 세계 최저 수준을 유지하면서 기독교 가정의 출산으로 인한 자연 증가도 기대하기 어려운 실정이다. '기독교윤리실천운동'에서 실시하는 사회신뢰도조사를 보면 교회에 대한 신뢰가 갈수록 떨어지고 있어서 교회에 다니고자 하는 사람이 늘어나기를 기대하기도 어렵다.

그렇다고 해서 새로운 신자 유입이 전혀 없는 것은 아니다. 일부 교회는 여전히 성장하고 있고, 탈교인의 수만큼은 아니라도 매년 일정 정도의 새로운 신자들이 교회를 방문하고 있다. 이렇게 새로 유입되는 신자들의 특성을 파악하면 이들이 어떤 요인에 의해 교회에 들어오게 되는지를 이해함으로써 전도의 가능성과 구체적 방법을 모색할 수 있을 것이다. '한국기독교목회자협의회'에서 조사한 바에 따르면, 최근 성도뿐만 아니라 목회자도 전도 경험이 크게 줄고 있는데 전도가 잘 되지 않는 것은 단순히 교인들의 열심이 부족해서라기보다는 여러 요인이 복합적으로 결합되어 있음을 알 수 있다.[1] 이런 상황에서 전도의 다양한 맥락과 새신자의 특성을 이해하는 것이 매우 중요하다.

이런 문제의식에서 '한국교회탐구센터'는 새신자의 특성을 파악하기 위해 통계조사를 실시했다. 이번 조사는 전도하는 사람의 관점이 아니라 피전도자, 곧 전도를 받아서 현재 교회에 출석하고 있는 새신자를 대상으로 전도의

---

1   이에 대해서는 한국기독교목회자협의회, 「한국기독교 분석리포트」(서울: URD, 2018)를 보라.

과정과 교회 정착 과정, 그리고 현재의 신앙생활을 이해하고자 하는 목적으로 이루어졌다. 이를 통해 피전도자의 필요와 전도가 성공적으로 이루어지는 요인, 그리고 효과적 전도가 무엇인지를 이해할 수 있을 것이다. 이것은 앞에서 말한 바와 같이 전도에 대한 구체적 방법과 전략을 구성하는 데 매우 중요한 자료가 될 것이다. 다음에서는 이번 조사 결과를 자세히 살펴보도록 하겠다. 지면 관계로 통계표는 대부분 생략하고 중요한 내용만 실었음을 밝힌다.

2. 자료의 성격

이번 조사에서는 새신자의 기준을 교회 출석 5년 이내(2016년 이후)인 만 19세 이상 개신교인으로 범위를 정했다. 여기서 새신자는 특정 교회에 처음 출석한 사람이 아니라 신앙생활을 시작한 사람 곧 교회에 정기적으로 출석하기 시작한 사람을 의미한다. 조사 방법은 온라인 패널을 이용한 온라인 조사로 이루어졌으며, 조사 기간은 2021년 8월 20일부터 9월 13일(23일간)이었다. 이 기간에 458명의 유효 표본을 추출했다. 원래 500명의 표본을 추출하려 했으나 표본 확보가 여의치 않아 조사 기간을 늘렸음에도 500명을 채우지 못했다. 과거와 같이 새신자 유입이 많지 않은 데다가 조사 시점 기준으로 1년 반 동안 코로나바이러스감염증-19 팬데믹 상황(이후 '코로나19 상황'으로 표기함)으로 인해 새신자 유입이 매우 적었기 때문으로 추정된다. 이 유효 표본에 대하여 여론조사 전문기관 '지앤컴리서치'에 자료 입력 및 통계 처리를 의뢰해 조사를 분석하여 결과를 도출했다.

설문 문항은 교회 출석 전 종교에 대한 인식, 전도 과정, 교회 출석 후 믿음을 갖게 된 과정, 교회생활, 코로나19 상황에서의 신앙생활로 구성되었다. 구체적 내용은 〈표 2〉를, 자세한 설문 문항은 책 뒤에 〈부록〉으로 첨부한 설문지를 참고하라.

〈표 1〉 조사 설계

구분	내용
조사 대상	만 19세 이상 개신교인으로서 교회 출석 5년 이내(2016년 이후) 남녀
조사 지역	전국
조사 방법	온라인 패널을 대상으로 한 온라인 조사(이메일을 통해 URL 발송)
표본 규모	총 458명(유효 표본)
표본 추출	무작위 추출
표본 오차	95% 신뢰 수준에서 ±4.6%P
자료 처리	수집된 자료는 통계패키지 'SPSS 18.0 for Windows'로 분석함
조사 기간	2021년 8월 20일-9월 13일(23일간)
조사 의뢰 기관	한국교회탐구센터
조사 기관	(주)지앤컴리서치

* 본문의 데이터는 소수점 둘째 자리에서 반올림하여 표기하였으므로, 〈표〉와 〈그림〉에 표기된 값의 합이 맞지 않을 수 있습니다.

응답자 특성을 보면, 성별은 남성 49.6퍼센트, 여성 50.4퍼센트로 비슷했고, 나이는 20대 15.1퍼센트, 30대 25.5퍼센트, 40대 31.7퍼센트, 50대 19.9퍼센트, 60세 이상 7.9퍼센트로 40대가 가장 많이 표집되었다. 스스로 응답한 가정 경제 수준은 상층 16.8퍼센트, 중층 41.5퍼센트, 하층 41.7퍼센트였다. 신앙 단계를 확인하기 위해 다음과 같은 항목을 제시하고 선택하도록 했다. "1단계: 나는 하나님과 교회에 대한 관심을 갖고 탐구하고 있지만, 아직 분명한 신앙고백이나 확신에 이른 것은 아니다. 2단계: 나는 하나님을 믿고 예수님을 구주로 고백한다. 교회에도 규칙적으로 출석하려고 하지만, 신앙에 대해서는 아직 배워야 할 것이 많다. 3단계: 나는 예배뿐 아니라 개인적으로 말씀 묵상이나 기도를 통해 하나님의 은혜와 사랑을 경험한다. 나는 교회의 모임이나 활동에도 잘 참여하는 편이다. 4단계: 신앙은 나의 모든 삶에서 가장 중요한 가치다. 나는 내 인생을 향한 하나님의 뜻을 발견하여, 교회에서의 봉사뿐 아니라 세상에서도 이웃을 섬기는 삶을 살고자 한다."[2] 이것은

⟨표 2⟩ 설문 문항 구성

교회 출석 전 종교	• 초월 세계 및 존재에 대한 인식 • 종교에 관한 관심도 • 호감이 갔던 종교와 싫어했던 종교 • 기독교 외 타 종교 집회 및 활동 참여 경험 • 기독교 이전 믿었던 종교 • 기독교/교회에 대한 호감도
전도 과정	• 삶의 고난과 전도 • 교회 출석 목적 • 전도자 • 자발적 새신자의 교회 출석 계기 • 전도자와의 접촉 상황, 전도 내용 • 전도자의 전도 이후 교회 출석 전까지 전도자와의 관계 • 교회 출석 결정할 때 망설이게 한 요인 • 전도자의 전도로부터 교회 출석까지 걸린 기간
교회 출석 후 믿음을 갖게 된 과정	• 교회에서 처음 참석한 모임 • 현재 본인 신앙 단계 • '믿음이 생겼다'는 것을 확신한 기간 • 믿음을 가지게 된 데 도움이 된 요인 • 믿음을 가지게 된 데 장애가 된 요인 • 신앙에 관심을 갖게 한 삶의 문제 해결에 신앙이 도움 된 여부 • 신앙 이전과 비교했을 때 삶에 대한 만족도
교회생활	• 전도받은 후 첫 번째 교회에서 교인 등록 • 교회 출석 빈도 • 교회 직분 • 교회 참여 모임, 교회 봉사, 전도 활동 • 교회 만족도 • 교회 이미지 변화
코로나19 상황에서 신앙생활	• 코로나19 발생 이후 주일 예배 빈도, 온라인 예배 드린 비율 • 현장 예배와 비교했을 때 온라인 예배 만족도 • 코로나19 이전과 비교했을 때 신앙 수준 변화 • 코로나19 상황에서 신앙생활에 도움이 된 것 • 코로나19 상황에서 신앙생활에 어려운 점 • 코로나19 종식 이후 교회 출석 의향

---

2   이 문항은 미국 윌로크릭 교회에서 교회 진단을 위해 사용한 문항을 한국 교회의 상황에 맞게 김선일 교수가 재구성한 것이다. 이에 대해서는 에릭 안슨 외, 『윌로크릭의 발견』(서울: 국제제자훈련원, 2008)을 보라.

〈표 3〉 응답자 특성

구분		사례 수(명)	비율(%)
전체		(458)	100.0
성별	남성	(227)	49.6
	여성	(231)	50.4
나이	29세 이하	(69)	15.1
	30-39세	(117)	25.5
	40-49세	(145)	31.7
	50-59세	(91)	19.9
	60세 이상	(36)	7.9
가정 경제 수준	상	(77)	16.8
	중	(190)	41.5
	하	(191)	41.7
교회 출석 전 영적 존재/ 세계 믿음	믿음	(244)	53.3
	안 믿음	(214)	46.7
교회 출석 전 교회 관심도	관심	(170)	37.1
	미관심	(288)	62.9
교회 출석 전 호감 종교	개신교	(118)	25.8
	천주교	(91)	19.9
	불교	(111)	24.2
	기타 종교	(18)	3.9
	없음	(120)	26.2
교회 출석 목적	인생 의미와 내세 추구	(129)	28.2
	현실의 복 추구	(100)	21.8
	사회적 관계 추구	(82)	17.9
	호기심/무목적성	(123)	26.9
	기타	(24)	5.2
신앙 단계	신앙 탐구 단계	(145)	31.7
	신앙 형성 단계	(218)	47.6
	신앙 심화 단계	(57)	12.4
	신앙 우선 단계	(38)	8.3
직업	자영업	(31)	6.8
	화이트칼라	(253)	55.2
	블루칼라	(66)	14.4
	주부	(59)	12.9
	학생/기타/무직	(49)	10.7
전도자	자발적으로	(112)	24.5
	가족/친척	(166)	36.2
	친구/선후배	(120)	26.2
	이웃	(54)	11.8
	기타	(6)	1.3

신앙단계와 교회생활이나 신앙에 대한 의식 간의 관계를 살펴보기 위함이다. 그 결과 1단계 31.7퍼센트, 2단계 47.6퍼센트, 3단계 12.4퍼센트, 4단계 8.3퍼센트로 나왔다. 그 밖의 응답자 특성은 〈표 3〉을 참고하기 바란다.

3. 조사 결과

1) 교회 출석 전 종교에 대한 인식

교회 출석 전에 귀신, 천국, 지옥 등 초월적 세계와 존재를 믿었는지에 대해 53.3퍼센트가 '믿었다'고 응답했다. 초월적 세계와 존재를 믿는 비율은 교회 출석 전 개신교에 호감이 있던 응답자(64.4퍼센트)가 다른 종교 호감자보다 높았으며, 직업으로는 블루칼라(57.6퍼센트)와 주부(57.6퍼센트), 학생/기타/무직(61.2퍼센트)에서 높게 나타났다.

교회 출석 전 종교에 관심이 있었는지에 대해 37.1퍼센트만이 '있었다'고 응답했고 62.9퍼센트는 '없었다'고 응답했다. 이를 보면 종교에 관한 관심이

〈그림 1〉 초월 세계에 대한 인식

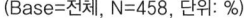
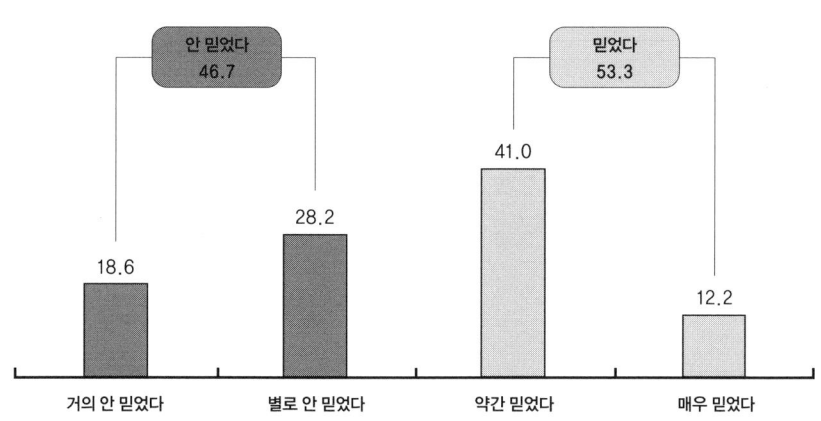

곧 기독교 신앙으로 인도하는 것은 아니라고 추론할 수 있다. 종교에 관한 관심은 40-50대가 많았는데, 이들이 종교에 관심이 많은 것은 먼저 사회생활을 하면서 이 나이대에 사업의 실패나 직장 또는 사회생활에서 한계를 느껴 종교에 관심을 갖게 되었을 수 있다. 다음으로 현실적이고 물질주의적인 2030세대보다 4050세대가 종교에 관심이 더 많은 것으로 볼 수도 있다.[3] 젊을 때는 당장 취업이나 사회 진출에 관심이 많고 죽음에 대한 공포나 관심이 많지 않은 반면 나이가 들면서 인생의 의미를 생각하게 되고 종교에 관한 관심도 높아지는 경향이 있었다.

교회에 출석하기 전 호감이 갔던 종교로 '개신교'라는 응답이 25.8퍼센트로 가장 높았으나 아예 호감이 가는 종교가 없었다는 비율(26.2퍼센트)이나 불교(24.2퍼센트)와 천주교(19.9퍼센트)에 호감을 느꼈던 비율도 그에 못지않았다. 이것은 교회 출석 전 기독교에 대한 호감 여부와 교회 출석과의 관계가

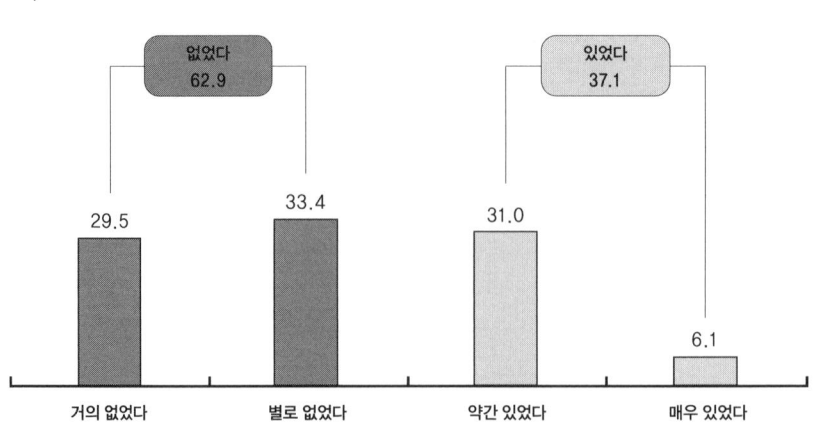

〈그림 2〉 종교에 관한 관심도

---

3 2030세대의 물질주의적 특성은 목회데이터연구소, "2030세대, 내 인생 목표는 물질적으로 풍족해지는 것이다", 「넘버스」 88 (2021년 3월 19일)를 참고하라.

그리 높지 않다는 것으로 해석할 수 있다. 교회 출석 전 영적 존재/세계에 대한 믿음이 있는 경우 다른 종교보다 '개신교'(31.1퍼센트)에 호감이 더 많았으며, 영적 존재/세계에 대한 믿음이 없는 경우는 '호감 종교가 없었다'(31.8퍼센트)는 응답이 더 높았다.

교회에 출석하기 전 비호감이었던 종교는 '없었다' 37.3퍼센트, '이슬람교' 27.1퍼센트, 무속신앙 21.4퍼센트였고, 개신교는 6.1퍼센트로 낮았다. 오차 범위 안에서의 차이지만 주요 3대 종교(개신교, 천주교, 불교) 가운데는 개신교가 가장 비호감도가 높았다. 좀 더 젊은 층(49세 이하)이 장년층(50세 이상)보다

〈그림 3〉 호감이 갔던 종교

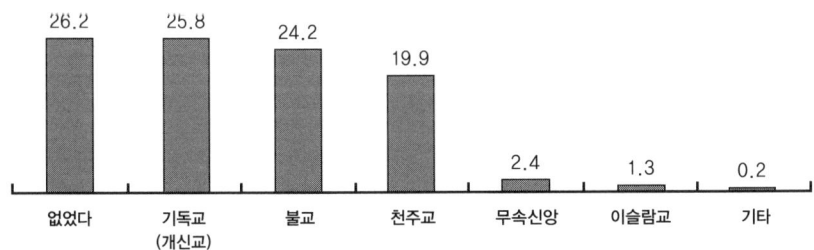

〈그림 4〉 비호감 종교

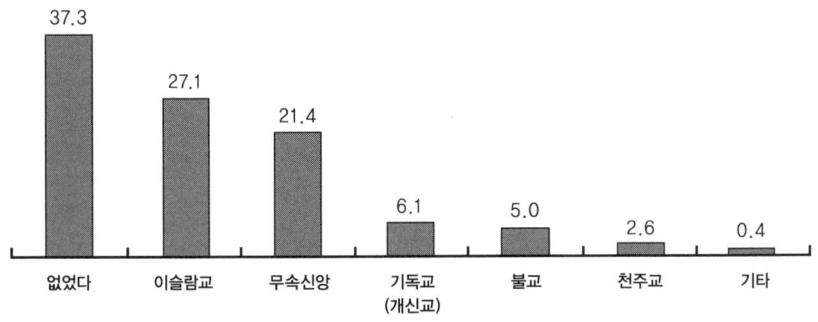

개신교에 대한 비호감도가 높았다. 그리고 가정 경제 수준 '상층'(11.7퍼센트)에서 '중층'(6.3퍼센트)과 '하층'(3.7퍼센트)보다 비호감도가 높았다. 이런 결과로 볼 때, 사회 지도층 또는 여론 선도층에서 개신교에 대한 비호감도 확산이 우려된다.

교회 출석 전 개신교 외에 다른 종교의 집회나 활동에 '참여한 적이 있다'고 응답한 비율은 33.6퍼센트로 낮았다. 이 결과가 의미하는 것은 개신교 신앙을 갖게 된 새신자들이 타 종교를 탐색하고 나서 최종적으로 교회를 선택한 것은 아니라는 것이다. 즉 새신자들은 여러 종교를 비교한 후 개신교가 비교 우위에 있다고 판단하고 개신교를 선택한 것이 아니다. 따라서 종교 선택은 합리적 경로가 아니라 직관적 경로를 통해 이루어진다고 해석할 수 있다. '참여한 적이 있다'는 응답은 50대가 41.8퍼센트로 가장 높고, 29세 이하가 24.6퍼센트로 가장 낮았다.

기독교 외에 참여했던 타 종교를 질문했을 때, 불교가 65.6퍼센트로 가장 높았다. 한국인의 문화에 불교가 깊이 자리 잡고 있어서 친근감이 크고 자연

〈그림 5〉 타 종교 참여 경험률

(Base=전체, N=458, 단위: %)

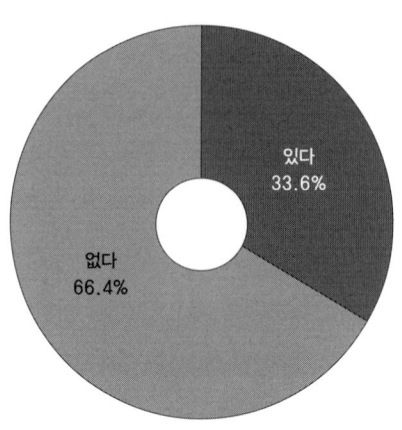

스럽게 접할 기회도 많은 결과로 보인다.

개신교 신앙을 갖기 전에 다른 종교를 믿었는지에 대해, 대부분(81.2퍼센트)은 다른 종교를 믿은 적이 없다고 응답했다. 다른 종교를 믿었던 비율은 18.8퍼센트였다. 불교를 믿었다는 응답이 10.5퍼센트, 천주교가 6.1퍼센트였다. 특히 50대에서 불교를 믿었다는 응답이 다른 연령대보다 많았다. 이 결과를 보면, 탈교회 현상이 심각한 가운데 최근 개신교에 전도된 새신자들은 대체로

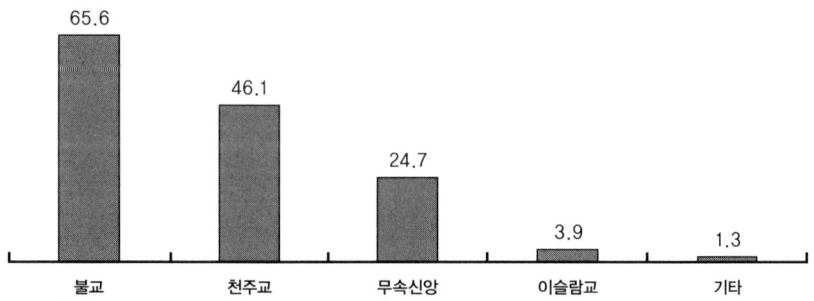

〈그림 6〉 참여했던 타 종교

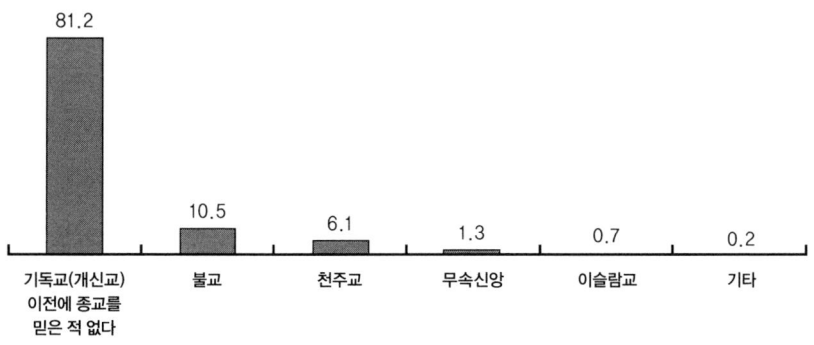

〈그림 7〉 기독교 이전에 믿었던 종교

〈그림 8〉 기독교/교회에 대한 호감도

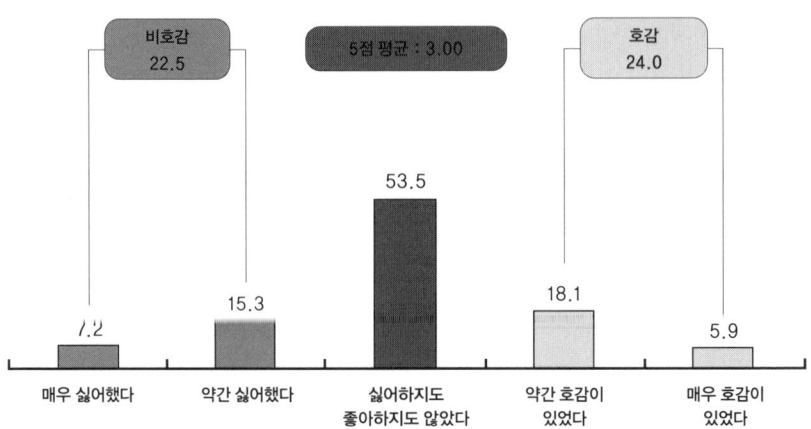

(Base=전체, N=458, 단위: %)

개종에 의한 것이 아닌 것으로 볼 수 있다.

신앙을 갖기 전 개신교에 대한 호감도는 24.0퍼센트, 비호감도는 22.5퍼센트로 비슷했고 '싫어하지도 좋아하지도 않았다'는 응답이 절반 정도인 53.5퍼센트였다.[4] 곧 새신자 가운데 개신교에 대해 최소한 중립적이거나 호의적 태도를 보인 사람의 비율이 77.5퍼센트였다. 따라서 적어도 개신교에 대해 비호감을 가지지 않은 사람이 주로 새신자가 된다고 볼 수 있다. 5점 척도 평균으로는 3.00점이었다. 교회 출석 전 '천주교'에 호감을 느꼈던 새신자의 개신교 비호감도가 34.1퍼센트로, 다른 종교에 호감을 가졌던 새신자보다 높았다. '불교' 호감자의 개신교에 대한 비호감도는 27.0퍼센트로 '천주교' 호감자보다 낮았다.

4　참고로 2020년 기독교윤리실천운동에서 실시한 '한국교회신뢰도조사'에서는 한국 교회 신뢰도가 31.8퍼센트였다. 이 결과는 4점 척도였으므로 5점 척도로 조사한 이번 결과와 직접 비교하기는 어렵다.

2) 전도 과정

새신자들은 전도를 받을 무렵 '삶의 어려운 문제'를 겪지 않았다는 비율이 23.8퍼센트밖에 되지 않았다. 많은 새신자가 전도받을 무렵 '삶의 문제'를 겪고 있었음을 알 수 있다. 새신자가 겪은 삶의 문제는 다양하게 나타났는데, 그 가운데 가장 많이 언급한 것은 '인생의 의미에 대한 혼란'(23.6퍼센트)이었다. 그 외에 '경제적 어려움'(19.7퍼센트), '인간관계의 어려움'(17.2퍼센트), '건강 문제'(신체 15.9퍼센트, 정신 15.1퍼센트) 등을 언급했다. '삶의 문제가 없었다'는 응답은 '교회 출석 전 영적 존재/세계를 안 믿는 자'(27.6퍼센트)와 '종교 미관심자'(27.1퍼센트)에게서 많았는데, 이것은 실제 삶의 문제가 없었다기보다는 이들이 고난의 문제를 영적인 것이나 종교적인 것과 연결하여 생각하지 않았다는 것으로 해석하는 것이 타당해 보인다.

삶의 문제를 응답자 특성별로 분석하면 각 세대 또는 특성별로 고민거리와 삶의 애환을 알 수 있는데, '인생의 의미와 혼란'은 여성(28.6퍼센트)과 29세 이하(29.0퍼센트)에서 응답이 많았다. 주부(30.5퍼센트)도 다른 사람보다 '인생의 의미와 혼란'을 많이 겪었는데, 여성이 결혼 이후 혹은 자녀가 성장한 이후 정체성 혼란을 느끼는 것이 반영되었다고 생각할 수 있다. 50대(27.5퍼센트)와 가정 경제 수준 '하층'(26.2퍼센트)은 '경제적 어려움'을 많이 겪었으며, 30-50대는 '사업/직장의 어려움'과 '학업/취업/퇴직'을 상대적으로 다른 연령대보다 더 많이 겪었다. 30대는 '가족 간의 갈등과 불화'를 다른 연령대보다 더 많이 언급했는데, 결혼 초기의 부부간 갈등, 성장한 자녀로서 부모와 겪는 갈등 등이 포함된 것으로 보인다.

특히 주목할 것은 교회 출석 목적에 따른 차이인데, '인생의 의미와 내세 추구'형 새신자는 전도 받을 무렵 '인생의 의미에 대한 혼란'(41.9퍼센트)을 많이 겪고 있었고, '현실의 복 추구'형 새신자는 '경제적 어려움'(34.0퍼센트), '신체적 건강 문제'(30.0퍼센트), '정신적 질병'(20.0퍼센트), '사업/직장의 어려움'(24.0퍼

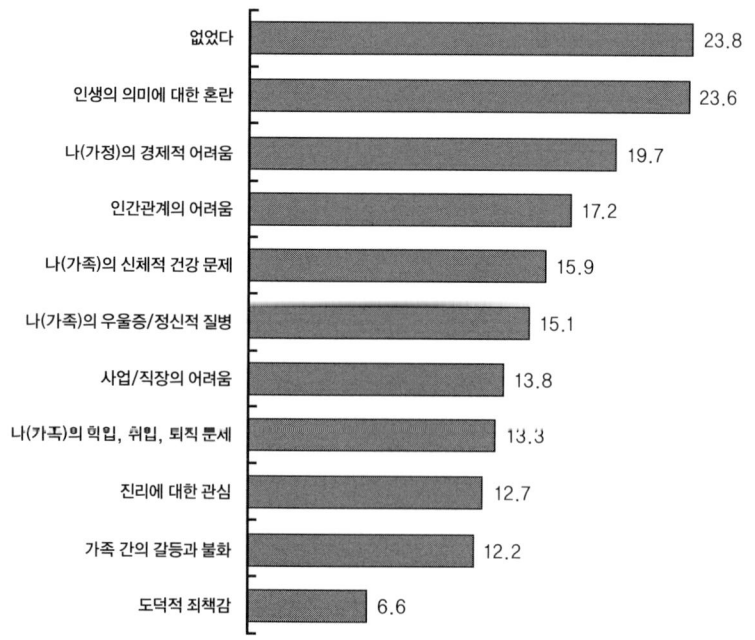

〈그림 9〉 전도 무렵 겪은 삶의 고난

센트)을, '사회적 관계 추구'형 새신자는 '인간관계의 어려움'(25.6퍼센트)을 많이 겪었다고 응답했다. 한편 '호기심/무목적'형 새신자는 뚜렷한 특징을 보이지 않았다.

전도를 받을 무렵 삶의 문제가 있었다고 응답한 새신자에게 삶의 문제 가운데 신앙에 관심을 갖게 한 것이 무엇이었는지 질문했는데, '없었다'는 응답이 11.5퍼센트였고 '있었다'는 응답은 88.5퍼센트였다. 따라서 삶의 고난 문제가 신앙에 관심을 끌게 하는 영향력이 매우 크다는 사실을 알 수 있다. 신앙에 관심을 끌게 한 삶의 문제는 겪었던 삶의 문제가 다양한 만큼이나 다양하게 나타났는데 겪었던 삶의 문제와 다른 특징을 보였다.

삶의 고난 가운데 신앙에 관심을 끌게 한 문제로 가장 많이 응답한 것은 '겪었던 삶의 문제'에서 1위로 언급된 '인생의 의미에 대한 혼란'(15.8퍼센트)이었다. 하지만 '신앙에 관심을 끌게 한 문제' 2위로 응답한 것은 '겪었던 삶의 문제'에서 5위로 응답한 '신체적 건강 문제'(12.9퍼센트)였으며, '신앙에 관심을 끌게 한 문제' 3위로 응답한 '경제적 어려움'(10.9퍼센트)은 '겪었던 삶의 문제'에서는 2위였다. 건강 문제와 경제 문제가 그만큼 중요하다는 것을 의미한다. 한편 '신앙에 관심을 끌게 한 문제' 4위는 29세 이하(15.4퍼센트)에서 많이 응답한 '학업/취업/퇴직 문제'(9.5퍼센트)였는데, 이것은 '겪었던 삶의 문제'에서는 7위였다. 그만큼 29세 이하에서 '학업/취업/퇴직 문제'를 절박하게 받아들이고 있었다.[5]

응답자 특성에 따른 결과는 '겪었던 삶의 문제'에 대한 응답과 비슷했다. '인생의 의미에 대한 혼란'은 여자(19.9퍼센트), 주부(24.4퍼센트)와 학생/기타/무직(21.1퍼센트)층이 신앙에 관심을 갖게 하는 데 영향력을 발휘했다. '건강(신체적·정신적)'은 50대 이상 세대가, '경제적 어려움'은 50대(17.1퍼센트)와 가정 경제 수준 하층(18.1퍼센트)이 신앙에 관심을 두도록 한 요인이었다. 또 20대는 '인간관계의 어려움'(25.0퍼센트)이 가장 큰 영향 요인이었다.

교회 출석 목적이 '인생의 의미와 내세 추구'형인 새신자는 '인생의 의미에 대한 혼란'으로부터 가장 많이 영향을 받았으며, '현실의 복 추구'형 새신자는 '건강(신체적·정신적)' 때문에, '사회적 관계 추구'형 새신자는 '인간관계의 어려움'(25.9퍼센트) 때문에 신앙에 관심을 갖게 되었다고 응답했다. 한편 '호기심/무목적'형 새신자는 신앙에 관심을 끌게 한 요인이 '없었다'는 비율이 17.1퍼센트로 다른 응답자보다 높았다.

---

[5] 20대 기독 청년들에게 '안정적 일자리/취업'은 최대 관심사다. 이에 대해서는, 실천신학대학원대학교 21세기교회연구소·한국교회탐구센터·목회데이터연구소, "코로나 시대, 기독 청년들의 신앙생활탐구 자료집"(2021년 1월 27일), p. 12를 보라.

〈표 4〉 전도 무렵 겪은 삶의 고난

(Base=전체, N=458, 단위: %, 복수 응답)

구분		사례 수 (명)	없었다	인생의 의미에 대한 혼란	나(가정)의 경제적 어려움	인간 관계의 어려움
전체		(458)	23.8	23.6	19.7	17.2
성별	남자	(227)	26.0	18.5	18.5	15.0
	여자	(231)	21.6	**28.6**	20.8	19.5
나이	29세 이하	(69)	24.6	**29.0**	10.1	**27.5**
	30-39세	(117)	20.5	22.2	21.4	18.8
	40-49세	(145)	24.1	23.4	17.9	14.5
	50-59세	(91)	23.1	23.1	**27.5**	14.3
	60세 이상	(36)	**33.3**	19.4	19.4	11.1
가정 경제 수준	상	(77)	24.7	22.1	13.0	14.3
	중	(190)	22.6	25.3	15.8	18.4
	하	(191)	24.6	22.5	**26.2**	17.3
교회 출석 전 영적 존재/ 세계 믿음	믿음	(244)	20.5	25.4	20.9	18.9
	안 믿음	(214)	**27.6**	21.5	18.2	15.4
교회 출석 전 교회 관심도	관심	(170)	18.2	25.3	24.1	21.8
	미관심	(288)	**27.1**	22.6	17.0	14.6
교회 출석 목적	인생 의미와 내세 추구	(129)	17.1	**41.9**	13.2	18.6
	현실의 복 추구	(100)	8.0	20.0	**34.0**	15.0
	사회적 관계 추구	(82)	29.3	15.9	17.1	**25.6**
	호기심/무목적	(123)	38.2	13.8	16.3	13.8
	기타	(24)	33.3	16.7	20.8	8.3
직업	자영업	(31)	25.8	22.6	22.6	19.4
	화이트칼라	(253)	25.7	21.7	21.3	17.8
	블루칼라	(66)	16.7	18.2	22.7	12.1
	주부	(59)	23.7	**30.5**	15.3	13.6
	학생/기타/무직	(49)	22.4	**32.7**	10.2	**24.5**

나(가족)의 신체적 건강 문제	나(가족)의 우울증/ 정신적 질병	사업/ 직장의 어려움	나(가족)의 학업/취업/ 퇴직 문제	진리에 관한 관심	가족 간의 갈등과 불화	도덕적 죄책감	기타
15.9	15.1	13.8	13.3	12.7	12.2	6.6	2.0
13.7	13.7	**16.7**	11.0	12.8	13.7	7.0	1.3
18.2	16.5	10.8	15.6	12.6	10.8	6.1	2.6
10.1	13.0	10.1	17.4	14.5	7.2	1.4	1.4
14.5	**21.4**	**16.2**	**21.4**	14.5	**19.7**	12.0	0.9
13.1	14.5	**14.5**	10.3	10.3	11.0	6.9	4.8
22.0	9.9	**15.4**	7.7	13.2	12.1	3.3	0.0
27.8	13.9	5.6	5.6	11.1	2.8	5.6	0.0
14.3	18.2	**20.8**	**20.8**	16.9	16.9	**13.0**	2.6
14.2	16.3	12.1	13.2	13.2	11.1	6.3	1.1
18.3	12.6	12.6	10.5	10.5	11.5	4.2	2.6
17.2	16.8	14.3	12.3	**15.6**	14.3	5.7	3.3
14.5	13.1	13.1	14.5	9.3	9.8	7.5	0.5
17.1	15.9	17.6	15.3	**17.1**	11.8	5.3	2.4
15.3	14.6	11.5	12.2	10.1	12.5	7.3	1.7
12.4	15.5	9.3	12.4	**19.4**	11.6	9.3	2.3
30.0	20.0	**24.0**	13.0	9.0	15.0	7.0	1.0
11.0	14.6	14.6	15.9	12.2	6.1	3.7	3.7
10.6	8.9	10.6	13.8	9.8	13.0	5.7	0.0
20.8	25.0	8.3	8.3	8.3	**20.8**	4.2	8.3
16.1	12.9	19.4	12.9	16.1	9.7	9.7	0.0
15.4	15.4	13.8	13.4	9.5	14.6	7.1	1.6
21.2	18.2	**24.2**	19.7	16.7	7.6	7.6	0.0
13.6	11.9	5.1	6.8	**20.3**	11.9	5.1	5.1
14.3	14.3	6.1	12.2	12.2	8.2	2.0	4.1

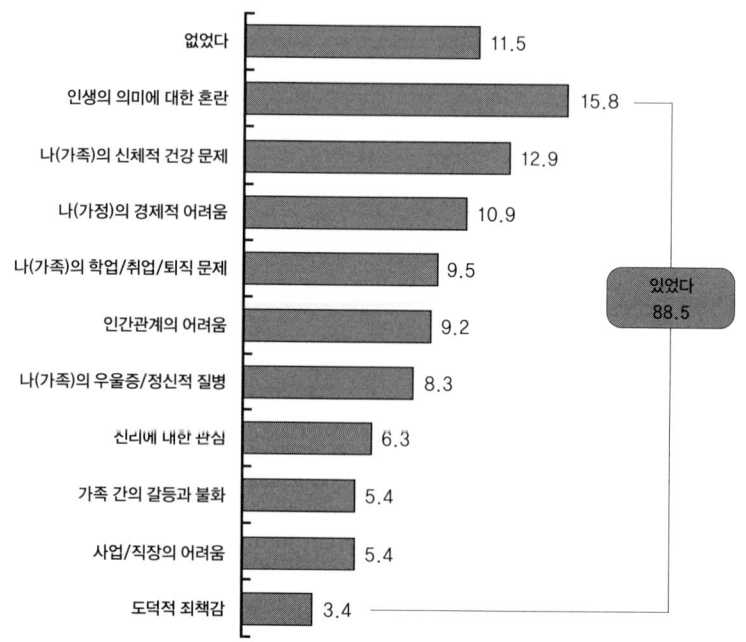

〈그림 10〉 신앙에 관심을 갖게 한 고난

교회 출석 목적에 대해서, '인생의 의미를 알고 싶어서'라고 응답한 새신자가 21.4퍼센트로 가장 많았고, 그다음은 '건강, 가족, 사업/직장의 문제 해결을 위해서' 교회에 출석한 새신자가 18.6퍼센트였다. '친밀한 인간관계를 맺기 위해서' 교회에 출석했다는 응답은 9.6퍼센트였으며, '훌륭한 인격 혹은 교양을 갖추기 위해서'는 8.3퍼센트였다. '그냥 호기심'으로 출석했다고 응답한 비율은 9.0퍼센트였다. '특별한 목적 없이' 교회에 출석한 경우도 17.9퍼센트나 되었다.

응답자 특성별로 특징적 현상을 보면, 여자(25.1퍼센트)가 남자(17.6퍼센트)보다 '인생의 의미를 알고 싶어서' 교회에 출석한 경우가 많았는데, 여자 가운데서도 주부(30.5퍼센트)의 경우가 특히 그러했다. 이는 주부들이 결혼 후 가정에 매몰되거나 자녀 양육을 마친 후 맞닥뜨리는 상실감을 극복하기 위해 신앙을 가지려는 것으로 보인다. 20대는 '훌륭한 인격 혹은 교양을 갖추기 위해'라는 응답이 다른 연령대보다 높았다. 자발적으로 교회에 출석한 새신자는 '인생의 의미를 알고 싶어서'(28.6퍼센트) 출석한 비율이 가장 높고, 가족/친척이 전도한 경우는 '특별한 목적 없이'(28.3퍼센트)가 가장 많았으며, 이웃이 전도한 경우는 '건강, 가족, 사업/직장의 문제 해결을 위해서'(20.4퍼센트) 교회에 출석한 경우가 가장 많았다.

위 응답의 의미를 고려해 새신자를 유형별로 분류하면 다음과 같다. '인생의 의미와 내세 추구'형은 여자, 특히 50대 주부가 신앙을 갖게 되는 유형인데 이 유형은 자녀가 성장한 후 자녀와 갑자기 떨어지게 된 부모가 늘 함께 하던 애착의 대상이 눈앞에서 사라지면서 세상에 혼자 남게 되었다고 느끼는 심리적 불안 증상, 이른바 '빈둥지증후군'을 느끼는 연령대다. 이 상황에서 심리적 불안감을 해소하기 위해 교회에 출석하는 것으로 볼 수 있다.

'현실의 복 추구'형은 50대 블루칼라가 주 응답층이었는데, 이 응답층의 특징은 소득이 높지 않아서 노후 준비를 해 놓지 않은 상태에서 은퇴를 앞두

〈그림 11〉 교회 출석 목적(상위 8개)

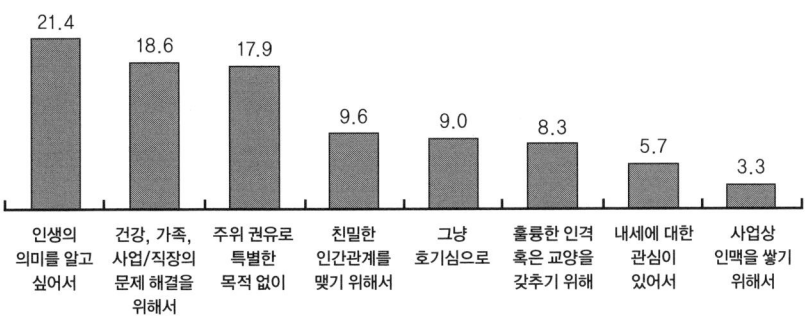

(Base=전체, N=458, 단위: %)

〈표 5〉 교회 출석 목적

(Base=전체, N=458, 단위: %)

구분		사례 수 (명)	인생의 의미를 알고 싶어서	건강, 가족, 사업/ 직장의 문제 해결을 위해서	주위 권유로 특별한 목적 없이	친밀한 인간 관계를 맺기 위해서	그냥 호기심 으로	훌륭한 인격 혹은 교양을 갖추기 위해	내세에 대한 관심이 있어서
전체		(458)	21.4	18.6	17.9	9.6	9.0	8.3	5.7
성별	남자	(227)	17.6	19.4	19.4	10.6	11.9	8.4	6.2
	여자	(231)	**25.1**	17.7	16.5	8.7	6.1	8.2	5.2
나이	29세 이하	(69)	23.2	5.8	18.8	14.5	**17.4**	**11.6**	1.4
	30-39세	(117)	21.4	17.9	16.2	9.4	10.3	6.8	5.1
	40-49세	(145)	20.7	17.9	17.9	10.3	8.3	9.0	7.6
	50-59세	(91)	23.1	**26.4**	14.3	6.6	3.3	6.6	6.6
	60세 이상	(36)	16.7	**27.8**	30.6	5.6	5.6	8.3	5.6
가정 경제 수준	상	(77)	16.9	20.8	16.9	3.9	**14.3**	9.1	6.5
	중	(190)	25.8	16.3	17.9	**11.1**	7.4	7.9	4.7
	하	(191)	18.8	19.9	18.3	**10.5**	8.4	8.4	6.3
직업	자영업	(31)	19.4	16.1	16.1	3.2	**16.1**	9.7	6.5
	화이트칼라	(253)	21.7	19.0	18.2	**12.3**	8.3	6.3	5.1
	블루칼라	(66)	12.1	**25.8**	15.2	6.1	9.1	13.6	9.1
	주부	(59)	**30.5**	15.3	**22.0**	6.8	1.7	8.5	3.4
	학생/기타/무직	(49)	22.4	12.2	16.3	8.2	**16.3**	10.2	6.1
전도자	자발적으로	(112)	28.6	17.0	0.0	8.9	8.9	15.2	6.3
	가족/친척	(166)	16.9	21.7	**28.3**	9.0	6.0	6.0	7.2
	친구/선후배	(120)	21.7	15.0	20.8	8.3	13.3	7.5	3.3
	이웃	(54)	18.5	**20.4**	18.5	16.7	9.3	3.7	5.6
	기타	(6)	33.3	16.7	0.0	0.0	0.0	0.0	0.0

고 있다는 점이다. 현재의 고통과 미래의 불투명함 앞에서 신앙을 받아들일 마음의 자세가 되었다고 볼 수 있다.

'사회적 관계 추구'형은 20대에서 주로 나타나는 유형인데, 특히 친밀한 인간관계를 형성하고자 하는 욕구는 20대의 전형적 특징이다. 이러한 욕구는 신앙 그 자체보다 교회라는 공동체에 대한 기대라고 해석할 수 있다.

'호기심/무목적'형은 20대와 60대라는 양 끝단의 연령대에서 나타났다. 이 연령대의 공통점은 직장 혹은 사업이라는 공간에서 다소 벗어나 있는 세대로서 주변 사람들과의 인간관계가 더 밀접하여 주위의 전도에 호기심을 보일 수 있다는 특징이 있다.

자신에게 전도한 사람이 누구인지에 대하여, '가족/친척'(36.2퍼센트)이 가장 많았다. '친구/선후배'가 전도한 비율은 18.3퍼센트였고 '이웃'이 전도한 경우는 11.8퍼센트, '직장 동료'는 7.9퍼센트였다. 한편 다른 사람의 전도 없이 '자발적으로' 교회에 나온 비율은 24.5퍼센트였다. 남자들은 '가족/친척'이 전도한 경우가 43.6퍼센트로 거의 절반에 가까울 정도로 많은데, 여자는 '가족/친척'(29.1퍼센트)뿐만 아니라 '자발적으로'(28.1퍼센트) 교회에 나온 비율도 높았다. 이는 여성들이 사기 성체성 혼란과 인생의 의미에 대한 혼란을 겪는

〈표 6〉 교회 출석 목적 유형

(Base=전체, N=458)

분류	비율	내용	주 응답층
인생의 의미와 내세 추구형	28.2%	인생의 의미를 알고 싶어서 21.4%, 내세에 관심이 있어서 5.7% 하나님/말씀이 궁금해서 1.1%	여자 32.5% 50대 33.0% 주부 37.3%
현실의 복 추구형	21.8%	건강, 가족, 사업/직장의 문제 해결을 위해 18.6% 사업상 인맥을 쌓기 위해 3.3	50대 29.7% 블루칼라 31.8%
사회적 관계 추구형	17.9%	친밀한 인간관계를 맺기 위해 9.6% 훌륭한 인격 혹은 교양을 갖추기 위해 8.3%	20대 26.1%
호기심/ 무목적형	26.9%	주위 권유로 특별한 목적 없이 17.9% 그냥 호기심으로 9.0%	20대 36.2% 60대 36.1% 학생 32.7% 자영업 32.3%
기타	5.2%	마음의 안정 위해 1.7% 감사의 마음으로 0.4% 기타 3.1%	

〈그림 12〉 전도자

(Base=전체, N=458, 단위: %)

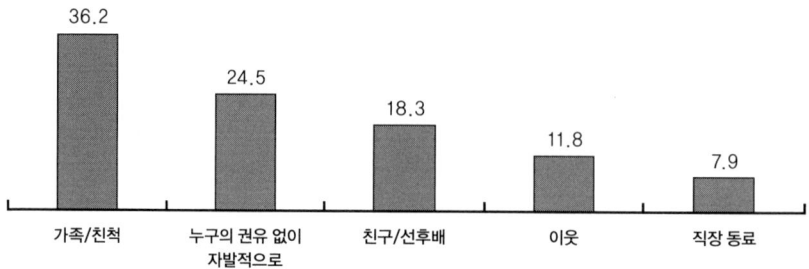

〈표 7〉 전도자(응답자 특성별)

(Base=전체, N=458, 단위: %)

구분		사례 수 (명)	가족/ 친척	누구의 권유 없이 자발적으로	친구/ 선후배	이웃	직장 동료	기타	계
전체		(458)	36.2	24.5	18.3	11.8	7.9	1.3	100.0
성별	남자	(227)	**43.6**	20.7	15.0	11.9	7.0	1.8	100.0
	여자	(231)	29.0	**28.1**	21.6	11.7	8.7	0.9	100.0
나이	29세 이하	(69)	37.7	21.7	**33.3**	1.4	1.4	4.3	100.0
	30-39세	(117)	37.6	23.9	17.9	8.5	12.0	0.0	100.0
	40-49세	(145)	35.2	**31.0**	14.5	13.1	5.5	0.7	100.0
	50-59세	(91)	35.2	20.9	16.5	16.5	9.9	1.1	100.0
	60세 이상	(36)	36.1	13.9	11.1	**25.0**	11.1	2.8	100.0

것과 무관하지 않아 보인다. 29세 이하는 '가족/친척'(37.7퍼센트) 외에 '친구/선후배'(33.3퍼센트) 비율이 다른 연령대보다 두 배 이상 높았으며, 40대는 '자발적으로'(31.0퍼센트) 교회에 나온 비율이 상대적으로 높았다. 60세 이상은 '이웃'(25.0퍼센트)의 전도로 교회에 나온 비율이 높은데, 이는 지역 사회의 전도가 효과적으로 작용한 것으로 볼 수 있다.

자발적으로 교회에 나온 새신자들이 교회에 출석하게 된 계기로는 '예전에 교회 다니던 기억이 나서'(24.1퍼센트)가 가장 많았으며, '본받을 만한 훌륭한 인격을 가진 크리스천을 보고'(19.6퍼센트)와 '교회가 사회를 위해 좋은 일을 하는 것을 보고'(8.9퍼센트)도 주요 계기였다. 그리스도인으로서 빛과 소금의 삶을 사는 것의 중요성을 일깨우는 결과다. '설교 방송/책을 보고'(8.9퍼센트)와 '다른 사람의 간증을 듣고/간증 서적을 읽고'(6.3퍼센트)도 자발적 새신자를 교회로 이끄는 계기였다. 방송/출판 사역의 중요성을 발견할 수 있다. '전도지를 받아 보고'(2.7퍼센트)와 '전도용/집회안내 현수막을 보고'(1.8퍼센트)와 같은 전통적 전도 방법은 별로 효과적이지 않은 것으로 조사되었다. 한편 '특별한 계기 없이' 교회에 출석하는 비율도 22.3퍼센트로 비교적 높은 편이었다. 이 결과는 지속적으로 다양한 방법의 전도 노력이 필요함을 알려 준다. 29세 이하 연령대는 '예전에 교회 다니던 기억이 나서'(33.3퍼센트)가 주요 계기였는데, 이를 통해 교회학교 교육의 중요성을 확인할 수 있다.

전도자와의 접촉 상황은 다양했으며 피전도자의 상황에 맞춘 전도도 많았지만 피전도자의 상황과 상관없이 전도하는 경우가 더 많았다. 피전도자의

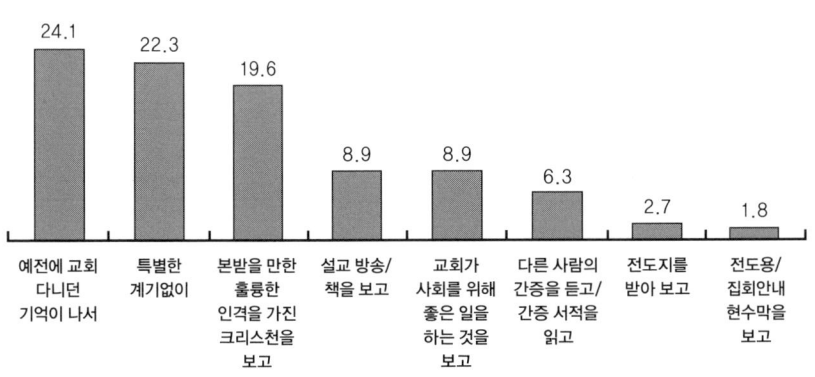

〈그림 13〉 자발적 새신자의 교회 출석 계기

상황과 무관하게 전도한 경우, 즉 '특별한 계기 없는데 그냥 교회 가자고 권유했다'(35.0퍼센트)와 '새신자 초청 행사라고 교회 가자고 권유했다'(18.8퍼센트)를 합한 비율은 절반 정도인 53.8퍼센트였다. 피전도자의 상황에 맞춰 전도한 경우, 즉 '교회에 대해 관심을 보였더니 교회 가자고 권유했다'(22.5퍼센트), '내 고민을 듣더니 교회 가자고 권유했다'(20.2퍼센트)를 합한 비율은 42.7퍼센트로 조금 낮았다. 29세 이하와 60대는 '특별한 계기 없는데 그냥 교회 가자고 권유'받은 경우가 많았다. 이들은 친밀한 관계를 중요시하는 사람들로서 '호기심/무목적'으로 교회에 출석하는 경향을 보였다. 가족/친척(41.6퍼센트)이 전도자인 경우와 이웃(33.3퍼센트)이 전도자인 경우는 '특별한 계기 없는데 그냥 교회 가자고 권유했다'가 가장 많았다. 친구/선후배가 전도한 경우는 '내 고민을 듣더니 교회 가자고 권유'한 경우가 가장 많았다.

전도자가 어떤 방식으로 전도했는지 알기 위해서 전도 내용에 대해 질문했는데, 보기로 제시한 다섯 가지 방법 모두 20퍼센트대로 비슷한 응답률을 보여 전도가 다양한 방식으로 이루어지고 있음을 알 수 있었다. 그 가운데서도 '인생의 고민과 문제를 해결해 주려고 노력했다'(30.6퍼센트)와 '나의 고민을 들어 주었다'(26.6퍼센트)와 같이 피전도자와 공감하고 돕는 방식의 전도가

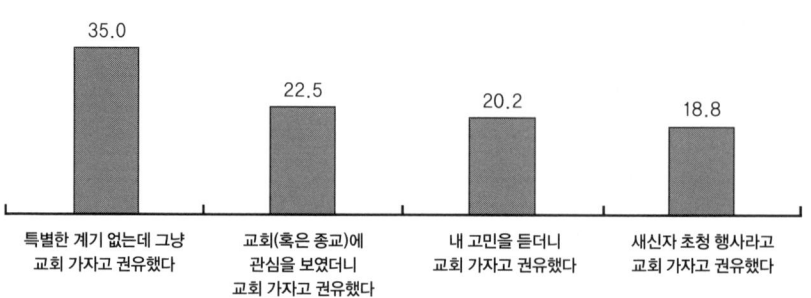

〈그림 14〉 전도자와의 접촉 상황

'복음의 내용을 논리적으로 설명'하는 방식의 전도(27.7퍼센트)나 '예수 믿으면 받는 복을 설명'하는 방식의 전도(21.1퍼센트)보다 조금 더 많이 행해지고 있었다. 29세 이하는 '나의 고민을 들어 주었다'는 방식의 전도를, 30대는 '교회가 이웃과 사회를 위해 얼마나 좋은 일을 많이 하는지 설명'하는 방식의 전도를, 50대는 '인생의 고민과 문제를 해결해 주려고 노력'하는 전도를 다른 연령대보다 더 많이 받았다.

전도 방식 가운데 교회 출석에 영향을 미친 방식도 특별한 어느 한 방식이 아주 효과적이라기보다는 여러 전도 방식이 모두 효과적인 것으로 조사되었다. 그 가운데서도 '인생의 고민과 문제를 해결해 주려고 노력했다'(21.7퍼센트)와 '나의 고민을 들어 주었다'(20.2퍼센트)와 같이 피전도자의 공감과 신뢰를 얻는 방식이 조금 더 효과적이었다. 그리고 '복음의 내용을 논리적으로 설명했다'(21.1퍼센트)도 긍정적 영향을 미친 방법이었다. 연령별로 특별한 차이점을 보이지는 않았지만, 29세 이하는 '고민을 들어 주는 방식'의 전도가 효과적이라고 응답했다. 현실 삶에 대한 불만족과 미래 삶에 대한 불안을 안고 있는 청년 세대에게 '고민을 들어 주는 것'이 큰 위로와 도움이 됨을 알 수 있다.[6]

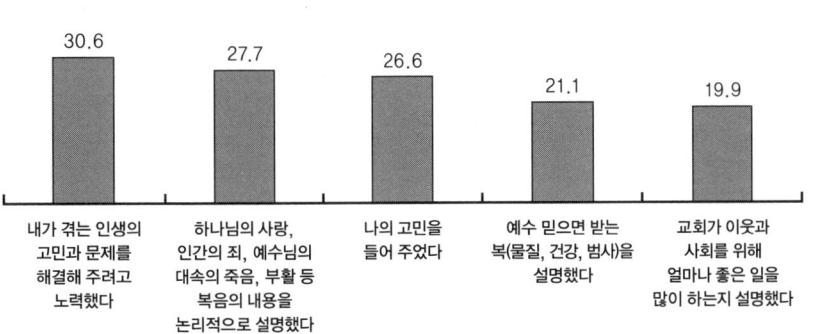

〈그림 15〉 전도자의 전도 내용

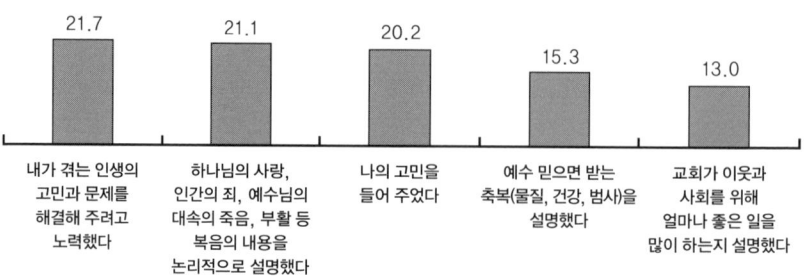

〈그림 16〉 교회 출석에 결정적 영향을 미친 전도 내용

(Base=전도에 의한 새신자, N=346, 단위: %)

- 내가 겪는 인생의 고민과 문제를 해결해 주려고 노력했다: 21.7
- 하나님의 사랑, 인간의 죄, 예수님의 대속의 죽음, 부활 등 복음의 내용을 논리적으로 설명했다: 21.1
- 나의 고민을 들어 주었다: 20.2
- 예수 믿으면 받는 축복(물질, 건강, 범사)을 설명했다: 15.3
- 교회가 이웃과 사회를 위해 얼마나 좋은 일을 많이 하는지 설명했다: 13.0

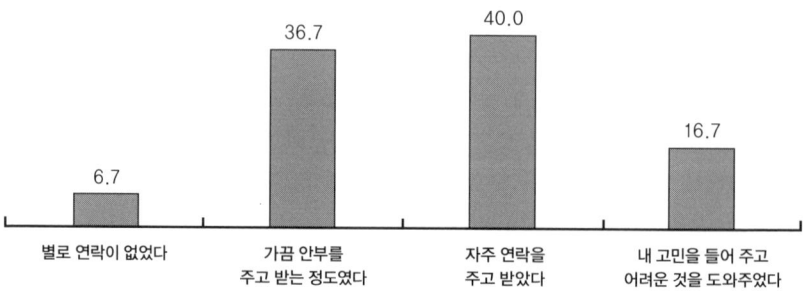

〈그림 17〉 전도자의 전도 이후 교회 출석 전까지 전도자와의 관계

(Base=가족/친척 외 전도자의 전도에 의한 새신자, N=180, 단위: %)

- 별로 연락이 없었다: 6.7
- 가끔 안부를 주고 받는 정도였다: 36.7
- 자주 연락을 주고 받았다: 40.0
- 내 고민을 들어 주고 어려운 것을 도와주었다: 16.7

전도자가 처음 전도한 이후 피전도자와 어떤 관계를 맺었는지 알아보았다. 전도자가 피전도자의 '고민을 들어 주고 어려운 것을 도와주는 것'(16.7퍼센트)도 있지만 계속 연락을 주고받으며 관계를 지속하는 가운데 교회에 출석한 것이 대부분으로 조사되었다. 이것은 전도자가 가까운 관계에 있는 사람이기도 하지만 지속적 교류가 전도에 효과적임을 입증하는 결과라고 해석할 수 있다.

6 　우울증 환자의 연령별 분포를 보면 20대가 가장 많다. 목회데이터연구소, "한국인의 우울증-우울증, 20대를 괴롭히는 병", 「넘버스」 98 (2021년 6월 4일), p. 3.

전도를 받은 후 교회에 나가겠다고 결정할 때 가장 큰 걸림돌은 '정기적으로 주일 예배드리는 것'(18.8퍼센트)과 '평소 좋아하던 것을 못하게 될까 봐'(8.5퍼센트) 등 행동의 제약을 받는 것이었다. 두 번째 장애 요인은 '교회/기독교인의 부정적 이미지'(17.2퍼센트)였고, 또 '하나님/예수님의 존재에 대한 의심'(11.4퍼센트)과 '기적 등 비과학적으로 보이는 성경의 내용'(5.2퍼센트)과 같이 신비적 영역에 대한 의심이었다. 반면에 '제사/절하는 문제'는 3.9퍼센트로 매우 낮았는데, 새신자들이 이러한 문제를 해결했기 때문으로 볼 수도 있지만, 최근 유교적 사회 문화와 가치관이 엷어진 결과라고 보는 것이 적절할 것이다. 20대와 30대에게는 21-24퍼센트가 응답한 '정기적으로 주일 예배드리는 것'이 가장 큰 장애 요인이었으며, 40대와 50대에게는 '교회/기독교인의 부정적 이미지'가 가장 큰 장애 요인이었다. 60세 이상에게는 신비적 영역('하나님/예수님의 존재에 대한 의심'과 '기적 등 비과학적으로 보이는 성경의 내용')에 대한 불신이 가장 큰 장애 요인이었다.

전도로 교회에 출석한 새신자들은 전도 받은 후 1년 이내에 교회에 나간 비율이 71.7퍼센트였으며, 기간이 길어질수록 교회에 나가는 비율이 떨어졌다. 전도할 때 초기에 집중적으로 하는 것이 효과적임을 알 수 있다. 특히 남

〈그림 18〉 교회 출석 결정할 때 망설이게 한 요인

(Base=전체, N=458, 단위: %)

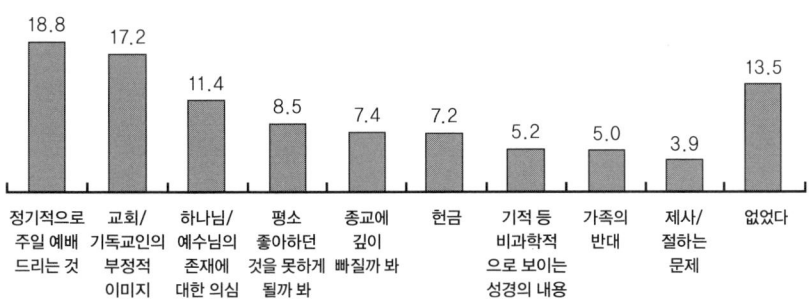

〈표 8〉 교회 출석 결정할 때 망설이게 한 요인(응답자 특성별)

(Base=전체, N=458, 단위: %)

구분		사례 수 (명)	정기적으로 주일 예배 드리는 것	교회/ 기독교인의 부정적 이미지	하나님/ 예수님의 존재에 대한 의심	평소 좋아하던 것을 못하게 될까 봐	종교에 깊이 빠질까 봐	헌금
전체		(458)	18.8	17.2	11.4	8.5	7.4	7.2
성별	남자	(227)	17.2	16.7	11.9	9.3	7.9	7.5
	여자	(231)	20.3	17.7	10.8	7.8	6.9	6.9
나이	29세 이하	(69)	**21.7**	21.7	7.2	7.2	4.3	4.3
	30-39세	(117)	**23.9**	17.1	11.1	9.4	8.5	8.5
	40-49세	(145)	17.9	**19.3**	11.7	8.3	6.2	7.6
	50-59세	(91)	14.3	**14.3**	11.0	8.8	7.7	9.9
	60세 이상	(36)	11.1	8.3	**19.4**	8.3	**13.9**	0.0

〈그림 19〉 전도자의 전도로부터 교회 출석까지 걸린 기간

(Base=전도에 의한 새신자, N=346, 단위: %)

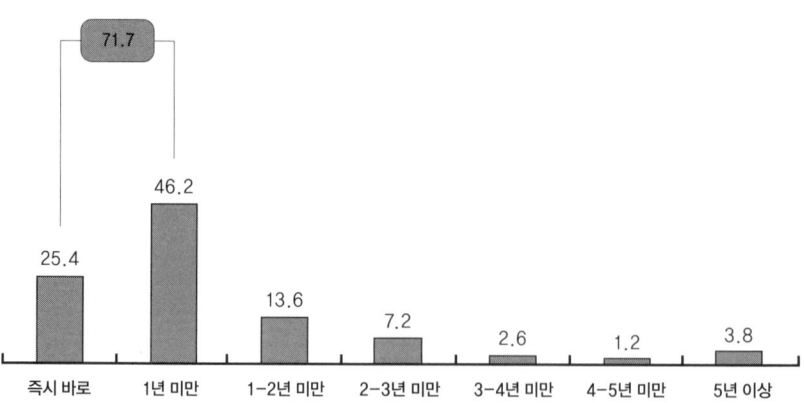

성(76.7퍼센트), 29세 이하(75.9퍼센트), 블루칼라(81.3퍼센트)와 학생/기타/무직(85.3퍼센트), 교회 출석 전 개신교 호감자(78.8퍼센트), 인생의 의미와 내세 추구형(75.3퍼센트), 현실의 복 추구형(75.7퍼센트) 응답자들이 전도를 받은 후 상

대적으로 더 일찍 교회에 나가는 경향을 보였다. 친구/선후배가 전도한 경우 다른 사람이 전도한 경우보다 교회 출석까지 걸린 시간이 더 길었다.

3) 교회 출석 후 믿음을 갖게 된 과정

전도 받은 후 가장 처음 참석한 교회 모임은 '정규 예배'(67.5퍼센트)였다. '소그룹 모임'(11.1퍼센트)과 '기도 모임'(5.7퍼센트) 등은 10퍼센트대 이하로 나타났다. 소그룹 모임이라는 응답은 가정교회 유형의 소그룹 같이 소그룹 활동이 활발한 교회에서 소그룹을 통해 전도하고 정규 예배에 참석하기 전 소그룹에 먼저 초대하도록 하기 때문에 나온 결과로 추정된다.[7]

현재 신앙 단계를 분류하면 5년 이내 새신자들은 '2단계: 신앙 형성 단계'에 있는 경우가 절반에 가까운 47.6퍼센트였고, '1단계: 신앙 탐구 단계'에 있는 비율은 31.7퍼센트였다. '3단계: 신앙 심화 단계'(12.4퍼센트)와 '4단계: 신앙 우선 단계'(8.3퍼센트)는 10퍼센트 내외의 비율을 보였다. 성별로 분석하면,

〈그림 20〉 교회에서 처음 참석한 모임

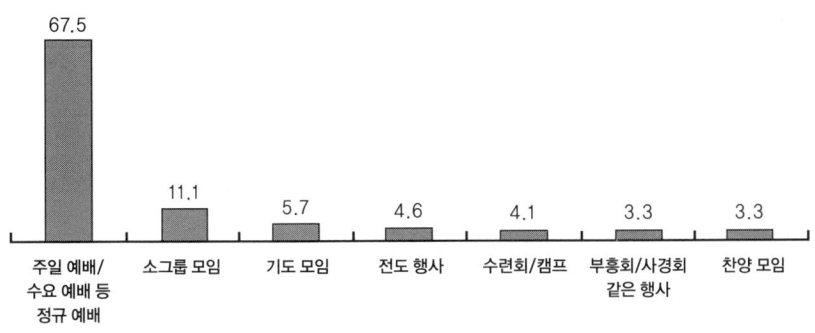

---

7 가정교회에 대해서는, 목회데이터연구소, "교회공동체성 분석: 일반교회 vs. 가정교회 비교 조사", 「넘버스」 66 (2020년 10월 9일)를 참고하라.

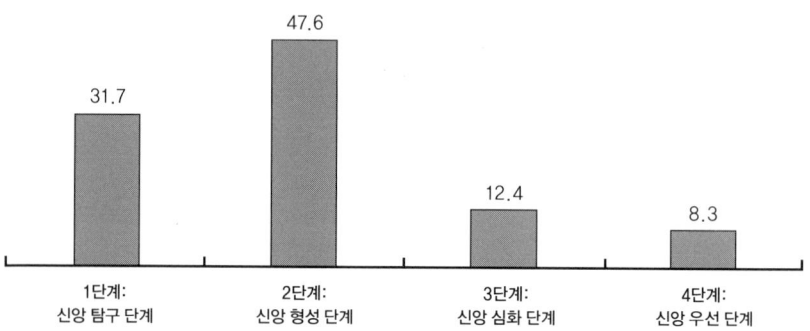

〈그림 21〉 현재 본인의 신앙 단계

남성이 여성보다 전반적으로 신앙 단계가 낮았다. 또 나이가 젊을수록 신앙 단계가 높은 경향이 보이는데 특히 29세 이하가 3단계(24.6퍼센트)와 4단계(13.0퍼센트) 비율이 가장 높았으며, 60세 이상의 신앙 단계가 가장 낮았다. 교회 출석 전 영적 존재와 영적 세계에 대한 '믿음이 있던' 새신자가 '믿음이 없던' 새신자보다 신앙 단계가 높았다. 교회 출석 목적이 구체적이고 명확한 새신자(인생의 의미와 내세 추구형, 현실의 복 추구형)가 그렇지 않은 새신자(사회적 관계 추구형, 호기심/무목적형)보다 신앙 단계가 높았다.

신앙 1단계를 제외한 2단계 이상의 새신자에게 '교회 출석 후 몇 년 만에 믿음이 생겼다'는 확신이 생겼는지 질문했는데, '1-3년 미만'이 43.5퍼센트로 가장 많았다. '1년 미만' 30.7퍼센트를 포함하면 '3년 미만'이 74.2퍼센트였다. 새신자가 교회에 온 후 3년 이내에 신앙 교육/양육이 집중되어야 한다는 시사점을 얻을 수 있다. '3년 미만' 비율이 높은 집단을 보면, 50대(81.0퍼센트)와 60대(78.9퍼센트)였다. 이 결과와 앞에서 본 신앙 단계 결과와 종합하면, 60대는 믿음 형성은 빠르지만 신앙의 발전/심화는 느리다는 것을 알 수 있다. 또 교회 출석 전 영적 존재/세계에 대한 믿음이 없던 새신자가 믿음 형성이 느린

<표 9> 현재 본인의 신앙 단계

(Base=현재 본인의 신앙 단계, N=458, 단위: %)

구분		사례 수 (명)	1단계: 신앙 탐구 단계	2단계: 신앙 형성 단계	3단계: 신앙 심화 단계	4단계: 신앙 우선 단계	계
전체		(458)	31.7	47.6	12.4	8.3	100.0
성별	남자	(227)	**37.4**	44.1	11.5	7.0	100.0
	여자	(231)	26.0	**51.1**	13.4	9.5	100.0
나이	29세 이하	(69)	24.6	37.7	**24.6**	13.0	100.0
	30-39세	(117)	26.5	**55.6**	8.5	9.4	100.0
	40-49세	(145)	35.9	44.8	13.1	6.2	100.0
	50-59세	(91)	30.8	49.5	12.1	7.7	100.0
	60세 이상	(36)	**47.2**	47.2	0.0	5.6	100.0
기정 경제 수준	상	(77)	23.4	50.6	16.9	9.1	100.0
	중	(190)	40.5	41.1	12.6	5.8	100.0
	하	(191)	26.2	52.9	10.5	10.5	100.0
교회 출석 전 영적 존재/세계 믿음	믿음	(244)	25.4	**50.4**	15.2	9.0	100.0
	안 믿음	(214)	**38.8**	44.4	9.3	7.5	100.0
교회 출석 전 교회 관심도	관심	(170)	30.0	48.2	12.9	8.8	100.0
	미관심	(288)	32.6	47.2	12.2	8.0	100.0
교회 출석 목적	인생의 의미와 내세 추구	(129)	24.0	**53.5**	11.6	10.9	100.0
	현실의 복 추구	(100)	26.0	**54.0**	11.0	9.0	100.0
	사회적 관계 추구	(82)	37.8	41.5	14.6	6.1	100.0
	호기심/무목적	(123)	**41.5**	40.7	13.0	4.9	100.0
	기타	(24)	25.0	45.8	12.5	16.7	100.0

것으로 나타났다. 교회 출석 목적에 따른 믿음 형성 기간은 차이가 없었다.

믿음을 가지게 된 데 도움이 된 것이 무엇인지에 대하여, 특정한 것보다는 전반적인 교회 사역과 생활이 도움이 되는 것으로 조사되었다. 그 가운데서

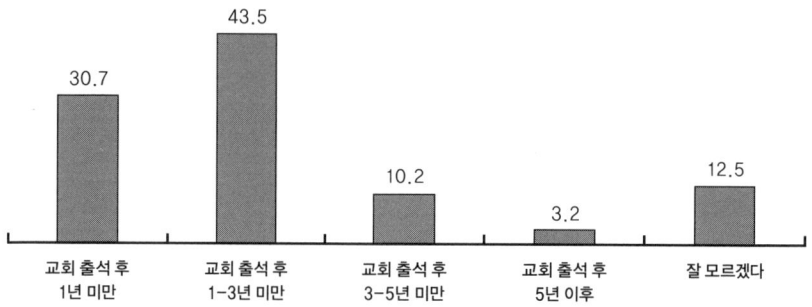

〈그림 22〉 '믿음이 생겼다'는 것을 확신한 기간

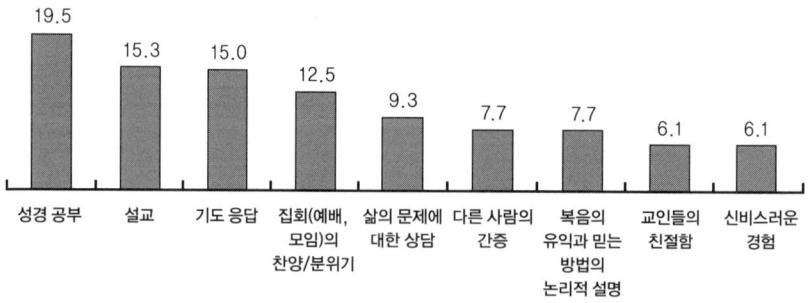

〈그림 23〉 믿음을 가지게 된 데 도움이 된 요인

도 '성경 공부'가 도움이 되었다는 비율이 19.5퍼센트로 가장 높았는데, '복음의 유익과 믿는 방법의 논리적 설명'(7.7퍼센트)까지 더하면 '공부'가 27.2퍼센트로 여러 방법 가운데 가장 효과적인 것으로 분석할 수 있다. 그리고 '기도 응답'(15.0퍼센트)과 '신비스러운 경험'(6.1퍼센트) 등 '신앙 체험'도 중요한 요인이었다. 여성들에게는 '기도 응답'(18.7퍼센트)과 '집회의 찬양/분위기'(14.6퍼센트) 등 체험과 감성적 요인이 신앙 형성에 도움이 되었으며, 교회 출석 전 영적 존재/세계를 안 믿은 새신자와 종교에 관한 관심이 없던 새신자에게는 '기도 응답' 체험이 효과적이었다. '성경 공부'는 29세 이하에게 더 도움이 되었다.

믿음을 갖게 되는 과정에서 장애가 된 요인을 질문했는데, '없었다'가 17.5 퍼센트였다. 장애 요인으로는 '교회의 부정적 이미지'(16.2퍼센트)와 '교인들의 배타적 태도'(14.2퍼센트)가 가장 컸다. 그다음으로 '예수님만을 통해 구원받는다는 교리'(12.0퍼센트)와 '헌금'(9.6퍼센트), '하나님/예수님의 존재에 대한 의심'(9.4퍼센트) 등도 믿음을 갖는 데 장애가 되었다고 응답했다.

신앙에 관심을 끌게 한 삶의 문제 해결에 신앙이 도움이 되었는지에 대하여, 대다수인 82.8퍼센트가 도움이 되었다고 응답했다. 응답자 특성별로는 60세 이상(95.5퍼센트)과 교회 출석 전 영적 존재/세계에 대한 믿음이 있었다는 새신자(85.4퍼센트)가 신앙이 도움이 되었다는 응답을 더 많이 했다. 신앙 단계가 높아질수록 도움이 되었다는 응답률도 높아지는 경향을 보였다.

교회 출석 전과 비교해 삶에 대한 만족도를 물었는데, 56.3퍼센트는 '만족한다'고 응답했고 36.5퍼센트는 교회 출석 전과 후의 생활에 차이가 없다고 응답했다. 더 불만족스러워졌다는 응답은 7.2퍼센트였다. 5점 평균으로는 3.64점으로 '약간 더 만족스러워진 수준이었다. 만족도가 더 높아진 새신자는 여성(61.9퍼센트)과 50대(60.4퍼센트)였다. 교회 출석 목적에서 인생의 의미

〈그림 24〉 믿음을 가지게 된 데 장애가 된 요인

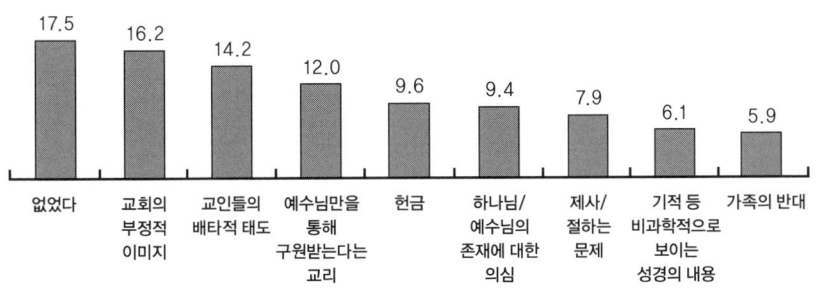

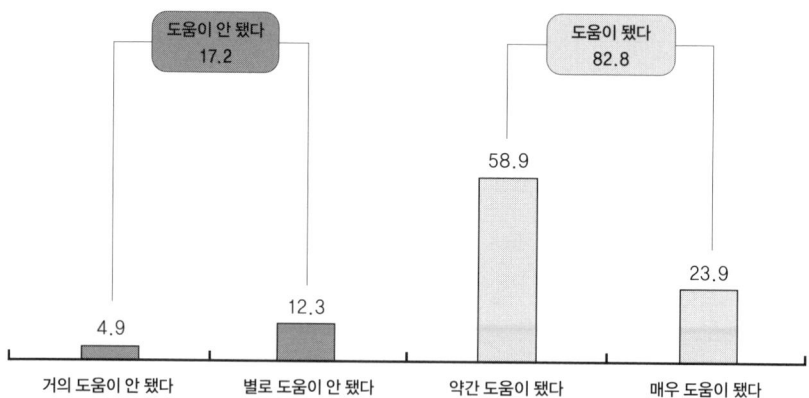

〈그림 25〉 신앙에 관심을 갖게 한 삶의 문제 해결에 신앙이 도움이 되었는지 여부

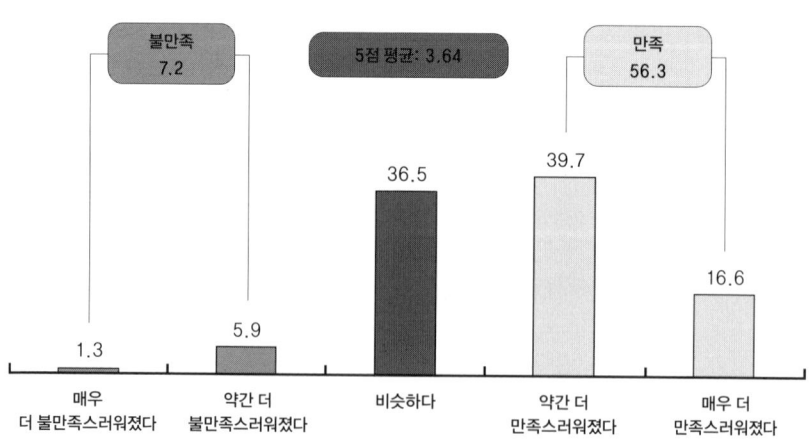

〈그림 26〉 신앙 이전과 비교했을 때 삶에 대한 만족도

와 내세 추구형(71.3퍼센트) 새신자의 만족도가 가장 높았다. 현실의 복 추구형(59.0퍼센트) 새신자도 만족도가 높은 편인데, 이 두 가지 경우와 같이 신앙의 목적이 명확한 새신자의 만족도가 더 높았다.

4) 교회생활

처음 교회에 나가 그 교회에 등록한 비율은 81.0퍼센트로, 대부분 등록했지만 19.0퍼센트는 등록하지 않았다. 자발적으로 출석한 새신자가 등록하지 않은 비율이 25.0퍼센트로 네 명 가운데 한 명은 등록하지 않았다. 30세 이하의 젊은층에서 등록하지 않는 비율이 조금 더 높았고, 신앙 단계가 낮을수록 등록하지 않은 비율이 높았다.

교인 등록에 가장 큰 영향을 미친 요인은 '나를 전도한 사람'(39.9퍼센트)이었다. 전도자가 피전도자를 교회로 인도하는 것뿐만 아니라 교회 등록까지 돌보는 것이 필요함을 알 수 있다. '예배의 설교와 찬양의 감동'(37.5퍼센트)과 '교인들의 친절한 분위기'(33.4퍼센트)도 중요한 요인이었다. '교인들의 친절한 분위기'는 교인 등록에 영향을 미치는 주요 요인이었는데, 믿음을 가지게 되는 데 있어 주요 장애 요인으로 '교인들의 배타적 태도'가 꼽힌 것을 함께 고려하면 교인들의 태도가 새신자들의 정착에서 매우 중요한 역할을 한다고 해도 무리가 아니다.

〈그림 27〉 교인 등록 여부

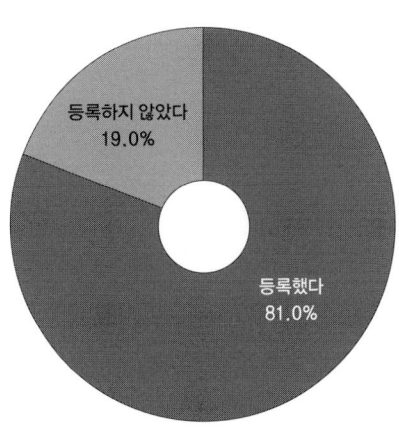

(Base=전체, N=458, 단위: %)

'성경 공부'는 믿음을 갖는 데 가장 큰 영향을 미쳤는데 교회 등록에는 영향이 크지 않은 것(19.7퍼센트)으로 나타났다. '나를 전도한 사람'은 교회 출석 전 영적 존재/세계에 대한 믿음이 없던 새신자(44.0퍼센트)와 종교에 무관심한 새신자(44.1퍼센트), 그리고 호기심/무목적형으로 교회 출석한 새신자(54.9퍼센트)에게 큰 영향을 미쳤다. 가족/친척이 전도한 새신자(46.8퍼센트)와 친구가 전도한 새신자(50.0퍼센트)도 이에 해당한다. 이런 유형의 새신자는 밀착 돌봄이 필요할 것으로 보인다.

'예배의 설교와 찬양의 감동'은 여성(44.6퍼센트), 그리고 교회 출석 전 영적 존재/세계를 믿었던 새신자(42.4퍼센트), 인생의 의미와 내세 추구(50.5퍼센트) 및 현실의 복 추구(40.7퍼센트) 목적으로 교회에 출석한 새신자에게 더 많은 영향을 주었다. 자발적으로 교회에 출석한 새신자(50.0퍼센트)도 '예배의 설교와 찬양의 감동'에 영향을 받았다. '교인들의 친절한 분위기'는 남자(37.4퍼센트)와 사회적 관계 추구 목적 및 호기심/무목적으로 교회에 출석한 새신자에게 효과적 요인이었다. 그뿐만 아니라 자발적 교회 출석자(38.1퍼센트)에게도 효과적이었다.

〈그림 28〉 교인 등록에 영향을 미친 요인(1+2순위)

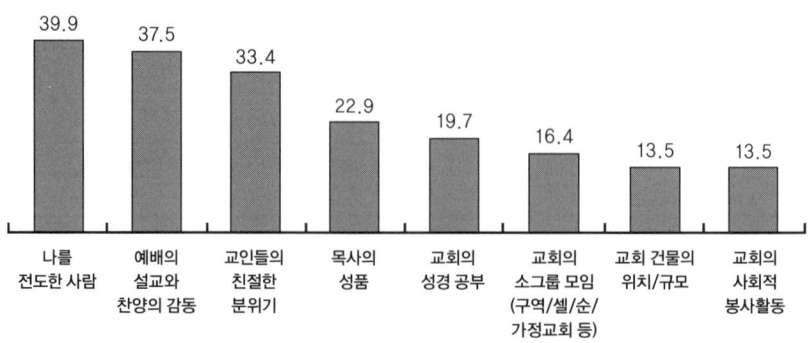

〈표 10〉 교인 등록에 영향을 미친 요인(1-2순위)

(Base=첫 번째 교회에서 교인 등록한 새신자, N=371, 단위: %)

구분		사례수(명)	나를 전도한 사람	예배의 설교와 찬양의 감동	교인들의 친절한 분위기	목사의 성품	교회의 성경 공부	교회의 소그룹 모임 (구역/셀/순/가정 교회 등)	교회 건물의 위치/규모	교회의 사회적 봉사 활동	기타
전체		(371)	39.9	37.5	33.4	22.9	19.7	16.4	13.5	13.5	3.2
성별	남자	(187)	41.2	30.5	37.4	24.1	15.0	17.6	15.5	15.0	3.7
	여자	(184)	38.6	44.6	29.3	21.7	24.5	15.2	11.4	12.0	2.7
나이	29세 이하	(55)	40.0	32.7	30.9	9.1	41.8	21.8	7.3	10.9	5.5
	30-39세	(87)	43.7	37.9	33.3	16.1	13.8	18.4	23.0	11.5	2.3
	40-49세	(123)	35.8	39.8	33.3	25.2	13.8	16.3	12.2	19.5	4.1
	50-59세	(75)	44.0	36.0	38.7	32.0	20.0	9.3	10.7	6.7	2.7
	60세 이상	(31)	35.5	38.7	25.8	35.5	19.4	19.4	9.7	16.1	0.0
가정 경제 수준	상	(59)	37.3	25.4	40.7	22.0	27.1	10.2	13.6	20.3	3.4
	중	(149)	38.9	36.9	35.6	26.2	15.4	18.8	12.8	12.8	2.7
	하	(163)	41.7	42.3	28.8	20.2	20.9	16.6	14.1	11.7	3.7
교회 출석 전 영적 존재/ 세계 믿음	믿음	(205)	36.6	42.4	33.2	22.4	20.0	19.0	11.7	10.7	3.9
	안 믿음	(166)	44.0	31.3	33.7	23.5	19.3	13.3	15.7	16.9	2.4
교회 출석 전 교회 관심도	관심	(135)	32.6	37.8	34.1	20.7	23.0	19.3	15.6	13.3	3.7
	미관심	(236)	44.1	37.3	33.1	24.2	17.8	14.8	12.3	13.6	3.0
교회 출석 목적	인생의 의미와 내세 추구	(107)	29.9	50.5	29.9	21.5	29.9	15.0	10.3	8.4	4.7
	현실의 복 추구	(81)	35.8	40.7	30.9	28.4	13.6	13.6	17.3	17.3	2.5
	사회적 관계 추구	(61)	32.8	31.1	39.3	19.7	23.0	18.0	11.5	24.6	0.0
	호기심/ 무목적	(102)	54.9	22.5	36.3	18.6	15.7	20.6	15.7	11.8	3.9
	기타	(20)	55.0	50.0	30.0	40.0	0.0	10.0	10.0	0.0	5.0
신앙 단계	신앙 탐구 단계	(112)	56.3	18.8	34.8	22.3	9.8	18.8	15.2	17.9	6.3
	신앙 형성 단계	(177)	35.0	41.8	29.9	26.6	22.6	14.1	15.3	14.1	0.6
	신앙 심화 단계	(50)	24.0	50.0	42.0	16.0	28.0	20.0	8.0	8.0	4.0
	신앙 우선 단계	(32)	34.4	59.4	34.4	15.6	25.0	15.6	6.3	3.1	6.3
전도자	자발적으로	(84)	20.2	50.0	38.1	19.0	22.6	11.9	21.4	14.3	2.4
	가족/친척	(141)	46.8	34.0	37.6	22.7	16.3	16.3	12.1	11.3	2.8
	친구/선후배	(96)	50.0	30.2	27.1	25.0	18.8	19.8	12.5	12.5	4.2
	이웃	(46)	32.6	41.3	26.1	28.3	23.9	19.6	6.5	21.7	0.0
	기타	(4)	50.0	25.0	25.0	0.0	50.0	0.0	0.0	0.0	50.0

코로나19 발생 이전 교회에 출석한 새신자 네 명 가운데 세 명(76.8퍼센트)은 코로나19 이전에 월 3회 이상 교회에 출석했다. 월 3회 이상 출석 빈도를 보면 남자(80.9퍼센트)가 여자(72.9퍼센트)보다 출석 빈도가 높았고, 교회 출석 목적이 명확하고 구체적인 새신자(인생의 의미와 내세 추구형 82.7퍼센트+현실의 복 추구형 84.0퍼센트)와 신앙 단계가 높은 3단계(88.9퍼센트)와 4단계(87.5퍼센트) 새신자의 출석 빈도가 높았다.

새신자의 직분은 네 명 가운데 세 명 가까이(71.4퍼센트)가 '직분 없는 성도'였다. '서리집사'는 14.4퍼센트로 아직 직분을 받지 못한 성도가 대부분이었다. 항존직 비율이 13.7퍼센트인데, 이것은 전체 개신교인의 항존직 비율과 비슷한 수준이다. 이들이 주로 500명 미만의 중소형 교회에 속한 것으로 볼 때, 상대적으로 인적 자원이 부족한 중소형 교회에서 짧은 기간 안에 항존직이 되는 경향이 있는 것으로 보인다.

새신자들 가운데 교회 모임에 참여하지 않는 비율은 39.5퍼센트였다. 나머지 60.5퍼센트의 새신자는 교회 내 여러 모임에 참여하는 것으로 나타났다. '구역/셀/순/가정교회'(19.7퍼센트), '여선교회/여전도회'(9.8퍼센트), '남선교

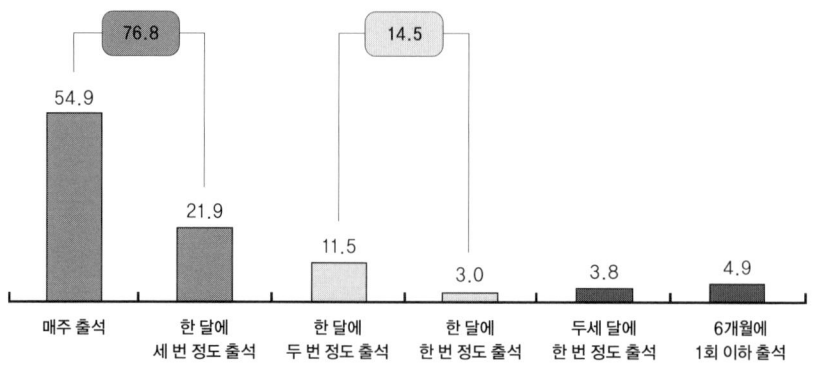

〈그림 29〉 교회 출석 빈도(코로나19 발생 이전)

[Base=코로나19 이전(2020년 이전 교회 출석) 새신자, N=366, 단위: %]

회/남전도회'(9.4퍼센트) 등은 교회의 기초 단위인데, 전반적으로 참여율이 낮았다. 반면에 '교회 내 사회 봉사 모임'(16.4퍼센트)과 '교회 내 취미 활동 모임'(14.8퍼센트)에 참여한 비율이 14-16퍼센트였다. 전통적 소그룹이나 신앙 교육 및 양성을 위한 소그룹뿐만 아니라 교회 구성원들의 공동체성을 확대할 수 있는 다양한 소그룹 모임을 구성하는 것도 새신자 정착에 효과적이라고 보인다. 20-30대는 '청년부/대학부' 외에 '교회 내 취미 활동 모임'과 '큐티 나눔 모임'의 참여율이 상대적으로 더 높았으며, 50-60대는 '여선교회/여전도회'와

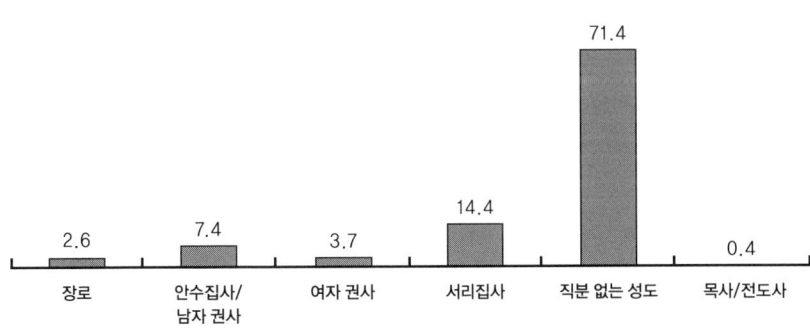

〈그림 30〉 교회 직분(현재 출석 교회)

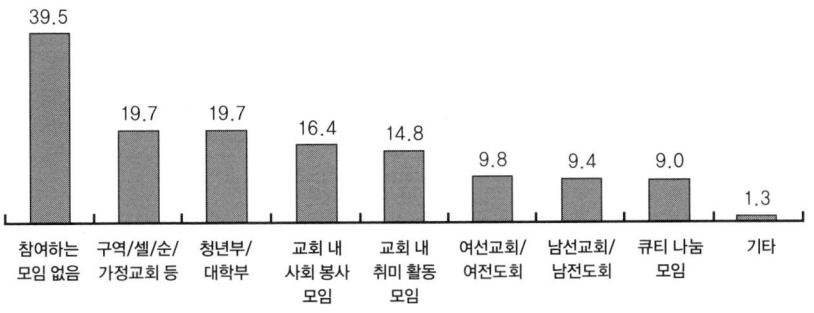

〈그림 31〉 참여 모임 종류

'남선교회/남전도회' 참여율이 높았다.

교회 내 참여 소그룹 모임에 대한 만족도는 모두 80퍼센트가 넘어서 매우 높은 편이었다. 특히 '교회 내 취미 활동 모임'(91.2퍼센트)과 '큐티 나눔 모임'(90.2퍼센트)의 만족도가 높았고, 상대적으로 남녀 선교회/전도회의 만족도는 낮았다. 교회 내에 취미 활동 모임을 활성화하는 것이 새신자 정착에 효과적이라고 보인다.[8]

새신자의 절반 정도(46.9퍼센트)는 교회 봉사를 하지 않으며, 나머지 절반(53.1퍼센트)은 교회 봉사를 한 경험이 있다. '봉사하지 않는' 비율은 60대가 55.6퍼센트로 가장 높았다. 가장 많이 하는 봉사는 '주방 봉사'(15.7퍼센트)였으며, '성가대'(11.8퍼센트), '예배 안내'(10.3퍼센트), '찬양팀'(9.4퍼센트)을 많이 하고 있었다. 주방 봉사 경험은 남녀 간 차이가 별로 없었고, 50대가 제일 많았다(24.2퍼센트). 20대는 '찬양팀' 봉사가 많았다(23.2퍼센트).

전반적으로 교회 봉사에 대한 만족도가 70퍼센트 이상으로 높은 가운데

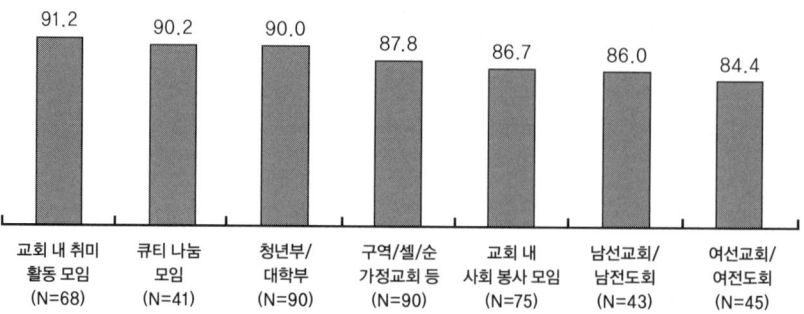

〈그림 32〉 참여 모임에 대한 만족도

---

8   현대인들이 취향에 따라 모임을 하는 것과 관련해서, 목회데이터연구소, "새로운 소모임 공동체, 살롱 문화의 부활", 「넘버스」 49호(2020년 5월 29일)를 참고하라.

'주차 안내'(95.2퍼센트), '교사'(94.3퍼센트), '일대일 제자양육'(92.3퍼센트), '주방 봉사'(91.7퍼센트)의 만족도가 높은 편이었다.

새신자임에도 불구하고 전도 경험은 34.5퍼센트였다. '한국기독교목회자협의회'(이후 '한목협'으로 표기함)에서 2017년 개신교인을 대상으로 한 조사에서 전도 경험이 39.9퍼센트였던 것과 비교하면 새신자의 전도 경험이 상당히 높

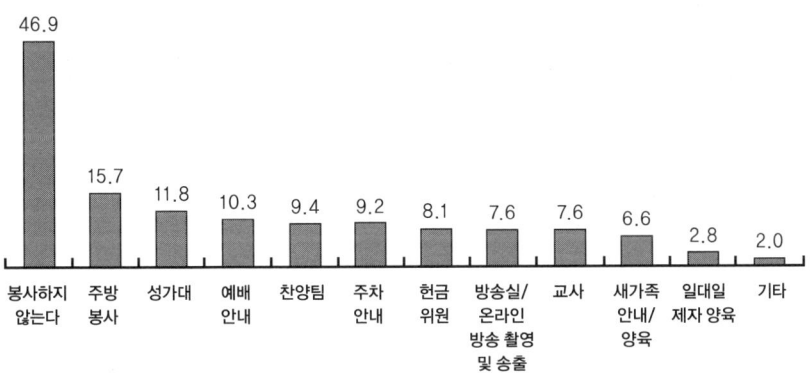

〈그림 33〉 교회 봉사 종류

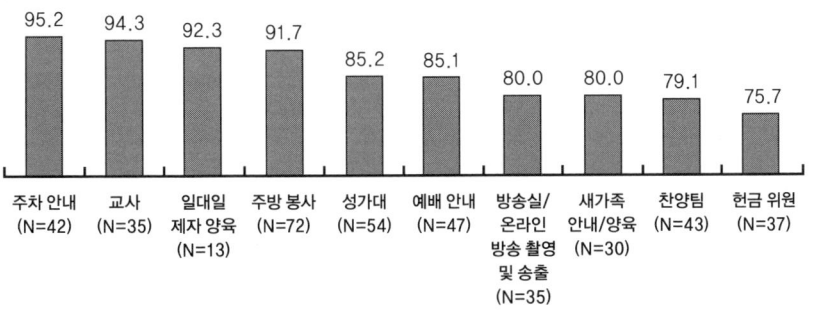

〈그림 34〉 교회 봉사에 대한 만족도

01 새신자의 교회 출석 경로 및 교회생활

은 편이라고 할 수 있다.' 20대(49.3퍼센트)와 30대(41.0퍼센트) 등 젊은 세대가 20퍼센트대의 응답률을 보인 40대 이후 연령대보다 더 많이 전도를 했다. 신앙 단계가 높을수록 전도를 많이 하는 경향이 있어서 1단계에서는 17.2퍼센트, 4단계에서는 68.4퍼센트가 전도를 했다고 응답했다.

전도한 경험이 없는 새신자들은 '전도할 만큼 내 신앙이 깊지 않아서'(39.0퍼센트)를 전도하지 않은 이유로 응답했다. 곧 전도할 자격이 되지 않는다고 생각하는 것이다. 그다음으로 '전도할 용기가 나지 않아서'(21.3퍼센트), '어떻게 전도할지 방법을 몰라서'(13.0퍼센트)도 주요 이유였다. '한목협' 조사에서도 같은 질문이 있었는데, 보기가 다르므로 직접적 비교는 힘들지만 공통적인 것은 '전도의 자격이 안 된다는 자기 인식'과 '전도할 용기 부재'가 가장 큰 걸림돌이었다.

전도한 경험이 있는 새신자들은 주로 '개인적 관계를 통한 전도'(69.0퍼센트)

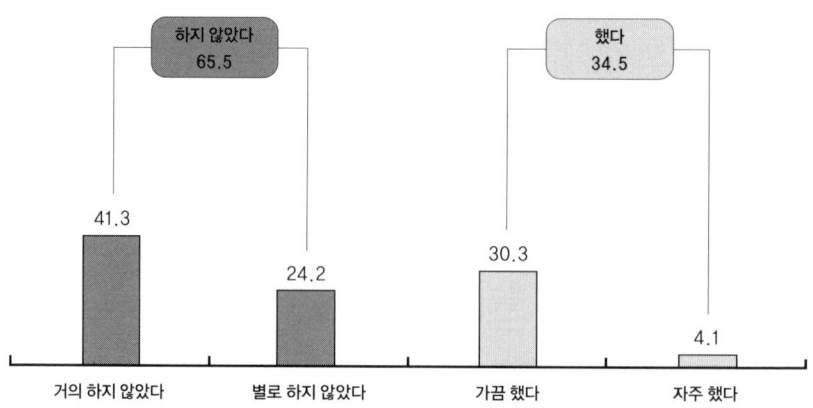

〈그림 35〉 전도 경험

---

9 한국기독교목회자협의회, 「한국기독교분석리포트」(서울: URD, 2018)를 보라.

〈그림 36-1〉 전도하지 않은 이유

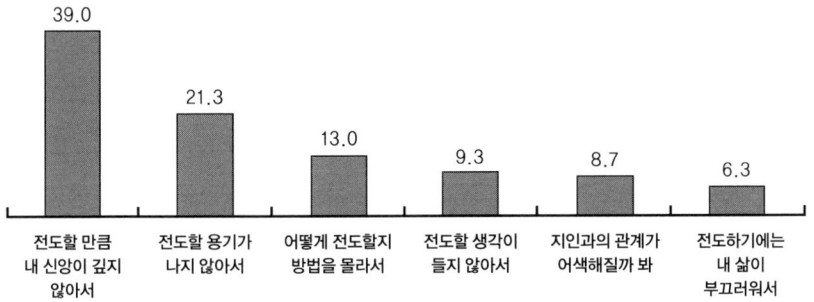

〈그림 36-2〉 전도하지 않은 이유: 개신교인 전체(한목협 조사)

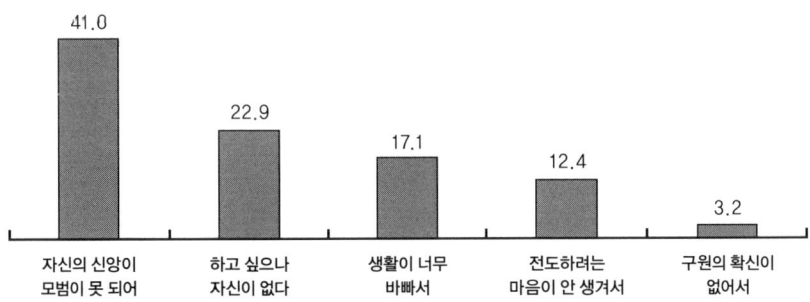

를 했다. '봉사활동을 통한 전도'(28.5퍼센트)는 '가구 방문 전도'(17.7퍼센트)와 '거리 전도'(24.1퍼센트)보다 더 많이 하는 것으로 조사되었다. 29세 이하는 다른 연령대보다 '거리 전도'를 한 경험이 더 많았으며, 30대와 60세 이상은 '가구 방문' 전도를 한 경우가 더 많았다. 남성과 40-50대는 봉사활동을 통한 전도 경험이 더 많았다. 신앙 4단계의 새신자는 다양한 전도 방법을 모두 많이 경험했다.

현재 출석 교회에 대해 대부분의 새신자(88.4퍼센트)가 만족하고 있어서

〈그림 37〉 전도했던 방법

(Base=전도했던 새신자, N=158, 단위: %)

〈그림 38〉 교회에 대한 만족도

(Base=전체, N=458, 단위: %)

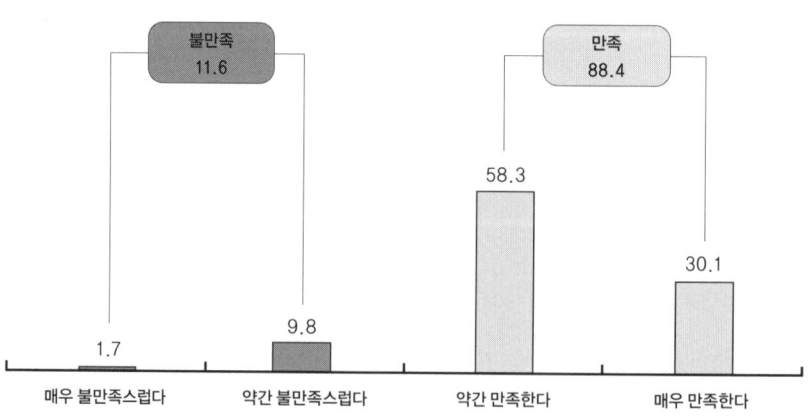

만족도는 매우 높다고 볼 수 있다. 50대 이상의 새신자는 90퍼센트 이상의 만족도를 보였고, 신앙 3단계 이상의 새신자들도 90퍼센트 이상의 만족도를 나타내어 다른 응답자보다 더 높은 만족도를 보였다.

〈그림 39〉 교회의 이미지 변화

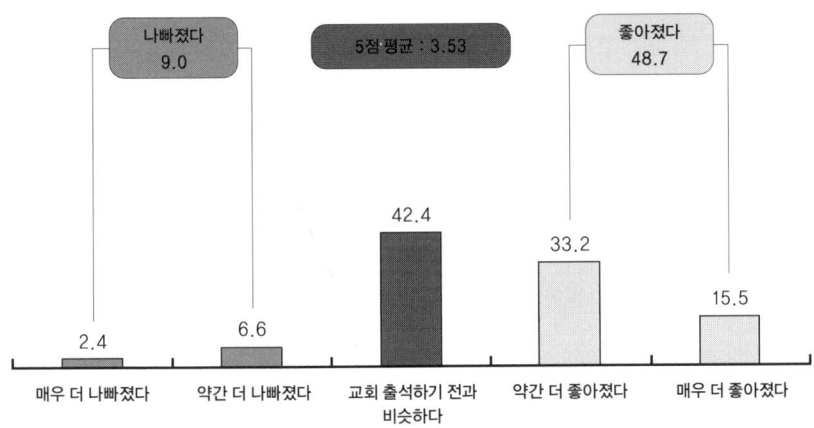

신앙을 가신 후 교회 출석 이전과 비교했을 때 교회의 이미지가 '더 좋아졌다'는 48.7퍼센트였고 '나빠졌다'는 9.0퍼센트여서 교회에 다니면서 교회에 대한 이미지가 어느 정도 개선된 것으로 조사되었다. 그런데 이 결과는 신앙을 가진 후라는 관점에서 보면 '좋아졌다'가 더 높은 것은 당연하다고 할 수 있다. 교회 출석하기 전과 '비슷하다'는 응답이 42.4퍼센트였는데, 오히려 이 결과에 주목할 필요가 있다. 교회 내부로 들어왔음에도 불구하고 교회에 대한 이미지에 변화가 없다는 것은 자기 성찰의 여지가 있는 것으로 보아야 한다. 50대(65.9퍼센트)에서 교회의 이미지 변화가 가장 컸으며, 30대(38.5퍼센트)에서 가장 적었다. 교회 출석 목적이 명확한 새신자의 교회 이미지 변화가 컸으며, 신앙 단계가 높아질수록 교회 이미지 변화도 높아졌다.

5) 코로나19 상황에서의 신앙생활

코로나19 상황에서 새신자들의 주일 예배 빈도는 '매주 출석'이 40.6퍼센트였고 '한 달에 세 번 정도 출석' 비율이 12.2퍼센트였다. 이것은 개신교인 전체보다 낮은 비율인데, 이전 개신교인 전체 조사에서는 '매주 출석'이 58.1퍼센트, '한 달에 세 번 정도 출석'이 7.4퍼센트였다. 한 달에 세 번 이상 출석하는 비율이 새신자는 52.8퍼센트였고 개신교인 전체는 65.5퍼센트였다. 코로나19 상황에서 새신자의 주일 예배 빈도가 떨어지면서 그들의 신앙과 교회생활의 약화가 우려된다. 특히 남자와 30대, 그리고 신앙 단계가 낮은 새신자의 주일 예배 빈도가 낮았다.

〈그림 40-1〉 코로나19 발생 이후 주일 예배 빈도(새신자)

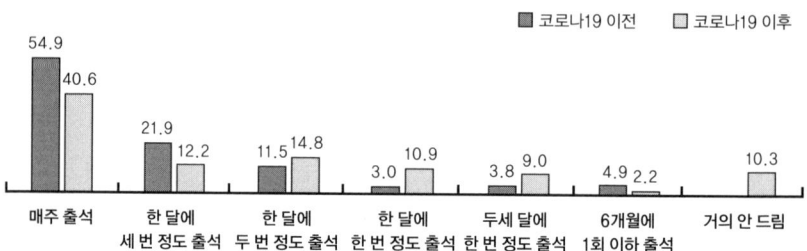

〈그림 40-2〉 코로나19 발생 이후 주일 예배 빈도(개신교인 전체)[10]

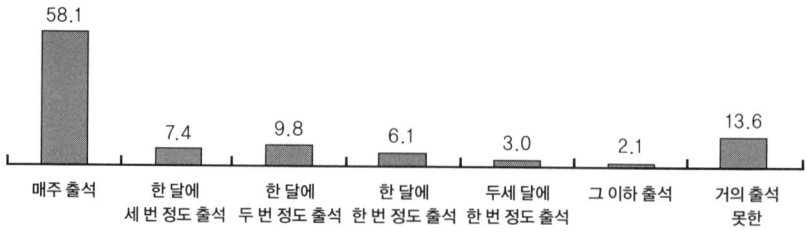

---

10 예장통합, "코로나19 이후 한국 교회 변화 추적 조사"(2021년 7월). 이 조사는 전국 만 19세 이상 개신교인 1천 명을 대상으로 2021년 6월 17일부터 28일에 실시되었다.

코로나19 발생 이후 온라인 예배를 드린 경험은 79.5퍼센트였다. 교회 규모가 클수록 온라인 예배를 드린 경험률이 높아지는데, 출석 교인 500명 이하 교회에서는 70퍼센트대의 경험률을 보였고, 501명 이상 교회에서는 87-89퍼센트를 나타냈다.

온라인 예배를 드렸을 때 현장 예배와 비교해 온라인 예배가 '현장 예배보다 좋았다' 22.8퍼센트, '현장 예배보다 못했다' 47.0퍼센트였다. 개신교 전체 조사에서 온라인 예배가 '현장 예배보다 좋았다' 13.0퍼센트, '현장 예배보다 못했다' 54.1퍼센트인 것과 비교하면 새신자들의 온라인 예배 만족도가 조금 더 높았다. 온라인 예배에 가장 만족하는 새신자는 30대(34.8퍼센트)였으며, 오히려 29세 이하(17.9퍼센트)는 만족도가 가장 낮은 편이었다. 현장 예배에 대한 만족도는 교회 규모가 클수록 더 높았다.

신앙 수준의 변화에서 새신자는 코로나19 이전과 비교해 '신앙이 약해진 것 같다' 28.4퍼센트, '신앙이 깊어진 것 같다' 13.7퍼센트로 신앙이 취약해진 것으로 조사되었다. 개신교인 전체와 비교하면 새신자와 개신교인 모두

〈그림 41〉 코로나19 발생 이후 온라인 예배를 드린 비율

(Base=전체, N=458, 단위: %)

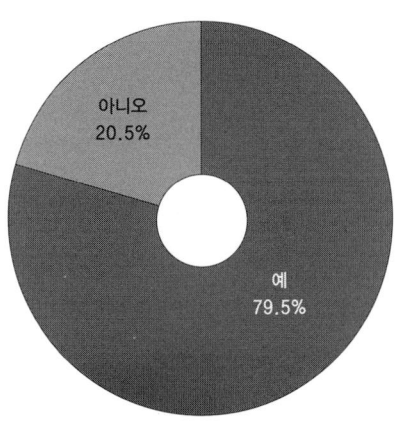

〈그림 42-1〉 현장 예배와 비교했을 때 온라인 예배 만족도(새신자)

(Base=온라인 예배자, N=364, 단위: %)

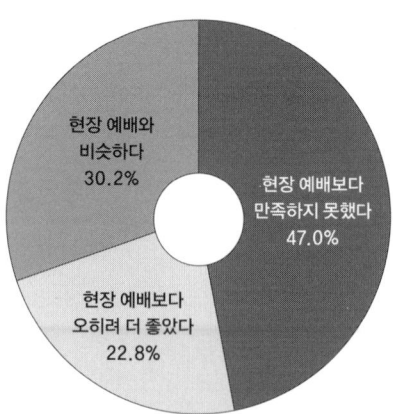

〈그림 42-2〉 현장 예배와 비교했을 때 온라인 예배 만족도(개신교인 전체)[11]

(Base=지난 주일 온라인/방송/가정 예배 드린 자, N=303, 단위: %)

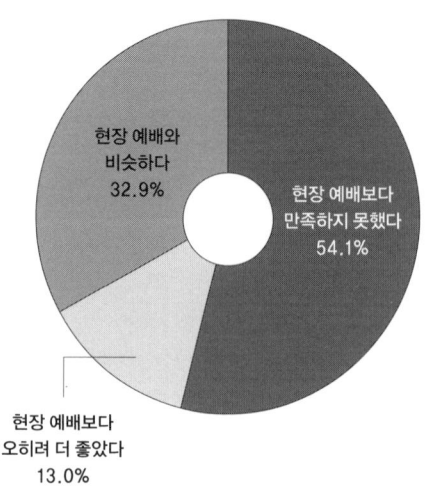

---

11 같은 글.

'신앙이 약해진 것 같다'가 각각 28.4퍼센트와 29.5퍼센트로 차이가 없었다. 그러나 '신앙이 깊어진 것 같다'는 새신자가 13.7퍼센트고 개신교인 전체는 18.3퍼센트로 새신자가 더 낮았다. 새신자는 코로나19라는 재난 상황을 신앙적 관점에서 대응하지 못해 재난을 신앙의 성찰과 성장의 계기로 삼지 못한 것이라고 해석할 수 있다. 여성(31.9퍼센트)과 40대 이하 연령층은 '신앙이 약해진 것 같다'는 응답률이 50대 이상보다 높았으며, 50대는 '신앙이 깊어진 것 같다'는 응답이 다른 연령대보다 높았다. 특이한 것은 신앙 단계가 높아

〈그림 43-1〉 코로나19 이전과 비교했을 때 신앙 수준 변화(새신자)

(Base=코로나19 이전 교회 출석자, N=366, 단위: %)

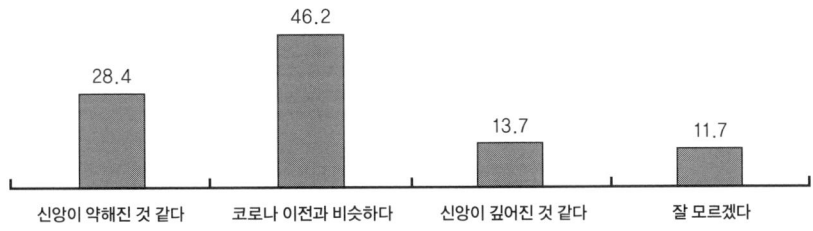

〈그림 43-2〉 코로나19 이전과 비교했을 때 신앙 수준 변화(개신교인 전체)[12]

(Base=전체, N=1000, 단위: %)

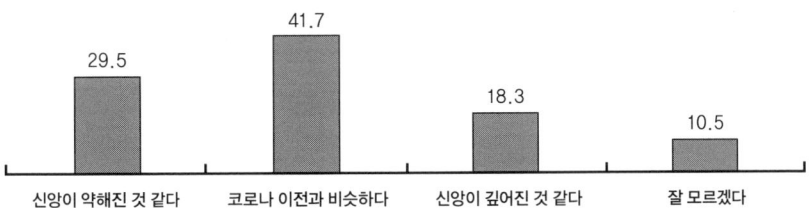

---

12 같은 글.

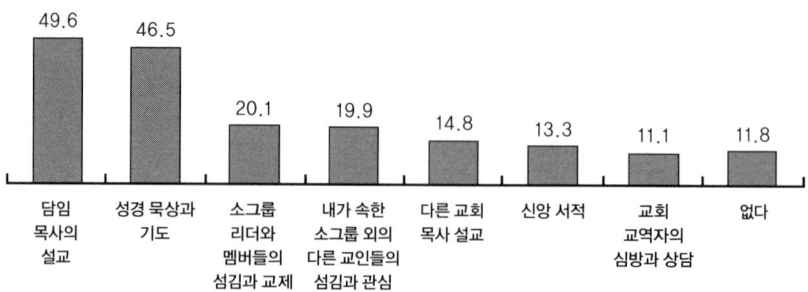

〈그림 44-1〉 코로나19 상황에서 신앙생활에 도움이 된 것(1+2순위, 새신자)

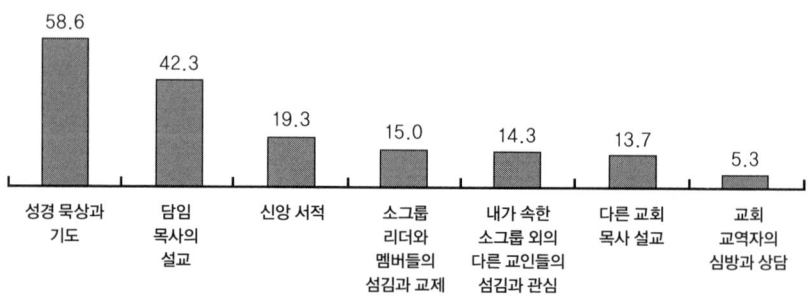

〈그림 44-2〉 코로나19 상황에서 신앙생활에 도움이 된 것(1+2순위, 개신교인 전체)[13]

질수록 '신앙이 약해진 것 같다'는 응답률이 높다는 것이다. 이것은 개신교인 전체 조사 결과와는 상반되는데, 신앙 단계가 높다고 신앙이 견고하지는 않아서 나타난 결과라고 해석할 수 있다.

코로나19 상황에서 새신자는 '담임목사의 설교'(49.6퍼센트)에서 가장 큰 도움을 받았으며, '소그룹 리더와 멤버들의 섬김과 교제'(20.1퍼센트)로부터 도

---

13 같은 글.

움을 받았다. 그런데 개신교인 전체에서는 '성경 묵상과 기도'(58.6퍼센트)와 함께 새신자에서 6위로 조사된 '신앙 서적'의 도움이 3위로 나타났다. 새신자는 외부로부터 많은 도움을 받은 데 비해 개신교인 전체는 스스로의 대응에서 더 많이 도움을 받아 대조적이었다. 개신교인 전체적으로 오랜 신앙생활을 통해 스스로 신앙을 영위하는 능력을 갖춘 것으로 보인다. 새신자들도 스스로 신앙생활을 유지할 수 있도록 도울 필요가 있다. 20대는 다른 연령대에 비해 '성경 묵상과 기도'로부터 도움을 많이 받았는데, 청년부 훈련의 결과로 보인다. 30대는 '소그룹 리더와 멤버들의 섬김과 교제'(27.4퍼센트)에서, 40대와 50대는 '담임목사의 설교'에서, 60세 이상은 '내가 속한 소그룹 외의 다른 교

〈그림 45-1〉 코로나19 상황에서 신앙생활의 어려운 점(새신자)

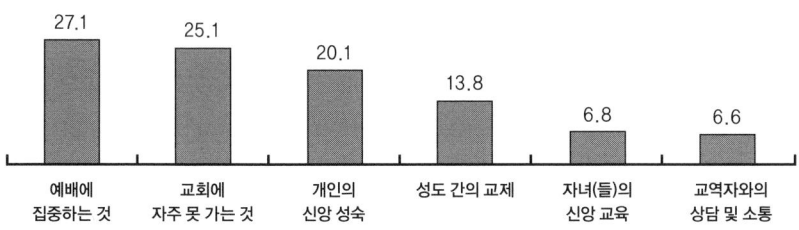

〈그림 45-2〉 코로나19 상황에서 신앙생활의 어려운 점(개신교인 전체)[14]

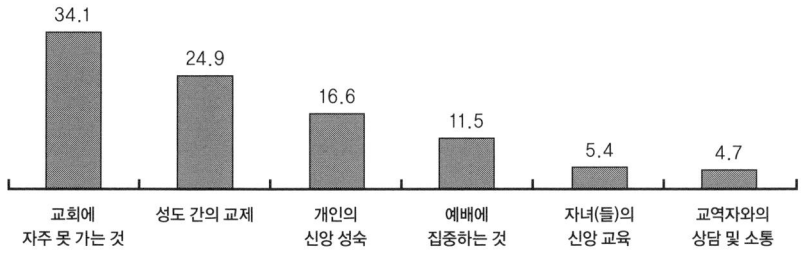

인들의 섬김과 관심'에서 다른 연령대보다 더 많이 도움을 받았다.

코로나19 상황에서 신앙생활의 가장 어려운 점을 새신자는 '예배에 집중하는 것'(27.1퍼센트)과 '교회에 자주 못 가는 것'(25.1퍼센트)이라고 응답했다. 반면에 개신교인 전체는 '교회에 자주 못 가는 것'(34.1퍼센트)과 '성도 간의 교제'(24.9퍼센트)를 꼽았다. 새신자는 교회 예배를 통한 하나님과의 만남에 지장받는 것을 가장 큰 어려움으로 생각하고 있는 반면 개신교인 전체는 공동체로 교제하지 못하는 것을 큰 어려움으로 여기고 있어 서로 다른 특징을 보였다.

〈그림 46-1〉 코로나19 종식 이후 교회 출석 의향(새신자)

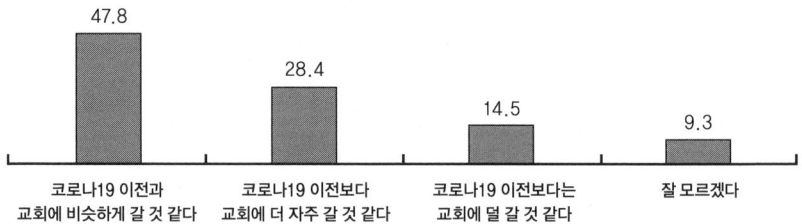

〈그림 46-2〉 코로나19 종식 이후 교회 출석 의향(개신교인 전체)[15]

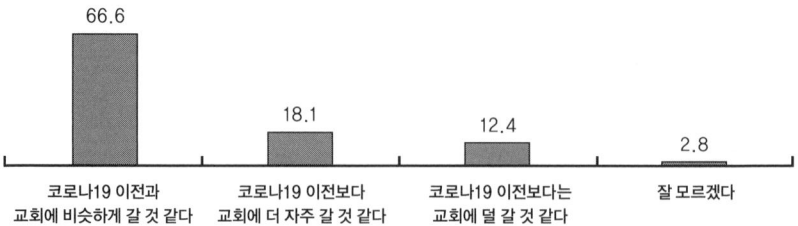

---

14 같은 글.
15 같은 글.

새신자들은 코로나19가 종식되면 '코로나19 이전보다 교회에 더 자주 갈 것 같다'는 응답이 28.4퍼센트였고, '덜 갈 것 같다'는 14.5퍼센트였다. 개신교인 전체는 '코로나19 이전보다 교회에 더 자주 갈 것 같다'가 18.1퍼센트로 새신자보다 10.3퍼센트포인트 낮았으며, '덜 갈 것 같다'는 2.1퍼센트포인트 더 낮았다. 이렇게 볼 때 새신자가 개신교인 전체보다 교회에 갈 의사가 더 많았다. '더 자주 갈 것 같다'는 응답이 60세 이상에서 18.8퍼센트로 가장 낮았으며 교회 출석 목적이 '호기심/무목적'인 새신자(21.6퍼센트)와 신앙 1단계 새신자(20.5퍼센트)가 가장 낮았다.

4. 결론 및 제언

1) 결과 요약

이번 조사는 새신자와 전도 방법에 대한 체계적 통계조사가 없는 한국 교회 상황에서 단순히 특정 교회에 새로 나온 신자들이 아니라 최근 5년간 새롭게 기독교 신앙을 가진 신자들을 대상으로 조사가 이루어졌다는 점에서 의미가 크다. 특히 최근 한국 교회에 대한 사회적 이미지가 좋지 않고 코로나 사태로 인해 새신자 유입이 많지 않았던 이 기간에 기독교 신앙을 가진 사람들의 교회 출석 동기와 영적 필요를 파악한다면 구체적인 전도 방법을 개발하는 데 큰 도움이 될 뿐 아니라 새로운 종교성과 교회 지형의 변화에 대한 함의도 발견할 수 있다는 점에서 매우 중요한 의미를 담고 있다.

이번 조사 결과를 요약해 보면, 먼저 교회 출석 전에 초월적 세계와 존재를 믿었는지에 대하여, 53.3퍼센트가 '믿었다'고 응답했고, 종교에 대한 관심은 37.1퍼센트만 있었다. 타 종교에 참여한 경험이 있는 사람도 3분의 1밖에 안 되어 초월적 세계나 종교에 대한 관심이 많은 사람이 기독교 신앙을 갖게 되는 것은 아니었다. 대부분 개신교 신앙을 갖기 전에 다른 종교를 믿은 적도 없고, 개신교에 특별히 호감을 가졌던 것도 아니었다. 새신자 대부분은 특별히 종교나 개신교에 관심이 있었던 사람들이 아니었다.

반면에 전도 받을 무렵 다수가 삶에서 어려운 문제를 겪고 있었고, 특히 88.5퍼센트가 신앙에 관심을 갖게 한 문제를 안고 있었다고 응답했다. 교회 출석 목적은 다양했다. 특별한 목적 없이 교회에 출석한 경우가 17.9퍼센트, 그냥 호기심으로 출석했다고 응답한 비율도 9.0퍼센트였다. 교회 출석 목적에 따라 새신자의 유형을 분류했을 때, 삶의 문제들과 상관성이 있었다. 교회 출석 목적이 '인생의 의미와 내세 추구'형인 새신자는 인생의 의미에 대한 혼란으로부터 가장 큰 영향을 받았으며, '현실의 복 추구'형 새신자는 신체적·정신적 건강 때문에, '사회적 관계 추구'형 새신자는 인간관계의 어려움 때문에 신앙에 관심을 갖게 되었다고 응답했다. 반면 '호기심/무목적'형 새신자는 뚜렷한 특징을 보이지 않았고, 신앙에 관심을 갖게 한 요인이 없었다는 비율이 다른 응답자보다 높았다.

교회에 출석한 사람들 가운데 가장 많은 3분의 1 이상은 가족이나 친척의 전도로 나왔고, 4분의 1은 자발적으로 교회에 나왔다. 자발적으로 나온 이들은 주로 예전에 교회 다니던 기억이 나서, 본받을 만한 훌륭한 인격을 가진 그리스도인을 보고, 교회가 사회를 위해 좋은 일을 하는 것을 보고 교회에 나오게 되었다고 응답했다. 따라서 교회 안에서뿐 아니라 일상생활이나 사회생활을 할 때 그리스도인으로서 빛과 소금의 역할을 하는 것이 중요하고, 교회가 사회에서 공적 역할을 감당하는 것도 전도에 도움이 됨을 알 수 있다. 반면에 '전도지를 받아 보고'와 '전도용/집회안내 현수막을 보고'와 같은 전통적 전도 방법은 별로 효과적이지 않은 것으로 조사되었다.

전도자와의 접촉 상황은 다양했으며 피전도자의 상황에 맞춘 전도도 많았지만 피전도자의 상황과 상관없는 전도가 더 많았고 전도 내용도 매우 다양했다. 다만 어떤 방법이든 전도자가 피전도자와 지속적인 교류를 갖는 것이 전도에 효과적인 것으로 나타났다. 전도 받은 후 1년 이내에 교회에 나간 비율이 3분의 2가 넘고, 기간이 길어질수록 교회에 나가는 비율은 떨어져서 초기에 집중적으로 교회에 출석하도록 권면하는 것이 중요한 것으로 나타났다. 전도를 받은 후 교회에 나가는 데 있어 걸림돌은 정기적으로 주일 예배를 드리는 것에 대한 부담과 평소 좋아하던 것을 못하게 될 것에 대한 걱정 등 행동에 제약을 받게 될 것에 대한 염려였다. 처음부터 교회 출석과 모임 참석에 대한 부담을 주기보다는 자연스럽게 관심을 가질 수 있도록 돕는 것이 효과적일 것으로 보인다.

새신자 중에는 교회 출석 후 3년 안에 믿음이 생겼다고 확신한 사람이 74.2퍼센트로 나와서, 새신자가 교회에 온 후 3년 이내에 신앙 교육과 양육을 집중해야 함을 알 수 있었다. 그리고 전반적인 교회 사역과 생활이 믿음을 갖는 데 도움이 되는 것으로 조사되었다. 그 가운데서도 '성경 공부'가 도움이 되었다는 비율이 19.5퍼센트였고, '복음의 유익과 믿는 방법의 논리적 설명'(7.7퍼센트)까지 더하면 '공부'가 27.2퍼센트로 여러 방법 가운데 가장 효과적인 것으로 나타났다. 따라서 기독교의 기본 교리를 이해하기 쉽게 설명하고 복음을 통해 얻을 수 있는 행복하고 풍성한 삶에 대해 나누는 것이 새신자가 믿음을 갖는 데 큰 도움이 될 것이다.

믿음을 갖게 되는 과정에서 장애가 된 요인으로는 '교회의 부정적 이미지'(16.2퍼센트)와 '교인들의 배타적 태도'(14.2퍼센트)가 가장 컸다. 그런데 신앙을 가진 후 교회 출석 이전과 비교했을 때 교회 이미지가 '더 좋아졌다'는 48.7퍼센트로 절반 이하여서 교회에 대한 이미지가 크게 개선되지는 않은 것으로 나타났다. 그리고 '교인들의 친절한 분위기'가 교인 등록에 영향을 미치는 주요 요인이었는데, 믿음을 가지게 되는 주요 장애 요인으로 '교인들의 배타적 태도'가 꼽힌 것을 함께 고려하면 교인들의 태도가 새신자의 정착에 있어 매우 중요한 역할을 한다는 것을 알 수 있다. 또 교인 등록에 가장 큰 영향을 미친 요인으로 전도한 사람(39.9퍼센트)이 가장 높게 나와서, 전도자가 피전도자를 교회로 인도할 뿐만 아니라 교회 등록까지 돌보는 것이 필요함을 알 수 있었다.

새신자의 직분은 네 명 가운데 세 명 가까이(71.4퍼센트)가 '직분 없는 성도'였지만, 항존직 비율이 13.7퍼센트로 전체 개신교인의 항존직 비율과 비슷한 수준이다. 대체로 작은 교회에서 이 비율이 더 높았는데, 인적 자원이 부족한 작은 교회의 형편을 감안하더라도 신앙이 성숙되기 전에 많은 일을 감당하다 보면 쉽게 지칠 수 있고 신앙이 성숙하지 않아서 교회 활동에서 문제를 일으키는 경우도 적지 않기 때문에 주의해야 한다. 새신자 가운데 60.5퍼센트는 교회 내 여러 모임에 참여하고 있는 것으로 나타났는데, 대체로 만족도가 높았으나 상대적으로 남녀 선교회와 선노회의 만족도는 낮았다. 따라서 교회 내에 취미 활동 모임을 포함해 필요에 따른 다양한 모임을 활성화하는 것이 새신자 정착에 효과적일 것이다.

코로나19 상황에서 새신자들의 주일 예배 빈도는 개신교인 전체보다 낮았고, 온라인 예배 만족도는 개신교인 전체보다 조금 높았다. 신앙 수준의 변화에서 코로나19 이전과 비교해 신앙이 깊어진 것 같다는 새신자가 개신교인 전체보다 적게 나와 새신자들이 코로나19 상황 속에서 신앙이 자라는 데 어려움을 겪고 있는 것으로 나타났다. 새신자들은 코로나19 상황에서 가장 큰 도움을 받은 것으로 '담임목사의 설교'라고 응답하여 개신교인 전체에서 '성경 묵상과 기도'라고 응답한 것과도 비교된다. 일반 신자들은 자신의 방법으로 신앙을 유지 또는 강화하고 있는 데 반해 새신자는 외부로부터 많은 도움을 받고 있는 것이다. 마찬가지로 코로나19 상황에서 신앙생활의 가장 어려운 점을 새신자는 절반이 예배에 집중하는 것과 교회에 자주 못 가는 것이라고 응답해 교회 예배에 크게 의존하고 있는 것으로 나타났다. 새신자 스스로 신앙생활을 유지하고 성장시키는 방법을 터득하도록 도울 필요가 있다.

2) 제언

이번 조사 결과로 보면, 최근 기독교 신앙을 갖고 교회에 출석하기 시작한 사람들은 출석 목적에 따라 서로 다른 성향을 나타냈다. 삶의 문제들, 그 가운데서도 신앙을 갖게 되는 시점에 겪은 어려운 문제나 관심사가 서로 다르므로 전도할 때도 이런 점을 고려해 유형별로 필요한 방법을 개발할 필요가 있다. 특히 4분의 1은 스스로 교회에 나온 사람들이고, 접촉 상황이나 전도 내용도 다양했다는 점에서 특정한 방법에 의존할 필요가 없음을 알 수 있다. 그런데 전도된 사람들은 전도자와 지속적인 관계를 갖고 교류한 사람들이었다는 점에서 일방적이고 공격적인 전도보다는 친밀하고 인격적인 관계를 맺으며 전도하는 일종의 관계 전도가 효과적임을 알 수 있다.

이제까지 한국 교회의 전도는 대부분 일방적으로 전도지를 나누어 주거나 일정한 관계가 형성되기도 전에 전도하는 방식을 취해 왔다. 이런 방식은 주위 사람들을 인격체로 보기보다는 전도의 대상으로만 여기면서 삶의 정황이나 문제들에 대한 공감은 결여했다. 그뿐 아니라 전도에 대해 거부하면 곧바로 관계를 끊어 버리기도 해서 교회에 대한 이미지를 더 부정적으로 만들기도 했다. 따라서 기존의 전도 방식은 수정될 필요가 있다. 특히 자발적으로 교회에 나온 사람들이 교회에 대한 좋은 기억이나 이미지로 인해 교회를 찾은 경우가 많았다는 점에서도 좋은 신앙인의 모습을 보여 주며 일상생활에서 진지하게 신앙을 실천하는 것이 전도에도 도움이 됨을 알 수 있다.

이번 조사에서 새신자를 전도한 사람들 가운데 3분의 1 이상이 가족 및 친척으로 가장 큰 비중을 차지했다. 그러나 그렇다고 해서 가족이나 친척의 영향을 긍정적이라고 단정할 수는 없다. 이것은 가족이나 친척의 전도로 교회에 출석한 사람이 가장 많다는 것을 의미하지만 반대로 가족이나 친척 때문에 교회에 나가기를 꺼리는 사람도 많을 것이기 때문이다. 신앙에 대한 열정에다가 가족주의 경향이 강한 우리 사회에서는 한 가족은 모두 같은 종교를 가져야 한다는 생각도 강해서 가족이 모일 때마다 전도를 하는 경우가 많지만 이것이 오히려 빈번하게 갈등 요소가 되기도 한다. 가장 가까운 가족이나 친척을 전도하는 것은 자연스러운 일이지만 지나치게 강요하거나 강압적인 것은 불화를 일으킬 수 있으므로 주의해야 한다.

개종에 관한 연구들을 보면, 신앙을 갖게 되는 것은 많은 결정 요인을 가진 복합적 현상이라는 것을 알 수 있다. 그중에서도 스타크(R. Stark)와 핑크(R. Finke)는 새로운 종교로 개종하는 사람들은 그 종교의 구성원에 대한 대인 밀착도가 비구성원에 대한 밀착도보다 큰 사람들이라는 연구 결과를 내놓았다.[16] 다시 말해 사람들은 새로운 사회적 연결망을 발전시킴에 따라 새로운 준거 집단의 의견을 중시하는 경향을 띠게 된다는 것이다. 이것은 그 사람의 친구들 내지 다수가 새로운 종교단체에 속해 있을 때 특히 더 그렇다. 이번 조사에서도 가족이나 지인 관계를 통해 전도된 사람이 다수 있었다는 점에서 일상생활 속에서 주변 사람들과 좋은 관계를 유지하는 것이 전도에도 도움이 됨을 알 수 있었다.

그러나 보다 기본이 되는 것은 바른 신앙이다. 스스로 신앙이 잘 정립되어 있지 않으면 다른 사람에게 전도하기가 매우 어렵다. 이번 조사에서도 전도를 하지 않은 새신자들은 '전도할 만큼 내 신앙이 깊지 않아서'라는 응답을 가장 많이 했고, 전체 신자들을 대상으로 한 조사에서도 '자신의 신앙이 모범이 못 되어' 전도하지 못했다는 응답이 가장 많았다. 따라서 바른 신앙을 갖고 평소에 신앙생활을 잘하는 것이 중요하다. 그런데 적지 않은 교회들이 이원론적 신앙을 강조하고 있어서 '내세 천국'만 강조할 경우 이 세상의 삶에 대해서는 중요하게 생각하지 않을 수 있다. 마찬가지로 교회 안은 거룩하고 세상은 세속적이라고 생각할 경우, 세상에서의 삶은 의미 없고 교회 안

---

16 R. Stark and R. Finke, *Acts of faith* (Berkeley, CA: University of California Press, 2000), p. 117.

에서만 좋은 삶을 살면 된다고 생각할 수 있다. 이런 신앙관을 갖게 되면 일상생활에서 좋은 신앙을 갖고 신앙을 실천할 수 없기 때문에 먼저 교회 안에서 바른 신앙을 가르쳐야 한다.

다음으로 중요한 것이 공동체다. 기독교 신앙은 공동체를 통해 형성되고 전수된다. 따라서 공동체를 세우고 잘 유지하는 것이 전도에도 도움이 된다. 그런데 코로나 팬데믹 상황에서는 사람들이 대면 접촉보다 온라인 네트워크를 통해서 만나기 때문에 전도의 기회가 크게 줄어들었다. 노방 전도든 관계 전도든 만남의 빈도가 줄어든다면 전도의 기회 자체가 감소할 수밖에 없다. 그뿐 아니라 이러한 인간관계의 약화는 심리적·정서적 불안정을 가져오기도 한다. 코로나 팬데믹으로 암울한 상황이 지속되면서 최근 사람들 사이에 극도의 우울감이 증대되어 이른바 '코로나블루'라고 불리는 현상이 나타나고 있다. 이는 '코로나19'와 '우울감'(blue)이 합쳐진 신조어로, 코로나19 확산으로 일상에 큰 변화가 닥치면서 생긴 우울감이나 무기력증을 뜻한다.

사실 이러한 변화는 코로나 팬데믹 이전부터 시작되었다. 한 트렌드 전문가는 코로나 팬데믹 이전에 현대인들의 삶의 방식을 분석하면서 '외로움'을 핵심 주제로 제시하기도 했다.[17] 이것이 코로나 팬데믹으로 인해 더욱 급속하게 확산된 것이다. 이러한 정서적 불안정은 교회에 대해서는 공동체성을 약화시킴으로써 전도의 동력을 떨어뜨리고 사회 구성원들에 대해서는 무기력증과 우울감으로 대인기피증에 빠지게 하여 사회활동 의욕을 저하시킴으로써 종교활동에 대한 관심 자체를 감소시킬 우려가 있다. 따라서 코로나블루에 대한 대책을 마련하고 신앙 공동체가 잘 유지하도록 해야 전도의 가능성도 높아질 것이다.

특히 최근에는 가정교회 모델의 소그룹과 같이 소그룹을 통해 전도를 하

---

[17] 이에 대해 최인수 외, 『2020 트렌드 모니터』(서울: 시크릿하우스, 2019)를 보라.

거나 정규 예배로 인도하기 전 자연스럽게 소그룹 모임으로 인도하는 경우가 늘고 있다는 점에서 더욱 그렇다. 이번 조사에서도 처음 참석한 모임이 소그룹이라는 응답이 적지 않았다. 이와 같이 공동체를 구성하는 매우 유용한 방법이 소그룹을 활용하는 것이다. 교회 역사에서는 '교회 안의 작은 교회'(ecclesiola in ecclesia)라고 해서 다양한 소모임 활동이 교회의 공동체성을 세울 뿐 아니라 교회의 본질을 회복하는 데 중요하게 작용했음을 알 수 있다. 오늘날에도 교회들마다 다양한 형태의 소그룹을 운영하는데, 이러한 소그룹은 탈현대 사회의 특징인 유동성과 다양성을 수용할 수 있는 구조라고 할 수 있다. 소그룹은 다양하게 살고 있는 사람들을 일정한 장소에 모아 서로 이해할 수 있는 토대를 제공함으로써 구성원 사이의 관계 개선을 이룬다. 그뿐 아니라 구성원 전원이 활동의 주체가 되어 자발성과 적극성이 있는 참여를 가능하게 한다.[18] 이러한 다양성에 대한 인정은 소모임의 가장 두드러진 특징이고, 이것이 현대 사회에서 소모임 운동이 성공할 수 있었던 가장 중요한 이유 가운데 하나다.

권위주의적 종교와 같이 한 방향만을 고집하거나 하나의 주의/주장만 옳다고 하지 않고, 소모임 자체를 부정하지만 않는다면 누구라도 들어와 자신의 생각과 의견을 나눌 수 있다는 것이 소모임의 특징이다. 현실 사회의 다원화된 가치관을 교회가 가장 현실성 있게 수용할 수 있는 것이 소모임인 것이다. 이러한 다양성의 수용은 최근 권위주의적이고 경직된 교회의 모습에 실망해 교회를 떠나는 많은 성도들을 포용하는 구조가 될 수 있다는 점에서도 매우 중요하다. 소그룹을 통해 보다 많은 개인 구성원들이 참여할 수 있을 뿐만 아니라 구성원들의 대면 교섭을 통해 형성된 신뢰를 바탕으로 사회 자본을 형성할 수 있기 때문이다. 불확실하고 위험한 시대일수록 신뢰의 중요성

---

18 개러쓰 W. 아이스노글, 『소그룹 사역의 성경적 기초』, 김선일 역(서울: SFC출판사, 2007), p. 120.

은 더욱 강조될 수밖에 없다. 이러한 신뢰는 대규모 집단보다는 소그룹 안에서의 친밀한 교섭을 통해 가능하다. 이런 신뢰 관계를 바탕으로 한 공동체가 형성되면 불확실성이 감소해 전도를 포함한 다양한 활동에 함께 참여하기도 더 쉬워진다.

이전에는 공식 모임과 대규모 집회가 중요했지만 정보화 사회에서는 다양한 네트워크를 통한 소그룹 커뮤니케이션이 중요한 의사소통 수단으로 자리 잡았다. 특히 코로나19로 인해 대규모 모임이 여의치 않은 상황에서 소규모 커뮤니티 활동의 중요성이 더욱 증가할 것이다.[19] '목회데이터연구소'가 실시한 조사에서는 소그룹 모임이 활발한 교회가 일반 교회들에 비해 코로나 상황으로 인한 타격을 덜 받고 있는 것으로 나타났다. 조사 결과에 따르면, 코로나19 상황에서 개인의 신앙 유지에 소그룹 구성원들의 섬김과 교제가 도움이 된다는 비율이 압도적으로 높았고, 개인의 경건생활과 소그룹 교제도 활발하게 이루어졌으며, 헌금 감소 타격도 덜 받는 것으로 나타났다.[20] 대면 접촉이 쉽지 않은 팬데믹 상황에서 어떻게 관계를 이루어 갈 수 있을지에 대한 구체적 방안을 마련할 필요가 있다.

최근 전도 환경을 더욱 어렵게 만드는 것은 한국 교회의 공신력 하락이다. '기독교윤리실천운동'에서 10년 이상 사회신뢰도조사를 해 왔는데, 그 결과는 거의 변함 없이 한국 교회에 대한 신뢰도가 최저 수준인 것으로 나타났다. 그리고 코로나 사태 동안 교회 신뢰도는 더 하락했다. 일부에서는 신앙생활의 목적이 신뢰를 얻기 위한 것이 아니라고 말하지만, 교회에 대한 신뢰도가 낮으면 전도를 하기가 매우 어렵다. 어떤 사람도 자신이 신뢰하지 않는 사람들의 말에 귀를 기울이지 않을 것임은 자명하다. 게다가 공신력이 떨

---

19 채이석, "목회철학의 전환: 휴먼터치로서 소그룹", 안명준 외, 『교회 통찰』(서울: 세움북스, 2020), p. 312.
20 목회데이터연구소, 「넘버즈」, 66 (2020년 10월 9일).

어지면 교회의 선교와 대사회 활동도 위축될 수밖에 없다. 교회가 봉사와 구제 활동을 열심히 해도 그 진정성을 의심받을 수밖에 없다. 그러면 결국 교회는 본연의 사명을 감당하지 못하고 자기들끼리의 폐쇄적 집단으로 전락할 것이다. 이것은 다시 전도 환경을 어렵게 만들어서 악순환이 될 것이다. 따라서 교회의 신뢰를 회복하기 위한 노력은 매우 중요하다. 코로나 사태 이후 한국 교회는 더욱 어려운 상황에 놓이겠지만, 위대한 진리를 가진 대표 종교로서의 위상에 걸맞은 역할을 감당함으로써 복음 전도도 자연스럽게 이루어지길 기대한다.

마지막으로 말할 것은, 새로 교회에 출석한 사람들의 특성을 파악한 이번 조사에서 나타난 전도 방법이 유효하다고 일반화하기는 어렵다는 것이다. 왜냐하면 교회에서 열심히 전도를 해도 여전히 교회에 나오지 않는 사람도 다수이기 때문이다. 똑같은 전도 방법에 대해 수용하는 사람들도 있지만 수용하지 않는 사람들도 존재한다. 따라서 전도를 받았음에도 교회에 나오지 않는 사람들에 대한 연구가 진행되어야 전도에 긍정적으로 영향을 미치는 방법과 부정적으로 영향을 미치는 방법을 통합적으로 이해할 수 있다. 이후 이에 대한 조사와 연구를 포함해 새신자에 대한 더 많은 연구가 이루어지길 바란다.

02
새신자의 회심 서사를 통한 교회의 새신자 사역 전망

김선일(웨스트민스터신학대학원대학교 실천신학 교수)

1. 조사의 신학적 의의와 개요

1) 새신자 심층 인터뷰의 의의

종교적 신앙으로 귀의하는 과정을 우리는 회심이라고 한다. 회심 연구는 단순히 종교를 바꾼다는 의미의 개종 차원보다 새로운 종교로 들어가는 과정에 대한 포괄적 이해에 초점을 맞춘다. 신앙으로 귀의하는 과정에서 종교적 신념과 가치관, 감정, 삶의 태도가 어떻게 변화되었는지가 회심 연구의 주제가 된다. 다른 한편으로는 한 사람이 회심의 여정에 들어서고 궁극적으로 신앙 헌신의 결정에 이르기까지 어떤 외부 요인들이 영향을 미쳤는가도 중요한 관심 사안이 될 것이다. 왜냐하면 기독교 회심은 거의 필수적으로 교회라는 종교적 공동체로의 편입을 수반하기 때문에 교회 공동체가 그 과정에서 어떤 역할을 했는지에 대한 분석과 이해도 중요한 내용이 된다.

이 글은 지난 5년 이내에 신앙을 갖고 현재 교회생활을 하는 이들을 인터뷰해 그들의 이야기를 통해 회심 과정과 초기 교회 경험을 파악하고 새신자 및 전도를 위한 사역의 교훈을 얻고자 한다. 여기서 '새신자'란 회심의 과정을 거쳐 처음 신앙을 갖게 된 이들을 말한다. 한 사람이 그리스도인이 된 분기점을 어느 지점으로 보느냐에 있어 정해진 기준은 없다. 회심했다는 기준을 개인적 신앙고백이나 교회 등록 혹은 수세일 그 어느 것으로 봐야 할지에 대해서도 마찬가지다. 따라서 이 글에서는 특정한 경험이나 사건보다 지난 5년 이내에 개인의 신앙 결심에 따라 교회에 출석하고 현재 소속 교회가 있는 상태에서 신앙생활하는 이들을 '새신자'라고 작업상 정의를 내린다. 5년이라는 기간도 다소 임의적이다. 나는 비슷한 이전 연구 논문인 "최근 회심자 연구"에서 10년 이내에 기독교 신앙으로 귀의한 이들을 대상으로 한 바 있다.[1] 당시

---

1   김선일, "최근 회심자 연구", 「복음과 실천신학」 42 (2017): 48-82.

내가 제시한 10년은 통계청의 '종교인구조사'가 10년 단위로 행해진다는 점을 감안해, 2005년 종교인구조사 이후 새로 교회에 오게 된 이들에 대해 조사한다는 의의를 부여한 것이다.

그러나 10년이라는 기간은 이미 교회에서 세례를 받고 각종 직분에 오르기에 충분한 기간이라 새신자를 구분하는 시점이 되기엔 다소 길게 느껴진다. 물론 나의 이전 연구는 10년이라는 통계청 종교인구조사 기간에 맞춰 그 기간에 어떤 이들이 교회에 왔는지를 관찰한다는 데 의의가 있었다. 따라서 신앙을 갖게 된 지 몇 년 이내를 새신자의 기준으로 봐야 하는지에 대해서는 경험적 관계를 따를 수밖에 없다. 미국 보스턴 대학교(Boston University)의 실천신학부에서 실시한 조사(Finding Faith Today)가 5년 이내에 새로 기독교 신앙으로 귀의한 이들을 대상으로 하였다. 본 인터뷰에 앞서 진행된 한국교회탐구센터에서 지앤컴리서치에 의뢰하여 조사·발표한 "새신자들의 교회 출석 경로 및 교회생활 실태 조사 보고서"(이하 '새신자 교회 출석 경로 조사')에서도 새신자의 기준을 5년 이내에(5년이라는 시점이 적절하다는 데 참석자들의 의견이 모아졌다) 신앙생활을 처음 시작한 이들로 설정했다.[2] 따라서 이 글에서 개별 심층 인터뷰 대상으로 삼은 이들 또한 2021년 9월을 기준으로 지난 5년 이내 처음 신앙을 가졌으며 현재 교회에 소속되어 출석하고 있는 이들을 대상으로 했다.

새신자 489명에 대한 '새신자 교회 출석 경로 조사'와는 별도로 본 심층 인터뷰 조사는 새신자의 신앙 의식 정량 조사로는 드러나지 않는 개인의 신앙 여정에 관한 이야기를 파악하는 데 초점을 두었다. 즉 본 인터뷰는 한 개인이 기독교 신앙으로 귀의하는 과정에서 어떤 정서적·관계적·지적 도전과 변화를 겪었는지를 주로 탐구하고, 특히 그 과정에서 일어난 상호작용과 내

---

[2] 이 조사 결과는 한국교회탐구센터의 홈페이지 자료실에서 확인할 수 있다. http://www.tamgoo.kr/board/bbs/board.php?bo_table=b_resources_2_1 (2022년 3월 28일 접속).

면의 이야기에 더욱 귀를 기울였다. 또 인터뷰를 통해 그들이 교회에 들어가게 된 과정과 교회에서 얻은 경험과 도움, 아쉬운 점 등에 대해서도 자유롭게 이야기를 나누고자 했다.

2) 새신자 심층 인터뷰의 신학적 의의

새신자의 신앙 귀의 과정에 관한 연구는 신학적 회심을 이해하는 것이 기초다. 기독교의 회심은 예수 그리스도를 개인의 구세주로 영접하고 그의 몸 된 교회에 책임 있는 구성원이 되는 것이다.[3] 한 사람이 기독교 신앙으로 회심하는 현상은 신학적으로는 구원이나 중생과 관련된 교리로 다룬다. 비록 일반 신학 저서들이 회심을 공통 주제로 다루지는 않지만, 회심은 중생과 함께 각각 구원의 양면을 조명하는 것으로 이해될 수 있다. 다시 태어난다는 의미의 중생이 구원과 관련해서 하나님의 주도하에 일어나는 객관적 실재를 말한다면(우리는 스스로 거듭날 수 없기 때문에), 회심은 인간의 근본적 마음이 변화되는 것을 의미하기 때문에 구원의 주관적·체험적 측면에 관한 것이라고 할 수 있다. 그렇다면 회심은 중생케 하시는 하나님의 구원 역사에 대한 인간의 응답적·주관적 경험이라 할 수 있다. 중생 그 자체는 인간의 언어와 논리로 설명하기 힘든 신비함과 난해함이 있지만, 회심은 관찰과 측정이 가능하다. 비록 정확한 기억은 아니라고 해도 한 사람이 종교적 믿음이 없는 상태에서 대략 어느 정도의 시간을 보내며 기독교 신앙에 이르게 되었는지는 가늠할 수 있다. 회심 과정에서 무엇을 경험했고 어떤 사람들을 만났는지도 대략이나마 기억할 수 있다. 또 자신에게 일어난 감정과 신념의 변화, 삶의 태도, 새로운 관계 등도 회고할 수 있다.

물론 회심의 경험과 과정에 대한 회고적 진술에는 현재 입장에서의 해석

---

[3] 회심의 개념과 전도적 연관성에 대해서는 나의 또 다른 논문인 "전도적 관점에서의 회심 이해", 「신학과 실천」 52 (2016년): 653-679를 참고하라.

적 편견이 들어갈 수 있다. 하지만 모태신앙인이 아닌 대부분의 성인 회심자들은 자신의 경험 과정을 전반적으로 설명할 수 있다. 자신이 왜 믿게 되었는지, 무엇이 자신에게 믿음을 갖게 했는지 명확하게 경험적으로 규명하는 것은 어려울 수 있다. 이는 중생의 영역, 신적 구원의 영역으로 간주되기 때문이다. 그러나 그 믿음을 갖게 된 과정에 대해서는 기억과 회고에 의한 설명이 가능하다.

이러한 설명은 구원의 서정(ordo salutis)이라는 용어로 교의학에서 시도된 바 있다. 루터파와 개혁파 신학에서는 하나님의 구원 역사가 어떻게 인간에게서 경험되고 발전하는지에 대해 논리를 전개했다. 그 순서는 믿음—칭의—소명—계몽—중생—신비적 연합—갱신, 또는 중생—믿음—회개—칭의—성화—영화 등으로 달리 표현된다. 그러나 이러한 구원의 서정은 성경에 기초한, 회심자들에게 공봉된 양상이긴 하지만, 인간의 경험상 순서라기보다는 구원의 신학적 논리에 해당된다. 따라서 신학적 전통에 따라 그 순서가 달라진다. 하나님의 섭리와 주권을 강조하는 전통에서는 중생에 앞서 칭의가 위치할 수 있고, 인간의 응답을 강조하는 전통에서는 믿음에 우선순위를 부여할 수 있다.[4]

구원의 경험에 대한 신학적 논의에서 회심이 회개나 믿음의 동의어로 쓰이기도 한다. 그러나 이 글에서 회심은 회개와 믿음을 포괄한, 제자도로 나아가는 믿음의 초기 형성 과정을 가리킨다. 따라서 이러한 회심을 이해하기 위해서는 더욱 포괄적인 분석이 필요하지만, 이 글은 회심 서사를 통해 신앙으로 나아가는 여정을 세밀하고 구체적으로 이해할 뿐 아니라 교회에게 제기되는 역할과 사명을 환기시키려는 목적을 지니고 있기에 여기서는 간단하게 회심의 구조만 요약하겠다.

4　Sinclair Ferguson, "Ordo Salutis" in *New Dictionary of Theology* eds. by Sinclair Ferguson, David Wright and J. Packer (Downers Grove: IVP, 1988), p. 180.

앞서 말한 것처럼, 회심이 인간의 경험적·주관적 반응이라면 전개되는 양상에 대한 객관적 관찰이 가능하다. 우선 기독교적 회심의 구성요소들을 분류할 수 있다. 회심의 경험은 내면과 외면 모두에서 일어난다. 자신을 기반으로 하는 삶에서 하나님의 언약적 경륜을 의지하는 삶(구약), 예수 그리스도를 믿고 따르는 삶(신약)으로의 이동이라는 회심의 근본은 마음과 행동 모두에서 변화를 일으킨다. 고든 스미스(Gordon Smith)에 의하면, 기독교의 회심은 인간의 내면에서 신념(belief)의 변화, 죄인이라는 고백의 회개, 그리스도에 대한 신뢰와 죄 용서의 확신, 의지적으로 그리스도를 따르는 순종의 삶으로 향하게 한다. 또 외적 측면에서는 공적으로 세례와 성찬에 참여하며, 성령의 선물을 따라 자신의 은사와 사명을 개발하고, 기독교 공동체에 참여하는 방향으로 나아간다. 이러한 회심의 내외적 측면은 기독교 신앙으로의 귀의에서 자연스럽게 일어나는 구성요소들이라고 할 수 있다.[5] 기독교 회심의 일곱 가지 구성요소들이 순차적으로 일어나는 것은 아니며 또 각각의 요소가 반드시 뚜렷하게 모두 발생해야 한다는 것도 아니다. 이 요소들은 기독교 회심에 대한 총체적 묘사라기보다는 제안적 묘사에 가깝다. 하지만 기독교적으로 온전한 회심의 기준을 말할 때 한 사람의 신앙 여정에서 이와 같은 일곱 가지 요소들을 다수 경험했거나 혹은 현재 경험 중이라면 그는 이 연구의 조사 대상자인 새신자 범주에 들어간다고 볼 수 있다.

회심을 시간의 측면에서 조명할 수도 있다. 회심의 단계에 관한 가장 대표적인 경험적 관찰과 종합은 종교사회학자 루이스 램보(Lewis Rambo)의 실제 사례 연구를 통해 제시되었다. 램보는 종교적 회심이 일어나는 일반적인 발전 상황을 상황(context) — 위기(crisis) — 탐구(quest) — 대면(encounter) — 상호작용(interaction) — 헌신(commitment) — 결과(consequence)의 일곱 단계로 정리

---

[5] Gordon Smith, *Beginning Well: Christian Conversion & Authentic Transformation* (Downers Grove: IVP, 2001), pp. 138-141.

했다.⁶ 물론 이 단계들은 고정된 것이 아니며 서로 다른 단계들이 하나로 합쳐지거나, 순서를 건너뛰거나, 혹은 동시에 총괄적으로 발생할 수도 있다. 인간의 경험은 정해진 순서를 따른다기보다 복합적인 현상이기 때문이다. 스콧 맥나이트(Scot McKnight)는 위의 일곱 단계에서 상호작용을 대면 단계에 포함시켜 여섯 단계로 재정리했다.⁷ 혹은 일곱 단계를 더 압축해 세 단계로 보다 간명하게 정립하는 것도 가능하다. 예를 들어, 상황·위기·탐구를 탐구 단계로, 대면·상호작용·헌신을 헌신 단계로, 결과부터 그 이후를 신앙의 형성(formation) 단계로 재분류해 탐구—헌신—형성이라는 세 단계로 통합하는 것이다. 리처드 피스(Richard Peace)는 다메섹 도상에서 일어난 바울의 회심을 (자기 자신에 대해, 자신의 소명에 대해) 깨달음(insight), (율법주의자의 삶에서 그리스도의 사도로) 돌아섬(turning), (새로운 삶과 소명의 경험으로) 변화(transformation)라는 세 가지 핵심 유형으로 정리했다.⁸ 한 인간의 회심을 단계의 숫자나 가짓수를 통한 순간과 사건으로 보기보다는, 그리스도의 제자 됨과 하나님 나라의 백성 됨은 여러 경험과 도움과 선택의 조합으로 이루어진다고 보는 것이 인간의 영적 여정에 대한 예의이자 존중어린 시선일 것이다.

3) 복음주의 운동과 회심

전통적으로 복음주의 신앙운동에서 회심은 중심적인 비중을 차지해 왔다. 기독교 역사학자 데이비드 베빙턴(David Bebbington)은 복음주의 운동의 대표적 특징을 회심주의(conversionism), 행동주의(activism), 성경주의(biblicism), 십자가중심주의(crucicentrism)로 보았다.⁹ 행동주의는 선교와 사회 개혁을 통

---

6 Lewis R. Rambo, *Understanding Religious Conversion* (New Haven and London: Yale University Press, 1993), pp. 16-17.
7 Scot McKnight, *Turning to Jesus: The Sociology of Conversion in the Gospels* (Louisville: Westminster John Knox Press, 2002), p. 50.
8 Richard Peace, *Conversion in the New Testament* (Grand Rapids: Eerdmans, 1999), pp. 25-27.

해 복음을 표현하고 증명하는 것을 말하고, 성경주의란 궁극적 권위의 원천으로서 성경 말씀에 순종하고 높은 가치를 두는 것이다. 십자가중심주의는 십자가에서 죽으신 예수 그리스도의 희생이 인간의 구원을 가능하게 했음을 강조하는 것이다. 그리고 회심주의는 중생의 경험과 예수 그리스도를 따름으로써 우리의 삶이 변화되어야 한다는 신념을 의미한다. 따라서 복음주의 운동에서 회심은 실제로 그리스도인의 삶에서 지속적으로 경험되고 실천되는 중요한 변화의 기반이라고 할 수 있다.

성경적으로 볼 때, 십자가의 의미는 변화된 마음과 변화된 삶으로 연결되어야 한다는 것이 복음주의자들의 확고한 신념이다. 따라서 회심주의는 중생의 경험과 전도를 강조하는 복음주의 운동의 전통과도 부합된다. 예수 그리스도에 대한 신앙고백과 변화된 삶으로의 헌신은 복음주의 신앙운동에 생명력을 불어 넣은 중요한 동력이었다. 다만 실제 전도사역에서는 회심주의를 순간주의 또는 현장결신주의(decisionism)로 등치시키는 인식이 횡행했는데, 이에 대해서는 재고가 필요하다. 회심이 진정한 기독교 신앙에 이르는 과정이라면 여기에 반드시 포함되어야 할, 그리스도께 헌신하는 제자도를 생략한 채 현장에서 강렬한 감정적 결단의 경험을 회심의 종결로 간주하는 관행을 낳을 수 있기 때문이다. 이와 같은 순간주의·현장주의·결신주의적 회심 이해는 예수 그리스도라는 인격적 대상을 향한 결단이라는 측면에서 기독교 신앙의 핵심부와 맞닿는다. 그러나 고든 스미스는 회심은 그 자체가 목표가 아니라 출발이라고 했다. 회심은 그리스도의 제자로 살아가는 여정의 출발점이다. 좋은 출발은 더욱 좋은 여정으로 이어지는 다리가 된다. 이 연구에서 제시되는 회심의 사례들과 분석이 결국 우리에게 더욱 의미 있고 복된 기독교적 삶을 격려하기 위한 공동의 과제를 인식하는 자료가 되기를 기대한다.

---

9 David Bebbington, *Evangelicalism in Modern Britain: A History from the 1730s to the 1980s* (London: Routledge, 1989), p. 4.

4) 조사의 설계

인터뷰 대상자 선정

이 글은 지난 5년 이내 처음으로 교회에 출석하거나 신앙을 갖게 된 이들을 대상으로 한 인터뷰에 기초한다. 인터뷰 대상자 가운데 5년 전에도 개신교회나 천주교회를 다닌 이들이 있었다. 그들은 과거에 가족의 영향이나 지인의 권유에 이끌려 혹은 단순 호기심으로 교회를 경험하기도 했다. 그럼에도 불구하고 대상자들 스스로 신앙에 대한 탐구를 본격화하고, 그러한 신앙 탐구에 근거해 교회를 찾고 신앙인이라는 의식을 갖게 된 것은 지난 5년 이내에 일어난 일이었다. 지난 5년 이내에 의식적 신앙 탐색을 시작했다는 기준 외에도 인터뷰를 진행하는 시점에 인터뷰 대상자가 교회에 소속됐다는 의식과 신앙인으로서의 자기 정체성을 분명하게 인식해야 한다는 점도 사전 선정의 기준이있다.

인터뷰 대상자의 연령과 성별

인터뷰에 응한 이들은 총 여덟 명이었으며, 가급적 연령과 성별에 따라 적절한 대상자들을 물색했다. 나는 이 글에서 인터뷰 대상자들을 성별과 연령으로 분류해 표기하는데, 이는 그들을 집단으로 대상화해서가 아니라 각 연령과 성별에 따른 정서와 경험이 다를 수 있음을 고려한 부득이한 방식이다. 소수의 새신자들을 대상으로 그들의 신앙 여정을 듣는 것이 조사의 목표였기 때문에 지역이나 교회 규모는 고려하지 않았다. 인터뷰 대상자들의 연령과 성별은 다음과 같다.

- 20대: 2명(남성 1, 여성 1)
- 30대: 2명(남성 1, 여성 1)
- 40대: 2명(남성 1, 여성 1)

- 50대: 1명(여성 1)
- 60대: 1명(남성 1)

가급적 연령별·성별로 동수를 접촉하여 인터뷰를 의뢰하려 했으나, 시간 관계상 모든 연령과 성별에 따른 동등한 수의 인터뷰를 성사시킬 수 없었다. 20대부터 40대까지는 남녀 각각 1인을 인터뷰했으나 50대는 여성 1인, 60대는 남성 1인을 대상으로 인터뷰가 진행되었다. 인터뷰는 한 사람당 한 시간에서 한 시간 30분간 진행되었다. 네 건은 대면 인터뷰, 두 건은 줌(zoom)을 이용한 실시간 화상 인터뷰, 세 건은 전화 인터뷰 방식을 취했다. 코로나19 팬데믹 상황이라는 여건상 대면 인터뷰를 실행하기에 어려움이 있었으며, 여성 새신자의 경우 한 명(20대)을 제외하고는 주로 전화 인터뷰로 진행되었다. 대면 인터뷰에서는 상대방의 표정과 몸짓을 감안해 대화의 내용을 해석하는 것도 가능하지만, 본 인터뷰는 일회성이라 그와 같은 반복에 의한 종합 분석에 이르기는 어려웠다. 그래서 이들의 진술을 최대한 있는 그대로 반영하고자 했다.

인터뷰를 위한 사전 질문

그들 자신이 어떤 상황에서, 누구에 의해, 어떤 과정을 거쳐 기독교 신앙에 귀의하게 되었는지에 관해 말할 바를 정리하도록 열 가지 사전 질문을 "인터뷰 의제"라는 명목으로 인터뷰 대상자들에게 발송했다. 질문은 아래와 같다.

사전 질문

1. 언제, 어떤 계기로 기독교 신앙에 관심을 갖고 교회에 오시게 되었습니까?
2. 기독교 신앙을 갖기 전, 교회(혹은 종교)에 대한 이미지는 어떠했습니까?
3. 기독교 신앙에 관심을 갖게 만든 어려운 상황이나 문제가 있었습니까?

4. 교회에 오는 데 도움을 준 사람은 누구였습니까?

5. 기독교 신앙에 귀의하고자 할 때 고민되었던 부분이 있었다면 무엇이었습니까?

6. 신앙의 권유를 받고 그리스도인이 되기로 결심하기까지의 과정은 어떠했습니까?

7. 교회에 처음 왔을 때 인상은 어떠했습니까? 무엇이 좋으셨습니까?

8. 성도님의 의견으로, 교회가 새신자들을 잘 도우려면 무엇이 필요하다고 보십니까?

9. 신앙을 갖게 된 이후, 신앙을 갖기 전의 문제들이 해결되었습니까? 현재의 신앙생활에 만족하십니까?

10. 현재 성도님의 신앙은 어느 정도 수준에 있다고 생각하십니까?

이 열 가지 질문은 이 글의 기초가 되는 '새신자 교회 출석 경로 조사'의 양적조사에 나왔던 대표 질문들을 핵심만 간추려 다시 정리한 것이다. 이 질문들은 인터뷰에서 실제로 사용되기도 했지만, 새신자들이 자신의 회심 과정을 반추하도록 돕기 위한 목적으로 제시되었다. 실제 인터뷰는 위의 질문들에 국한되지 않고 대화의 흐름에 따라 새신자들이 말하고 싶은 것을 자유롭게 나눌 수 있도록 했다. 이는 구조화된 설문과 비공식적 대화를 혼용하는 방식으로서 "반쯤 구조화된 인터뷰"라고 볼 수 있다.[10]

인터뷰에서 새신자들이 진술한 내용을 가급적 있는 그대로 전달한다는 원칙 아래 비문이나 생략·반복된 단어는 교정과 보정을 진행했다. 맥락상 이해를 위해 필요한 경우 괄호 안에 단어나 구절을 삽입해 새신자의 진술이 의미하는 바를 명확하게 전달하고자 했다.

---

10 리처드 아스머, 『실천신학의 네 가지 중심 과제』, 김현애·김정형 역(서울: WPA, 2012), p. 106.

2. 인터뷰의 실제

위의 인터뷰 대상자 여덟 명과 인터뷰한 내용을 세 개 항목으로 분류해 제시하려 한다. 첫째, 이들이 말한 회심 서사에 나타난 공통 내용을 '전형적 회심 요소'라는 이름으로 분류했다. 이는 새신자들이 스스로 밝힌 경험 가운데 기존의 회심 연구에서도 중요하게 다루는 주제와 상응하는 공통되는 것들이다. 두 번째는 '의외의 요소'로서 새신자에 대한 우리의 통상적 인식에 부합하지 않는 것으로 여겨지는 내용을 다룬다. 이 또한 두세 명 이상의 새신자들이 밝힌 공통 요소들로 구성했다. 세 번째는 '개별적 성찰점'인데, 이는 각 개인의 의견이긴 하지만 교회와 기독교 공동체가 고려해야 할 의미 있는 내용이다.

이와 같은 분류에 필자인 나의 주관적 판단이 작용될 수 있음을 인정한다. 하지만 최대한 종교적 회심과 관련된 이론들을 참고해 세 가지 항목으로 분류하여 정당성을 얻고자 했음도 미리 밝혀 둔다. 여기에는 새신자들의 경험 묘사에 대한 나의 주관적 반응이 결합된 해설이 같이 나타난다.

1) 새신자들의 전형적 회심 요소
새신자 인터뷰에서 자주 공통으로 드러나는 전형적 회심 요소들은 회심 연구에서 중요하게 논의되는 내용이다.

사회적 자본: "그들 곁의 그리스도인들"
종교적 회심 과정에서 사회적 자본은 지대한 요인으로 지목된다. 우리는 사람들이 종교적 신앙에 이르는 과정의 결정적 계기를 종교적 신앙 내용에 대한 동의 여부로 보는 데 익숙하다. 따라서 기독교의 복음 전도에서도 복음에 관한 요약된 내용을 잠재적 회심자에게 들려주고 그들이 그 내용에 동의하

고 받아들이면 회심에 이른 것으로 간주했다. 하지만 실제 종교 회심 사례들에 대한 로드니 스타크(Rodney Stark)와 로저 핑키(Roger Finke)의 연구에 따르면, 개인적 필요나 교리에 대한 동의보다 더 많은 경우에서 회심에 영향을 미치는 요인은 사회적 자본(social capital)이라고 한다.[11] 사회적 자본은 인간관계와 인적 네트워크를 의미한다. 사람들은 명제적 형태로 제시된 복음의 내용에 설득되고 동의하여 회심 여정에 참여하는 경우보다 자기 주변의 사회적 자본에 동화될 가능성이 높다. 한마디로 주변에 그리스도인이 많을수록, 특히 자기에게 관심과 돌봄을 제공하는 그리스도인이 있을수록 그 사람은 기독교 신앙에 더 가까워지고 수용적이 될 수 있다.

기독교 신앙에 대해서 관심을 갖게 된 것은 그리스도인 가정의 영향도 컸어요. 네, 아무튼 제 수변 지인들의 영향이 되게 큰 거죠. 사실 특별히 저한테 뭘 한 건 아니고요. 주변에 항상 그리스도인 친구들이 많았고, 그 친구들 집에 놀러 가면 그리스도인 부모님들이 계셨죠. 그런데 그분들이 항상 자기 자녀 친구한테 이렇게까지 잘해 주나 싶을 정도로 과분한 대접들을 받았거든요. 그게 항상 인상 깊었는데 사회생활을 해 보니 그런 사람이 드물다는 걸 깨달았고 그런 점에서 기독교에 항상 관심을 갖게 되었죠. (20대 여성)

새신자들은 권유에 의해서든 혹은 자발적으로든 신앙에 귀의하는 과정에서 주변의 설득력 있는 종교 옹호자들을 경험한다. 그들이 무의식적으로 인생의 의미를 찾는 과정에서 또는 인생의 위기를 통과하며 마음속 깊은 곳에서 도움을 요청할 때, 그들 곁에는 그리스도인들이 있었고 그 그리스도인들

---

11   Rodney Stark and Roger Finke, *Acts of Faith: Explaining the Human Side of Religion* (Berkeley: University of California Press, 2000), p. 119. 사람들은 다른 종교 전통의 사람들과 더욱 견고한 인적 관계를 맺을수록 그들의 종교로 헌신할 가능성이 높아진다고 저자들은 주장한다.

은 신앙을 진실하게 옹호했다. 이들 그리스도인들은 즉각적이고 직접적으로 교회에 오라고 권유하지는 않았지만, 그들 곁에서 그들에게 필요한 방식으로 신앙을 옹호했다.

> 사실 여자 친구가 먼저 교회 가자고 그렇게 권유를 했으면 저는 좀 안 좋게 봤을 것 같습니다. '얘가 왜 이러지?'라고 생각을 했을 것 같은데, 그렇게 안 하고 제가 싫어할 줄 아니까 힘들 때마다 오빠를 위해서 기도해 주겠다고 했어요. 근데 사실 누군가를 위해서 기도해 주겠다고 말을 하는 거는 비그리스도인도 듣기 좋잖아요. 정말 고마웠어요. 힘들 때 옆에서 그냥 오빠를 위해서 기도해 줄게 하는 말을 들으니까. (교회에 오라고) 권유를 하진 않았지만 '기도해 줄게'라고 했을 때 '기독교가 하나의 선택지가 될 수 있구나'라는 느낌을 무의식적으로 갖게 됐어요. 제가 힘들어서 의미를 찾다 보니까 당연히 그 말이 생각났고 여자 친구한테 (교회에 가겠다고) 말했을 때 되게 반가워하더라고요. 기다려 왔다는 느낌이었어요. (20대 남성)

'교회에 가자'는 직접적 권유보다 '기도해 주겠다'는 말이 더욱 의미 있게 다가왔다는 경험은 또 다른 인터뷰 대상자에게서도 나왔다. 이는 '교회'라고 하는 목적이 있는 제안보다 진심으로 상대방을 헤아리는 말로 전달되기 때문으로 보인다.

이와는 대조적으로 그리스도인의 존재가 신앙에 이르는 데 부정적 영향을 주고 마음을 닫게 만들 수도 있다. 한 여성은 비슷한 만남에서 상반된 그리스도인의 태도를 경험했다. 두 번의 경험이 모두 결혼을 전제로 교제하던 남성의 집안을 상대로 한 것이었는데, 두 집안 사람들 모두 그리스도인이었으나 경험 내용은 전혀 달랐다.

제가 오래전에 결혼할 사람을 만난 적이 있었어요. 근데 그 사람 집안이 엄청 기독교 신앙이 강했거든요. 너무 심했어요. 강요도 너무 심했고요. 그 집이 중산층이라 조금 잘사는 편이었는데, 그 어머님 말씀으로는 가족들이 교회에 다니기 시작하면서 모든 일이 잘됐고 승승장구했고 그래서 이렇게 된 거라고 하시더라고요. 무슨 이사만 가면 집값이 엄청 올랐고, 교회 다니니까 하나님이 보살펴 주신 거라고 말씀하시는데, 제가 생각했을 때는 그냥 대한민국 집값이 다 올라서 그런 것 같은데… 자꾸 그런 식으로 저한테 강요하시는 거예요. 기독교 아니면 절대 안 된다고 하고, 제가 멀리 사는데도 교회에 가서 인증 사진을 찍어 오라고 하질 않나. 그런 계기로 인해서 (그 남자와도) 헤어졌어요… 너무 심하게 강요를 해서 기독교에 대한 반감이 더 커졌어요. (30대 여성)

시간이 흘러 이 여성은 새로운 그리스도인 님싱과 그 가족을 만났는데, 결혼을 염두에 둔 만남이고 기독교 신앙이 영향을 준 것은 지난번과 비슷했지만 확연히 다른 그리스도인들의 존재를 경험했다.

(남자 친구의 어머니가) 교회에 오는 데 딱히 도움을 주신 건 아니었어요. 제가 기독교에 대한 반감이 좀 커가지고 적극적으로 저를 전도하지는 않으셨어요. 뭐 권유는 안 하셨고 그냥 계속 기도하고 있다고 하시고 또 조언 같은 거 많이 해 주셨고 기도하라고 하셨는데 사실 그런 말을 들으면 전에는 되게 반감이 컸었는데, 이번에는 뭔가 되게 의지가 되더라고요… 제가 기독교에 대해 안 좋게 생각하시는 거 아시고 적극적으로 전도를 안 하셨어요. 전도사님이거든요. 근데 적극적으로 전도 안 하시고 그냥 '기도해 줄게'라고 하면서 어른으로서 보듬어 주고 다독여 주셨어요. 저는 그런 어른을 만나 본 적이 없었거든요. 그냥 자기 아들의 여자 친구일 뿐 아무런 관계가 없는데 어쨌든 간에 저를 위해서 이렇게 해 주시는 게 되게 크게 느껴졌어요… 그게 제 마음을 움직인 거죠. (30대 여성)

전혀 다른 두 그리스도인 가정을 경험한 이 여성이 기독교 신앙에 이끌리게 된 것은 교회에 나가자는 강한 권유나 기독교 신앙이 우월하다는 강변이 아니라 자신의 곁에서 자신을 있는 그대로 이해하고 기다려 주고 보살펴 주는 마음과 태도였다.

곁에 있는 그리스도인들의 존재는 처음 신앙을 탐구하고 신앙에 들어설 때뿐 아니라 교회에 정착할 때도 큰 영향을 준다. 새신자들이 지역 교회에 자리를 잡기 위해서는 신앙을 고백하는 것뿐 아니라 그들이 신뢰하고 친밀감을 느낄 수 있는 기존 그리스도인들의 존재를 필요로 한다. 한 50대 여성은 성경과 기독교에 대한 치열한 관심을 통해 교회에 나가게 됐다. 기독교 신앙의 기본 과정을 이수했지만 그가 그 교회를 자신의 공동체로 받아들이게 된 데에는 자신이 믿고 따를 수 있는 그리스도인의 모범이 더 중요했다.

성경은 공부하고 싶지만 교회에 가서 소속되는 것은 비록 많은 환대를 받더라도 조금 부담스러웠지만, 가장 중요한 것, 즉 제가 그 교회에 뿌리내릴 수 있었던 가장 큰 이유는 마침 그 교회 목장 모임에 제 고등학교 선배님이 계셨기 때문이었어요. 누구한테 내놓아도 하나님의 자녀로서 너무 훌륭한 자신의 기준을 갖고 하나님에 대한 기본을 잘 갖추신 분이었어요. 그 권사님이 저한테는 굉장히 많은 좋은 선한 영향력을 끼치셨던 것 같아요. 그분이 안 계셨다면 사람들의 관계에 대해서도 그렇고 목사님에 대해서도 욕심이 많다고 생각했죠. 어느 교회를 보면 싸움 나는 이야기도 있잖아요. 그런 걸 보면서 교회를 다녀야 하나 생각을 하다가도 그 권사님이랑 얘기를 하고 난 뒤에 원래 하나님의 본질은 이런 거였구나 하고 위로를 받았죠. (50대 여성)

아내가 한인 마트에 갔다가 나오는데 어느 사람이 전도지를 건네주면서 교회 다니라고 하더래요. 아내는 원래 교회에 다녔으니까 뿌리치진 않고 그냥 전도지만 받고 지나쳤나 봐요. 그리고 그땐 차가 없어서 버스 정류장에서 기다리고 있었는데, 그 전도했던 분이 차를 타고 그 앞으로 지나가다가 차를 멈추고 물어 봤대요. 버스 기다리시냐고. 자기가 집까지 데려다주겠다고. 아내가 사양하니까 쇼핑백 손에 들고 버스 타고 가려면 힘들다고 괜찮으니 어서 타시라고 했나 봐요. 결국 아내가 그분 차를 타고 신세를 졌어요. 그게 계기가 돼서 그분과 연락을 나누는 사이가 됐어요. 그분 집에도 초대받았고, 거기에 다른 교인들도 오셨는데 교회에 나오라고 초대했대요. 그때 전 한국에 있었는데, 아내가 전화해서 물어보더라고요. 자기를 도와주신 좋은 분이 계시는데 교회에 오라고 그러는데 어떻게 하면 좋겠냐고. 저는 교회에 가라고 했어요. 제가 같이 있으면서 챙겨 주지 못하는데 누군가 도와주는 분이 있다니까 고맙잖아요. 그리고 한 달 정도 지나서 저도 미국에 갔는데, 그분들께 고마워서 인사드리려고 처음으로 교회에 가게 됐죠. (60내 남성)

이 남성은 아내가 먼저 미국 한인타운에서 한 그리스도인을 만나 도움을 받은 것이 계기가 되었다. 그 그리스도인은 노방전도를 하러 나왔다가 전도를 끝내고 지나가던 길에 차도 없이 버스를 기다리던 이 남성의 아내에게 도움을 주었고, 그것이 계기가 되어 실제 전도로 이어졌다.

기독교 영향사: 그들의 과거 기독교 경험

인터뷰를 통해 두 번째로 부각된 전형적 회심 요소는 이른바 '기독교 영향사'라고 명명한, 과거 기독교와의 경험 혹은 그리스도인과의 만남을 배경으로 한다. '영향사'라는 용어는 철학자 한스 게오르그 가다머(Hans-Georg Gadamer)가 "인간의 이해에 작용하는 역사적으로 영향을 주는 의식"이라는 개념을 패러디로 차용한 것이다. 내가 의도하는 의미는 종교사회학자 루이스 램보가 종교적 회심 경험을 단계별로 구분하면서 가장 저변에서 시작되는 회심의 단계로 가리킨 '상황'(context)이다. 기독교 영향사라는 용어로 조명하고자 하는 것은 새신자들의 과거 인생 경험에서 기독교와 어떻게 조우한 적이 있으며, 그것이 신앙에 이르는 데 어떤 영향을 주었는가에 관해서다. 새신자들은 최근의 회심 과정에 이르기 전, 과거에 이미 기독교와 접촉했고 그것에 대한 부정적·긍정적 기억을 안고 있는 상태에서 신앙을 탐구하게 된다. 그것은 과거의 긍정적 경험이 지속되고 완성되는 경우도 있지만, 때로는 과거를 극복하거나 보완하는 형태로도 나타난다.

기독교 재단의 고등학교(미션스쿨)를 다닌 여성은 그 학교에 다닌 것을 자신이 처음으로 교회에 다닌 경험으로 기억한다. 그 학교에서 기독교에 대해 들은 바도 있었고 기도에 대해서도 배웠다. 물론 강요에 의한 학습이었기에 반감이 있었지만 막상 집안에 안 좋은 일이 발생하자 학교에서 배운 기도를 해 보기도 했다고 한다.

그 종교 시간에 배웠는데 그냥 계속 갖고 있었던 궁금증이거든요. 종교 시간에 사탄이나 뭐 이런 것에 대해서 한참 배울 때였어요. 아버지가 좀 폭력이 심했거든요. 다른 사람은 아니고 엄마한테만 그러셨는데, 저는 심지어 그걸 모르고 있었어요. 제가 학교 가서 없을 때 아빠가 폭력을 행사하셨나 봐요. 엄마가 맨날 저한테 학교 끝나면 일찍 오라고 말씀하셨는데 저는 그걸 모르고 친구들하고 노는 게 좋아서 밤늦게 들어가고 그랬거든요. 그러다가 아빠가 엄마에게 폭행하는 것을 알게 되고 눈으로 직접 보았어요. 근데 그때 학교에서 막 사탄이나 빙의 현상에 대해서 배웠던 것 같은데 그때 아빠는 정말 다른 사람 같더라고요. 문득 그 생각이 드는 거예요. 학교 선생님이 해 줬던 얘기요. 아빠가 다른 사람으로 돌변하기에 제가 너무 무서워서 막 기도를 했어요. 머릿속으로 아무것도 생각이 안 나는 거예요. 그래서 주기도문을 외웠거든요. 조회 때, 그리고 종례 때 예배를 하루에 두 번씩 드리고 한 주에 한 번씩 종교 수업도 있었지만 다른 것들은 하나도 생각이 안 나고 머릿속에서 주기도문이 떠오르는 거예요. 그래서 제가 주기도문을 외우려고 시도를 하면, 신기하게도 (아버지가) 잠잠해지셨어요…. (30대 여성)

그때 가족들이 뿔뿔이 흩어지면서 이제 진짜 집에서도 쫓겨났어요. 월세였으니까요. 처음에는 친구들 집을 전전했고 그다음에는 뭐 돈 있으면 찜질방도 갔다가 피씨방도 갔다가 그러다가 이제 학교도 그만두게 됐고 그때부터 그냥 닥치는 대로 일을 하면서 하루하루 그냥 살았어요. 하루하루 벌어서 하루 살고 하루 지내고 뭐 그렇게 엄청 오랫동안 살았어요. 그 기간에 기도도 많이 했거든요. 근데 하나도 이뤄지지 않는 거예요. 그래서 그때부터 제가 좀 기독교에 대한 반감이 엄청 커졌던 것 같아요. 그런 이야기를 선생님들한테 상담을 하고 했거든요. 그런데 종교 선생님이나 서희 담임선생님이 나 방관하셨고, 저 혼자 계속 끙끙 앓으면서 반감이 계속 커진 것 같아요. (30대 여성)

이와 같이 신앙이 없을 때 경험한 기독교의 흔적은 때로는 효능감으로 느껴지기도 하지만 때로는 무력감과 반감을 느끼게 하기도 한다. 중요한 점은 기독교에 노출된 흔적은 쌓여서 나중에 회심의 과제와 마주할 때 의미 있게 해석되고 영향을 준다는 점이다. 이 여성은 최근 신앙을 갖기 전에 홀로 교회에 나올까를 고민했는데, 앞서 말한 남자 친구의 어머니 외에도 자신이 새로 개업한 카페에서 또 다른 그리스도인들과 만나는 경험을 한다.

저희 단골 손님들이 공사 현장에서 일하시는 분 같은데 항상 아침에 세 분이 오셔서 단 음료를 먹으셨거든요. 근데 어느 날은 그 손님들이 한 달째 계속 아침마다 오시니까 어떻게 이야기를 하게 됐어요. 알고 봤더니 우리 가게 옆에 있는 교회에서 일하시는 분들이었던 거예요. 목사님 두 분하고 전도사님 한 분이셨어요. 근데 그 교회가 오래되어서 직접 리모델링을 하시는데, 공사하기 전에 저희 가게에 와서 음료를 마시고 도면을 보고 가시는 거였어요. 그래서 이렇게 그 목사님들하고도 인연이 된 거죠. 그래서 지금도 저는 혼란스러운 마음이 커요. 제 주변에 그리스도인들이 이렇게 몰린다고 해야 되나. (30대 여성)

너무 주관적인 억측이라고 볼 수도 있겠지만, 당사자에게는 자신에게 주어지는 기독교적 영향들이 의미심장했다. 이처럼 기독교와의 경험에 노출되는 상황은 회심에 이르는 데 중요한 역할을 한다. 중요한 것은 두말할 것 없이 긍정적인 상황이어야 한다는 것이다.

집사람도 장모님도 오랫동안 이제 신앙생활을 하셨고요. 저희 식구들, 그러니까 본가 식구들도 되게 열심히 하시는 분들도 계시고 매형들 중에 장로님도 계시고 해서 어느 정도 영향을 받았고요. 형제 중에 반 정도는 교회 다니고 성당엔 둘이 다닙니다. 사실 저는 학교 다닐 때도 누나들이 교회를 열심히 다니니까 저도 어느 시점이 되면 다녀야겠다는 마음이 있었죠. 근데 그런 마음을 몸소 느낀 게 저희 매형 케이스였어요. 매형도 결혼하면 교회에 다니겠다고 하셨대요. 그리고 실제로 결혼하고 교회에 다니면서부터 완전히 달라지셨다고. 신앙생활 엄청 열심히 하시고 또 직원으로 시작해서 사장이 되셨는데 그 회사도 엄청나게 발전시키셨어요. (40대 남성)

저희 고모들이 먼저 교회를 다니셨고, 한 고모님은 수도권에서 이제 작은 교회를 목회하세요. 근데 고모님은 개신교 목사지만, 저희 집은 친정이든 시댁이든 교회에 다니시는 분이 전혀 없습니다. 남편도 사실은 천주교 세례를 받았어요. 아버님이 일찍 돌아가셔서 그 즈음에 온 가족이 천주교에서 거의 다 세례를 받았다고 얘기를 하더라고요. 하지만 결혼하고서는 성당에 안 나갔고 저 역시

성당엔 나가지 않았죠. (40대 여성)

한국 현대사의 발전은 기독교와 동행했다고 해도 과언이 아니다. 한국 기독교는 영적 각성에 의해 폭발적 성장을 이루었다. 다른 한편으로 교회는 한국 근대화의 상징적 장소 중 하나였다. 공산주의의 확장이라는 위협 속에서 한국인들은 안보 차원에서나 경제 차원에서 기독교 문명을 대변하는 미국과 서구 국가들에 더욱 친화성을 느끼고 의지하지 않을 수 없었다. 문화적으로도 교회는 사람들이 가장 세련되고 선구적인 문화생활을 할 수 있는 곳이었다. 따라서 비록 최근에 교회를 떠나는 이들이 늘어나는 징후가 두드러진다고 하지만, 여전히 한국 사회에서 그리스도인의 존재 비중은 상당히 높은 편이다. 2015년 통계청 종교인구조사에서 개신교가 대한민국 종교 중 신도 수 1위에 오른 것은 기독교 교세의 서력을 보여 준다. 이는 사람들이 주변에서 그리스도인을 접하는 것이 매우 쉽고 익숙함을 의미한다. 이러한 양적 비중은 비그리스도인들에 대한 그리스도인의 영향력이 여전히 높음을 보여 준다. 당연한 말이겠지만 비록 양적 영향력이 존재한다고 해도 그에 걸맞은 공신력이 약할 경우 이는 기독교 성장에 불리한 요인으로 작용할 수 있다.

역설적으로 어떤 경우에는 기독교에 대한 부정적 경험도 신앙에 더 노출되고 관심을 갖게 하는 토대가 되기도 한다. 종교가 없는 집안에서 자란 한 60대 남성은 기독교 집안에서 자란 아내가 교회에 다니거나 신앙생활하는 것에 대해 매우 부정적이고 비판적이었다고 한다. 그래서 결혼 이후 30년 이상 이 남성의 가정은 종교생활을 거의 하지 않았다. 그런데 이 남성은 결혼 전 약 2년간 억지로 교회에 다닌 적이 있었고, 나중에 기독교 신앙으로 회심한 이후 자신이 경험했던 과거 기독교의 영향을 다음과 같이 진술했다.

아내는 원래 교회에 다녔지만, 저와 결혼하고 나서는 저도 그렇고 저희 어머니도 불교신자였기 때문에 집안에 종교가 다르면 안 된다고 자연스럽게 교회를 멀리했습니다. 제가 기독교 같은 종교를 갖는 것에 대해 아내에게 아주 부정적인 말을 많이 했거든요. 제가 다시 신앙생활을 시작하기 40년 전에, 유학을 마치고 돌아와서 제게 도움을 주신 분의 권유로 2년간 교회를 다닌 적이 있었어요. 비록 그때는 억지로 교회에 간 것이었고, 교회의 가르침에 대해 부정적이었지만 다시 신앙을 갖게 되니까 그때의 경험이 무의미하지만은 않았다는 생각이 드네요. (60대 남성)

기독교 신앙으로 귀의하기 전까지 매우 완강하게 종교를 거부했던 이 남성은 흥미롭게도 회심 이후에는 자신이 기독교 신앙을 마냥 부정적으로만 느끼지 않도록 40년 전의 교회 경험이 도움이 된 것 같다고 진술한다. 이러한 회고는 후일 자신이 신앙을 갖게 된 과정을 설명하면서 거기에 맞춰 긍정적 조명을 도출하려는 것일지도 모른다.

개인적 위기: 관계적·실존적·지적 위기

램보는 종교적 회심 단계에서 '상황' 다음으로 '위기'를 꼽는다. 위기는 사람에 따라 다양할 수 있다. 이러한 위기는 거시적 환경의 변화로 인한 것도 있으나 주로 건강 문제, 가족과의 사별, 경력 문제, 인생의 의미에 대한 고민, 외로움의 해결 등과 같은 개인의 실존적이고 미시적인 경우들도 있다. 잠재적 회심자들은 이런 크고 작은 위기를 겪으면서 이를 타개할 수 있는 종교적 해법을 추구하게 된다.[12] '새신자들의 교회 출석 경로 조사'에 따르면 새신자들의 76퍼센트가 교회를 찾는 시점에 삶의 어려움을 겪고 있었다고 답했다.

위기는 종교에 마음을 여는 데 주요한 역할을 한다. 지앤컴리서치의 또 다

---

12 램보, 같은 책, pp. 46-47.

른 조사에 의하면, 종교가 없는 사람들에게서 종교가 필요하다는 응답이 2017년의 40퍼센트에서 2020년에는 49퍼센트로 소폭이지만 유의미하게 늘어난 것으로 나왔다. 이 조사는 코로나 상황에서 전 세계적으로 종교적 신앙심이 강화되었다는 보고와 함께 나온 것으로, 자연 재난이나 질병의 확산과 같은 위기가 종교에 관한 관심을 증폭시키는 현상을 시사한다(www.mhdata.or.kr/bbs/board.php?bo_table=koreadata&wr_id=142).

본 인터뷰에서 새신자들이 거론한 위기는 위와 같은 세계적 환경 위기보다는 주로 개인적·실존적 경우에 해당되는 것들이었다. 한 40대 여성은 자신의 가정을 짓누르던 총체적 위기 상황에서 교회를 찾게 되었다고 회고한다.

그때 저희 집안에 되게 안 좋은 일들이 많이 생겼어요. 저희 어머니도 갑작스럽게 돌아가시고, 큰아이는 행동성서상애를 샀고 있었어요. 그래서 아이가 치료를 받는 상황이었고 저 또한 우울증과 알코올 중독을 심하게 앓으면서 일상생활을 하기가 너무 버거운 상태였죠. 게다가 남편과의 관계도 썩 좋지 않아서 가정생활이 많이 힘들었어요. 그래서 '뭐라도 좀 붙잡아 봐야겠다. 이제 병원 치료에만 의존할 수 없다. 우리 가족의 결속과 치유를 위해서 뭔가 해 봐야겠다'는 절박함 때문에 교회를 찾게 되었어요. (40대 여성)

취업 시험을 준비하던 청년은 코로나19 확산으로 인해 시험 일정이 연기되면서 좌절을 겪었다. 이 경우는 코로나 팬데믹이라는 세계적 재해가 개인의 삶에도 위기를 낳는 모습을 보여 준다. 청년은 좌절 가운데 자기 인생에서 흔들리지 않는 기반이 무엇일까 진지하게 고민하는 데까지 이르렀다.

제가 준비하는 시험이 있었는데 코로나 때문에 그게 3일 전에 무기한 연기가 됐어요. 그때 조금 '뭘 해야 되지? 슬럼프에 빠졌나?' 이런 생각이 들더라고요.

하지만 뭘 해야 될지도 모르겠고, (시험은) 무기한 연기가 되니까, 그때 좀 무기력하게 살 수밖에 없었죠. 그때 들었던 생각이 '아, 내가 믿고 있던, 그냥 이성이나 그런 계획된 삶이나 그런 것들이 하나도 도움이 되지 않네'라는 거였어요. 결국에는 내 삶을 뿌리처럼 지탱해 줄 수 있는 무언가가 하나도 없다는 생각이 들게 되었고, 그러면서 좀 우울해지고 많이 힘들었습니다. 그렇다면 '뭐가 있을까? 도대체 그렇다면 내 인생을 나를 지탱해 줄 수 있는 게 무엇이 있을까?'라고 생각을 하다가…. (20대 남성)

개인이 겪는 위기의 양태는 다양하다. 직장생활 중 누구나 겪는 스트레스도 사람의 마음을 연약하게 하고, 타인의 위로와 지지를 필요로 하는 상황에 이르게 한다. 아래 40대 남성의 고백은 그가 신앙생활을 시작하는 데 있어서 그와 같은 돌봄의 역할이 컸다고 한다. 또 사업을 시작하며 관계의 문제로 힘들어하던 30대 여성은 주변의 신앙인들이 던지는 말에 솔깃해하며 삶의 태도를 바꾸는 깨달음을 얻기도 했다.

위로받고 싶은 마음이랄까… 사실은 제가 그런 게 있긴 있었습니다. 딴 건 아니고 직장에서 받는 스트레스가 컸죠. 직장 상사하고 성격적으로 안 맞고 하니까, 그거에 대한 스트레스를 너무 많이 받고 있었어요. 그래서 그런 힘든 부분을 좀 누군가와 이야기하고 싶었죠. 그런데 그런 역할을 (교회 소그룹의) 리더분이 많이 해 주셨어요. (40대 남성)

제가 가게를 잘 운영해 봐야겠다는 결심을 했어요. 그전까지는 제가 '뭘 할 수 있을까? 나 못할 것 같아' 이런 느낌이 컸거든요. 어느 날 저랑 동업하다 갈라선 사람이 가게에 찾아와서 저와 정말 심하게 싸운 적이 있습니다. 서로 욕하면서 말이죠. 근데 그때 저희 단골 손님들이 옆에 계셨는데 당시에는 뭐 하시는 분들인지 몰랐어요. 네 분이 오셔서 몇 시간 동안 얘기하다가 가시고는 했거든요. 나중에 알았는데, 그분들이 성경 공부 모임을 한 거였어요. 그분들의 주제가 뭐 사탄이나 이런 게 오면 부딪치지 말고 피해야 된다, 그런 이야기를 하는 토론이었던 것 같아요. 근데 제가 그날 마침 전 동업자와 싸움을 한 거예요. 그때 갑자기 그분들이 성경 공부 모임에서 하던 이야기가 떠올라 '아, 이거 내가 이 사람하고 똑같이 소리 높여 싸울 게 아니라 그냥 피해야겠구나'라는 생각이 들었어요. 그런 도움을 얻게 된 거죠. (30대 여성)

자녀로 인한 문제는 인생의 성숙기에 접어든 이들에게도 버거운 숙제가 된다. 60대 남성의 이야기는 그와 같은 상황을 잘 보여 준다. 인생에서 쉴 새 없이 찾아오는 위기는 많은 이들이 신앙의 길로 들어서는 분기점이 된다.

저도 일종의 자수성가를 한 경우라, 제 스스로 거의 모든 문제를 딛고 올라왔다는 마음이 컸습니다. 그래서 집에서도 제가 모든 일을 결정하는 그런 위치였어요. 그런데 우리 아이 문제로 집안 일이 안 풀리더라고요. 아이가 학교를 잘 다니고 끝마치도록 제 나름대로는 물적으로나 심적으로 다 도와줬다고 생각했는데, 얘가 한마디로 제 기대와는 달리 너무 방황하는 거예요. 그것 때문에 집안 분위기가 굉장히 안 좋았어요. 저도 거의 지쳐 갔죠. 그러다가 결국 아이를 미국에 유학 보내고 집사람에게 아이와 같이 있으라고 했어요. 아이가 학교 잘 다니게 도와주라고. 저도 곧 안식 학기가 되면 따라갈 계획이었거든요. 그때는 모든 게 다 안 돼서 미국으로 잠시 도피한 셈이었어요. (60대 남성)

이 남성과 그의 가족은 미국에서 우연히 한국인 그리스도인을 만났고, 그의 집에 초대받아 교제하면서 결국 신앙의 여정으로 들어서게 됐다. 소위 자수성가해 인생의 정점에 올랐다고 생각했을 때 자녀의 문제를 해결할 수 없어서 거의 자포자기한 상태에서 미국에 갔고, 그곳에서 만난 그리스도인들의 도움을 받은 것이다.

마음에 연결된 메시지

회심에 대한 기독교적 연구는 내용의 문제를 빼놓을 수 없다. 회심 단계에서 사람들은 신앙을 탐구하며 자신의 필요에 와 닿는 메시지를 발견할 수 있다. 회심의 여정에 들어서는 것은 친밀한 사회적 관계나 인적 네트워크를 통한 경우가 많지만, 그들의 마음에서 종교적 탐구가 본격 궤도에 진입하는 것은 자신의 삶과 연관된 의미 있는 메시지를 접하면서부터다.

마사 그레이스 리스(Martha Grace Reese)는 미국 교회의 전도 상황을 조사할 때 새신자들이 밝힌 그리스도인이 되는 데 있어 가장 중요한 측면 네 가지는 '죄 용서, 인생의 의미와 목적 발견, 하나님/예수님과의 관계, 영원한 생명'이라고 말한다.[13] 본 인터뷰에 응한 새신자들 또한 각각 자신의 상황에 부응하는 다양한 메시지를 발견했다. 상대적으로 더 지적인 탐구심으로 기독교의 문을 두드린 이들은 '예수가 누구이신가?'라는 질문과 그 설명에 관심을 보였다.

> 예수님이 정말 성경책에서 설명하는 대로 죄가 하나도 없는 분이라는 게 사실이다. 그리고 이는 아주 중요한 진리다. 그렇다면, 즉 그분이 살아 움직이는 말씀이시라면, 그 점에 대해서 어떻게 생각하느냐고 목사님이 물으셨어요. 설교 중에 그렇게 물어보시는데 저는 그 순간 예수님이 좀 친숙하고 믿음이 갔어요. 아직 날 대신해서 죽으셨고 구원하셨고… 그런 것까진 잘 몰라요. 근데 하나님을 믿는다는 게 이전보다 훨씬, 훨씬 더 강하게 느껴지는 감각이자 믿음이

13　Martha Grace Reese, *Unbinding the Gospel* (Danvers: Chalice Press, 2006), p. 79.

되었어요. 예수님은 사실 저한테 그냥 역사 속에 존재할 것 같은, 혹은 역사에 남은 인물 정도였는데, 말씀이 행동으로 옮겨진 거잖아요. 입으로 주저리주저리 떠들면서 이래라저래라 가르치는 그런 사람이 아니라 살아 움직이는 말씀, 결국 행동으로 다 보여 주셨던 분이고, 율법과 상관없이 조건 없는 사랑을 태도로 보여 준 분도 예수님으로 상징되잖아요. 그 시점에서 좀 믿을 수 있었어요. (20대 여성)

정말 하나님은 계시다. 이걸 역사로 보여 주는구나. 그리고 그다음에 마침 본 영화가 유튜브에 올라온 〈예수는 역사다〉라는 영화였어요… 그러니까 성경이 만약에 역사가 아니었으면 전 그냥 불교 경전처럼 생각하고 재미없어 했을 거예요. 근데 학교 다닐 때 배웠던 세계사, 그런 거와 연결이 되는 게 참 재미있었어요. 흥미로웠고요. (50대 여성)

30대 남성은 한동안 교회를 떠났다가 다시 돌아올 때 기독교에 대한 합리적 설명에 이끌렸다. 그는 신앙이 분명하지 않은 상태에서 한 교회에 출석하다가 그 교회가 사회적 물의를 일으키자 실망하여 교회를 떠났다. 교회를 떠났던 그는 이성 문제로 고민하다가 기도하며 마음을 달래고자 다시 교회를 찾았다.

그때 마음에 드는 여자분이 있었는데 교회에 가서 기도나 해 볼까 하고 갔죠. 그러다가 요한복음 성경을 다시 읽어 볼까 하고 마지막 장, 예수님이 부활하셔서 다시 나타나셨을 때 베드로가 요한과 같이 배 위에 있다가 예수님께 돌아가는 그 장면을 보면서 저한테도 뭔가 다시 오라고 하시는 것 같은, 그분께서 뭔가 계속 기다리고 계시는 것 같았어요. (30대 남성)

그렇게 마음의 위로를 얻었으나 기독교에 대한 실망 때문에 여전히 이중 감정이 교차했고, 오히려 기독교에 대한 자신의 입장을 정리하고자 더욱 본격적인 탐구를 하게 되었다.

저는 기독교를 좀 부정하고 싶었어요. 그런데 진짜 믿어야겠다는 결심을 하게 된 계기가 있어요. 어머니가 평소 신앙생활하는 모습을 보면서 저 혼자서 인터넷 같은 데서 리 스트로벨의 〈예수는 역사다〉라는 영화를 보면서 진짜인 것 같은 거예요. 되게 진짜다 이거는. 그래서 그때부터 본격적으로 하나님, 예수님에 대해서 관심을 갖고 찾아가기 시작했던 것 같아요. (30대 남성)

한 가지 특이하고 흥미로운 점은 서석인 신앙 남구를 했던 응답자 세 명 가운데 두 명이 〈예수는 역사다〉라는 특정한 유튜브 동영상의 도움을 받았다고 밝힌 점이다. 리 스트로벨(Lee Strobel)의 동명의 책은 예수의 생애와 사역에 대한 변증적 논의들을 모은 것으로, 신앙에 대한 합리적 설명이 여전히 중요함을 보여 준다.

반면 성경을 읽더라도 지적인 도전이나 관심의 충족보다는 자신의 실존적 상황과 연결되는 메시지에 영향을 받은 경우도 있다. 한 남성은 취업의 어려움으로 인생의 의미 자체를 고민하다가 기독교의 부활 사상으로 자기 삶을 실제적으로 해석했다.

저는 비그리스도인이었을 때도 예수님이 존재했다는 건 믿었어요. 그분이 실존 인물이라는 거죠. 철학사에도 나오는 실제 인물이라는 걸 믿은 거죠. 왜냐하면 그분이 전파했던 가르침은 가치가 있으니까요. 하지만 예수님이 기적을 행했다는 부분은 사실 믿지 못했고, 그분이 부활을 하셨다는 것도 믿지 못했어요. 게다가 하나님과 예수님이 동일 인물이다. 아버지와 아들이 동일 인물이다.

이런 부분도 이해하지 못했는데 기독교를 공부하면서, 그건 결국 신의 개념이기 때문에 우리가 아는 아버지와 아들의 개념이 아니라고 이해를 했어요. 또 예수님의 부활에 대한 설교를 듣고서는 그 의미를 우리가 바닥을 쳤을 때 하나님이 우리 인생을 역전시켜 주신다는 메시지라고 생각했어요. 제 인생을 봤을 때도 그렇고 다른 사람들 인생을 봤을 때도 그렇더군요. 사람들은 보통 진짜 바닥을 치고 다시 올라가는 경우가 굉장히 많거든요. 자기 삶이 정말 바닥이라고 생각했을 때 올라가게 해 주고 깨닫게 하는 것이 주님의 부활이 주는 의미가 아닐까 생각합니다. (30대 남성)

교회에 처음 출석할 때 사업을 새로 시작한 한 여성은 교회에서 신앙과 돈의 관계에 대한 가르침을 듣고 흥미를 가졌다. 그 당시 자신이 가장 관심을 둔 주제였기 때문이다.

교회에 갔을 때가 바로 제가 가게를 오픈했을 때였거든요. 근데 교회 가겠다는 말도 하지 않았는데 그냥 그날 문득 가야겠다는 생각이 들더라고요. 그래서 갔는데 마침 목사님이 설교하시는데, '돈을 뭐 어떻게 벌어야 하나 그런 말씀을 하셨어요. 그러니까 정직하게 벌어야 한다는 내용의 설교를 하신 것 같아요. 제가 마침 가게를 시작해서 앞으로 돈을 벌어야겠다는 생각을 하고 있었는데, 그때의 제 마음가짐에 대한 설교였던 거죠. 그래서 좀 신기했어요… 제가 개인적으로 동업을 하다가 안 좋게 헤어지고 분쟁 중이었는데, 목사님 말씀이 많은 도움이 됐어요. (30대 여성)

사람들은 자신의 상황에 부응하는 메시지를 들었을 때 기독교 신앙을 더욱 친근하게 느끼기도 한다. 비록 제삼자가 듣기에는 우연에 가깝고 사소해 보이더라도 그들에게는 자신의 상황과 연관되는 의미 있는 메시지였다. 그들의 삶의 상황과 분리된 관념적 메시지가 아니었다는 점이 중요하다. 물론 건강한 신앙 성장을 위해서는 더욱 성경적인 기독교 교리를 통해 지적으로 보완되어야 할 것이다. 그러나 처음 신앙의 여정에 들어설 때는 그들의 지적·실존적 문제들을 대면하는 메시지가 중요하다.

2) 새신자들의 회심 서사에서 나타난 의외의 요소

이제 살펴볼 것은 일반적인 회심 과정의 요소들이 아닌, 새신자들에 관한 우리의 통념적 인식과 거리가 있는 의외의 요소들이다. 이는 비록 양적조사를 통해 도출된 결과는 아니지만, 앞으로 더욱 관찰하고 논의할 가치가 있는 것들이다. 내가 눈여겨본 요소들은 신앙 탐구에서 새신자들의 자발적 주체성, 그들이 추구하는 종교성, 그들의 눈에 비친 교인들, 그들의 발언 욕구 등이다.

신앙 탐구의 자발적 주체성

교회에 나오게 된 계기는 주로 그리스도인 지인과의 관계나 권유 때문이었다. 그런데 이번 '새신자들의 교회 출석 조사'에서 자발적으로 교회에 나왔다고 대답한 이들이 있었고, 그중엔 여성이 더 많았다. 응답자들에게 자신을 전도한 이가 누구인지를 묻는 질문에서 남성은 가족이나 친척이 많은 반면, 여성은 자발적으로 교회에 왔다는 응답(28.1퍼센트)이 의미 있는 비율로 나타났다. 앞서 회심의 전형적 요소 중 첫 번째로 거론된 것이 사회적 자본의 중요성, 즉 지인을 통한 전도였다. 그런데 여성들의 경우 스스로 교회에 나왔다는 응답이 두드러졌다. 이런 의외의 측면은 인터뷰에서도 확인할 수 있었는데, 여성들은 신앙에 대한 호기심, 성경과 기도를 배우고 싶은 마음, 가족의 어려운 상황을 극복하려는 의지 등에서 더 주체적인 모습을 보였다. 이를 여성에게 종교성이 더 우세하다고 일반화하는 것은 섣부르고, 다만 개인에 따라 기독교에 관한 관심과 참여의 정도가 다를 수 있으며 자발적으로 교회에 올 준비를 하는 사람들이 존재한다는 것을 고려하는 수준에서 아래 인터뷰 내용을 살펴볼 필요가 있을 것이다. 그리고 자발적으로 교회를 찾는 이유 또한 개인에 따라 다양하다.

(왜 교회에 왔느냐에 대한) 저의 대답은 호기심. 공부하고 싶다. 궁금하다. 저는 알고자 하는 욕구가 너무 중요한데 기독교가 저한테는 아주 오랜 기간 학문적으로는 믿을 수 없었던 면이 컸지요. 결국 탐구하고 싶은 마음과 동기를 계속 일으키게 하는 것? 그게 정말 발을 들이게 된 계기예요… 저는 성인이 된 이후 교회를 열 군데 넘게 다녀 봤어요. 어쨌든 제 삶에서 교회가 계속 엮이네요. 난 이 점이 궁금한데, 딱 제 마음에 충족되는 그 가치의 교회를 찾을 수 없었어요. 그래서 보수 교회부터 진보 교회까지 모든 곳을 다 다녀 봤어요. 실제로 모든 곳이라고 할 수는 없지만 그 일정 시점들에서 대표되는 교회들은 다 가 봤죠. 지금 다니는 교회가 가치관이나 정신이 저랑 일치했고요. (20대 여성)

이 여성은 현재 출석하는 교회를 누구의 권유나 소개로 간 것이 아니라 스스로 인터넷에서 집과 가까운 교회를 검색해서 찾았고, 교회에 가서도 인간관계나 교제보다는 신앙에 대해 질문하고 대답을 듣고자 했던 구도자에 해당된다.

지금 다니는 교회에서 제 신앙이 자리 잡도록 영향을 준 사람들은 인간적으로 친밀한 관계를 맺는 것이 우선이 아니었어요. 그게 목적이 아니잖아요. '나의 신앙관은 이래. 너의 말에 동의하지 않아. 그건 네 생각이야. 그래도 같이 교회 다니자. 어차피 우리가 달라도 같이 교회 다니는 데 문제없어.' 이런 식의 태도가 계속 곁에 머무를 수 있는 환경이 됐어요. (20대 여성)

종교에 대한 탐구심을 일으키는 계기가 위기라고 앞서 언급했는데, 신앙에 대한 의문과 고민도 지성적인 위기에 속한다고 볼 수 있다. 어떤 이들은 (아마도 더 많은 경우에는) 생활의 절박함 속에서 스스로 교회를 찾기도 한다. 아래 여성은 가족 모두가 건강에서나 물질 면에서 시련을 겪고 있었다. 그때 아들이 교회에 가자고 먼저 제안했다. 이 여성도 교회에 대한 필요성을 느끼고 있었는데, 행동으로 옮기도록 한 것은 아들의 권유였다.

처음엔 아이들이 먼저 가고 싶다고 했어요. '그래 그러면 다 같이 교회에 가자'고 생각을 했죠. 그다음에 작은 아이가 자기 친구 한 명이 '이제 ○○교회 가자'고 했다고, 그래서 자기도 한번 가 보고 싶다고 말하더라고요. 그때 저도 '이제 신앙을 가져야겠다'는 생각이 들었어요… 교회에 먼저 가자고 했던 아이들이었죠. 아이들도 그 당시에 엄마 상태가 안 좋은 걸 직감했을 테고, 그래서 아이들도 힘들지 않았을까 하는 생각이 들어요. 그렇게 아이들이 가자고 한 것이 큰 계기였어요. (40대 여성)

카페를 개업한 여성은 남자 친구 어머니의 삶을 보고 종교에 대해 관심을 갖긴 했지만 교회에 나간 것은 본인의 의지였다. 누가 교회에 오라고 권유하지도 않았는데, 코로나가 점점 확산되는 상황에서 직접 처음으로 교회를 찾아간 것이다.

그 교회 일을 너무 열심히 하세요. 그러니까 일도 하시면서 집안일 하시면서 교회 하시면서, 근데 제가 이렇게 옆에서 지켜보니까 너무 힘들어 보이는 거죠 그 생활이. 근데 저렇게 움직이게 할 수 있는 그런 게 뭘까? 그런 거에 대한 의문이 들었죠… 고민이 된 부분은 아침에 일어나는 것, 그리고 제가 교회에 한번 나갔는데 꾸준히 하지 않고 중도에 포기하면 저한테 실망하지 않으실까 뭐 이런 것들. 그냥 잘 보이고 싶은 마음에 나간 거니까. 교회에 갔을 때가 제가 막 가게를 오픈했을 때였거든요. 근데 교회 가겠다는 말도 하지 않았는데 그냥 그날 문득 가야겠다는 생각이 들더라고요. 직접 교회에 간 날 교인들과 별로 이야기 나눌 일은 없었고, 끝나자마자 인사만 하고 바로 나왔어요. 말 걸까 봐 무서워서요. 교회가 소규모라서 그런 것 같아요. 이제 소속감을 조금 느끼고 있어요. (30대 여성)

또 다른 여성은 성경을 공부하고픈 열망이 너무 커서 교회에 가고 싶었는데 정작 교회에 나오라고 한 사람이 없었다고 한다.

집 앞에 ○○교회가 있었어요. 그런데 교회는 스스로 간 셈이에요. 친하게 지내던 언니가 있었는데, 그 언니가 3년 만에 저를 초대하더라고요. 저는 차라리 좀 일찍 (초대)해도 됐어요. 그분이 창업센터의 소장님이셨는데, 제가 일요일에도 거기 가서 일하면 가끔 오셔서 저와 담소를 많이 나누셨어요. 그런데 그분이 엄청난 기독교 신도였어요. 하나님 얘기를 참 많이 해 주시고 제가 잘 모를 거라고 생각해서 '메시지' 성경도 주셨어요… 그런데 제가 그때 그분한테 가졌던 생각은 뭐였냐면요. '거의 한 3년을 저한테 하나님에 대해 얘기했는데, 그럼 나 좀 교회 데리고 가면 안 돼요?' 이 말이 너무 하고 싶었어요. 저는 그때까지 어떤 선입견이 있었냐면, '교회에 다니는 사람들은 다 자기네끼리 논다던데' '교회 다니는 사람들은 다 자기밖에 모른다던데… 역시 그런가? 나를 초대를 안 하네.' 이렇게 생각을 한 거죠. (50대 여성)

순전히 지적인 탐구심에서 혹은 삶의 절박함 가운데 혹은 사람에 관한 관심이나 호감 때문에 사람들은 스스로 교회의 문을 두드릴 수 있다. 비록 교회에 오라고 권유하는 사람이 없었음에도 불구하고 그들은 스스로 교회에 나가고자 하는 동기를 갖고 있었다. 이는 우리에게 중요한 시사점을 던져 준다. 한국 교회는 그동안 전도를 강조했지만, 공격적인 전도 활동으로 인해 세간의 시선은 곱지 않았다. 그러다 보니 전도에 대한 부정적 인식에 민감한 교회와 신자들이 위축감이나 부담감을 갖는 것 또한 사실이었다. 종교를 권유하는 것은 정치를 주제로 한 대화와 마찬가지로 사적 견해를 간섭하는 것으로 비치기 쉽기 때문이다. 그러나 개인에 따라 교회에 관한 관심과 필요가 다양하게 나타난다는 점을 생각해야 한다. 종교적 탐구는 인간의 근본 욕구 중 하나이기 때문이다.

새신자들이 추구하는 종교성

개신교회를 찾은 새신자들은 어떤 종교성을 추구할까? 한때 세속화의 경향이 현대 사회를 지배할 것처럼 여겨졌지만, 신성한 것 초월적인 것에 대한 인간의 관심은 현대의 물질문명과 기계문명이 채워 줄 수 없는 영역이다. 사회가 고도로 합리화되고 급속한 변동성을 지닐수록 불안과 불확실성 속에 사는 인간들은 종교에서 자신의 존재에 대한 위안을 발견하는 경향이 있다. 그런 의미에서 오늘날 개신교회에도 거룩하고 신성한 경험으로서의 종교성이 필요하다는 요구가 늘었다. 지난 2005년 통계청 종교인구조사에서 천주교가 놀라운 성장을 보인 요인 중 하나로 천주교가 견지하는 내면적이고 신성한 종교성의 흡입력을 꼽는 분석도 있었다.

미국의 종교사학자 다이애나 버틀러 배스(Diana Butler Bass)는 21세기를 사는 현대인들은 기존의 제도적 종교에 대해서는 거리를 두지만, 영성적 가치와 경험에 대해서는 더욱 관심을 보인다고 주장했다.[14] 종교성 혹은 영성이라는 측면에서 개신교는 천주교나 불교에 비해 상징적이거나 의례적인 차원

---

14 Diana Butler Bass, *Christianity after Religion: the End of Church and the Birth of a New Spiritual Awakening* (New York: harperOne, 2012), pp. 67-68.

이 두드러지지 않는다. 이는 성경과 말씀을 강조한 종교개혁의 영향 때문이기도 하다. 그렇다면 교회를 찾는 이들은 기독교의 어떤 종교적 특성에 이끌리는지 살펴볼 필요가 있다. 현대인에게 호소력을 가지는 신성한 상징이나 예전이 과연 교회를 찾는 이들에게도 해당될까? 그들이 교회를 찾을 때 어떤 종교성에 끌릴까?

결론부터 말하자면 적어도 본 인터뷰에 응한 이들은 교회를 찾을 때 상징적·종교적 의식에 끌리거나 그와 같은 필요로 인해 교회에 오지는 않은 것으로 보인다. 이들 가운데 천주교를 경험한 이들도 있었지만, 개신교에서 천주교와 같은 방식의 종교성을 기대하진 않았다.

> 지금 하나님은 사실 저한테 약간 삶을 바르게 살 수 있는 어떤 기준점이자 좋은 의미서든요. 정신적인 가치예요. 대학생 때는 이 하나님이라는 이름 아래 공동체가 있다는 것이 되게 좋았어요. 대학생한테 동아리가 중요하잖아요. 천주교 생활도 비슷한 맥락이었어요… 기독교 동아리의 간사님들은 제가 아무리 어이없는 질문을 해도 성실하게 대답해 주셨어요. 그분들에 대한 경험이 좋았어요. 불교에 가고 싶은 생각도 없었고요. 왜냐하면 지금의 하나님에 대한 신앙이 저한테 만족스럽거든요. 불교는 제 취향은 아니에요. 개인적으로 저는 애석하게도 절 밥을 좋아하지도 않고요. 산에 오르는 것도 썩 좋아하지 않아요. 그리고 천주교는 전체적으로 토론하는 분위기가 아니죠. 수직적 관계도 생각보다 강하고. 결국 저는 수평적인 관계에 좀 매료되는 경향이 있는 것 같네요. 천주교는 그걸 수용하기에는 너무 많은 규칙들과 함께 할 공동의 의무가 있어요. 그게 불만이었죠. 그러다가 생각을 하고 토론을 자유롭게 할 수 있다고 열심히 주장하시는 (기독교 동아리의) 간사님을 통해 교회에 가게 되었어요. (20대 여성)

저는 (천주교에 비해서) 개신교의 예배가 간단한 게 더 좋은 것 같아요. 그 시기도 간단할 뿐더러(교회력을 의미하는 것으로 보인다), 이제 제가 깊이 성경 공부를 하고 목사님 설교를 들어 보면 제 가치관에는 개신교가 훨씬 잘 맞는 것 같아요. 저는 천주교회의 그런 종교성보다는 성경 공부와 말씀이 더 좋습니다. 저는 천주교회에 다닐 때도 종교성이 좀 옅었다는 생각이 좀 들었어요. 교회에 다닌다는 느낌보다는 무슨 강의 들으러 오는 느낌이 더 강했다고 할까? 그러니까 뭔가 좀 제대로 깨닫고 알고 배우고 이런 게 더 중요하죠. 그냥 경험만 하고 분위기만 있는 것보다는. 그게 저는 좀 답답했어요. 도대체 말씀이 뭘까? 알고 싶은데 (천주교에서는) 안 하시더라고요. (40대 여성)

이 여성은 남편의 원 가족이 천주교를 배경으로 하고 있고, 본인도 천주교회에 다닌 적이 있었다. 그러나 교회에 오면서 성경과 하나님에 관해 집중적으로 배울 수 있다는 점을 더 긍정적으로 보았다. 신앙에 관한 이러한 관심은 종교에 대한 더욱 객관적인 지식을 얻고자 하는 열망과도 연결된다. 특히 교육 수준이 높은 현대인들에게 역사 속 기독교에 관해 교회가 설명해 주어 맹목적 신앙이 아니라 합리적인 신앙의 체계를 세우도록 해야 한다는 주장도 나왔다.

좀 아쉬운 거는 사실은… 예전에 우리 도덕 시간에는 유교라든가 이런 거는 가르치면서 기독교 천주교 유대교 이런 게 뭔지, 이론이 뭔지, 실체가 뭔지 그런 걸 중학교 정도에서 좀 가르쳐서 아이들이 자기 신앙이 진짜 무언가를 알면 좋겠다는 생각을 많이 했거든요. 얼마 전 공원 벤치에 앉아 계신 할머니 두 분이 교회 출석을 10년을 했는데도 아직 성경을 모르겠고 말씀도 모르겠다고 말하는 걸 들었어요. 요즘 젊은 사람들은 교육 수준이 높아지다 보니 논리적으로 납득하려는 경향이 높거든요. 저희 교회 모임에서도 공부를 많이 하긴

하는데, 잘 모르시는 분들은 과거의 제한적인 정보에 머무르거나 모르는 대로 그냥 끌려가시는 것 같아요. 새신자의 입장에서는 아쉽습니다. (40대 남성)

저는 교회 다니면서 가장 열심히 한 일이 성경을 공부하는 것이었어요. 그때 심적으로 힘든 시기라 전공 서적은 눈에 안 들어오고 성경만 보게 됐죠. 유튜브로 로마서 강해를 듣고는 예수님의 이야기가 정말 역사적 사실인 것 같다는 생각이 들었고, 예수님이 고통 받는 기록을 보면서 마치 제가 고통 받는 것 같았어요. 하나님의 창조에 대해서도 믿어지게 됐고요. 인생의 한계에서 답을 찾게 되었고 그러면서 성경을 공부한 게 엄청난 도움이 됐습니다. 지금 교회를 정할 때도(이번이 세 번째 교회다) 처음 교회에 갔을 때 따뜻하게 환영해 준 영향도 있지만 목사님이 성경을 깊이 있게 가르쳐 준다는 점에 끌렸습니다. 사실은 지금 담임 목사님께서 제가 신앙생활을 시작한 미국의 교회에 오셔서 설교를 하신 적이 있어요. 그때 목사님의 성경 강해가 제 상황과 너무 잘 맞았어요. 그러다가 한국에 와서 다시 만나게 된 거죠. (60대 남성)

인터뷰 대상 새신자들의 신앙 지식에 대한 욕구가 더 높다고 해서 종교적 상징 자체가 필요하지 않다는 것은 아니다. 교회에 성경 공부와 신앙 교육 프로그램이 많은 것을 선호하면서도 최소한의 기독교적 상징은 원한다. 인간은 상징을 통해 자신이 믿는 바를 더욱 강화시킬 수 있기 때문이다. 다음의 여성은 성경과 기독교 역사를 공부하고자 하는 열정적 소원으로 교회에 왔지만 교회 안의 종교적 상징은 필요하다는 입장이다.

그리고 우리 교회는 십자가를 세워 놓지 않았어요. 본당 안에 십자가가 없는데, 저는 십자가가 좀 있으면 좋겠어요. 뭔가 이렇게 눈에 보이는 게 있으면 좀 더 마음이 일어날 것 같은데 우리 교회는 너무 허례허식을 지양하는지 십자가 마저도 없애는 것 같은데 그건 좀 아쉽더라고요. 뭔가 초점을 맞출 만한 데가 없잖아요. 저 같은 초보들은 뭐랄까, 그래도 상징물이라는 게 있어야 할 것 같아요. 뭔가가 보여야 하잖아요. 옛날 어렸을 때 제 기억에 남은 교회인가 성당인가엔 예수님이 못 박히신 십자가가 가운데 있었거든요. 예수님이 훨씬 더 구체적으로 보이잖아요. (50대 여성)

폴 스티븐스(Paul Stevens)는 현대 사회에서 영성에 대한 여러 이해와 방법들이 나오고 있지만 개신교의 영성은 우리의 일상에 임하는 말씀 중심의 성경적 영성이라고 단언한다. 즉 성경에 나오는 이야기대로 사는 것이 성경적 영성이라는 것이다.[15] 종교개혁 전통의 영성은 상징이나 예전에 앞서 먼저 성경에 최우선으로 충실하고, 삼위일체 하나님을 예배하는 영성이다. 개신교를 찾는 새신자들도 은연중 이러한 영성을 기대하고 있기에 성경과 신앙을 배우는 것에 초점을 맞추리라 생각한다. 만일 그들이 상징이나 예전에 이끌렸다면 천주교나 성공회가 더 적합했을 것이다.

교회, 그들만의 리그

'새신자들의 교회 출석 경로 조사'에서 "믿음을 가지는 데 장애가 된 요인" 중 2위와 3위로 많이 나온 대답은 "교회의 부정적 이미지"와 "교인들의 배타적 태도"였다. 참고로, 1위는 장애가 된 요인이 "없다"였다. 이 두 가지는 한국 교회가 안고 있는, 그리고 오랫동안 풀어야 할 숙제이자 책임이다. 사실 예상했던 대로 응답이 나왔다고 볼 수 있는데, 본 인터뷰에 응한 새신자들이 자연스럽게 표출한 교회와 교인들에 대해 가장 많이 갖고 있는 부정적 느낌은 '그들만의 리그'라는 이미지였다. 그들은 교회에 대한 세간의 비판도 인식하

---

15 폴 스티븐스, 『그분의 말씀 우리의 삶이 되어』, 윤종석 역(서울: 복있는사람, 2006), p. 27.

거나 공유하기도 했지만, 기존 교인끼리의 강력한 교제로 인해 교회에 적응하는 데 어려움을 느낀 것 같다. 많은 교회가 전도와 새신자 사역을 하고 있지만, 정작 새신자들은 정해진 사역 프로그램 밖에서는 소외감이나 이질감을 느낄 수 있다. 이것은 비단 교회나 교인들의 태도 문제라기보다는 교회에 형성된 문화의 문제일 수도 있다.

(교회에 오기 전 교회에 대한 이미지가 어땠느냐는 질문에) 잘 몰랐어요. 정말 아무것도 몰랐고요. 교회 다니시는 분들은 그냥 그들끼리 늘 뭉쳐 다니는 그런 느낌? 약간 그들만의 리그라는 그런 느낌이 좀 있었어요. 저희같이 이렇게 신앙이 없는 사람들하고 소통이 잘 된다는 느낌은 안 들었어요. 제가 큰아이 낳기 전에 잠깐 성당에 다녔었어요. 다른 건 기억이 안 나지만, 성당 다녔을 때의 느낌도 뇌에 거리감 있는 거였어요. 저도 성당 다니면서 굉장히 친해지려고 했고, 주위 분들도 가까이 다가오시기는 했는데 좀 거리감 있는 문화라는 느낌이 들었어요… 생활도 달라 보이고 기도하는 모습이. 술 담배 안 하는 것도 좀 그렇고 사용하는 말도 정말 그렇죠. 아예 교회 안 다니는 사람들에게 그런 용어는 생소하죠. (40대 여성)

제가 교회에 안 나가니까 교회를 접하는 건 일단 뉴스죠. 근데 뉴스엔 대부분 안 좋은 내용이 많이 나오잖아요. 그러다 보니까 일단 조금 부정적이었어요. 게다가 전도 같은 부분도 굉장히 열정적으로 하시지만 비그리스도인 입장에서 봤을 때는 지하철에서 막 이렇게 소리치면서 전도를 한다거나 하는 부분이 좀 거부감이 들었던 것 같습니다. (20대 남성)

(기독교가 좋은 일을 할 때는 긍정적인 이미지를 주지 않느냐는 질문에) 네, 좋은 이미지를 주는데, 그게 또 사람이 조금 간사한 면이 있잖아요. 좋은 일을 하는데 조

금 배타적으로 자기들끼리만 그런 활동을 하니까 그런 활동을 하지 않는 제 입장에서는 제 자신을 정당화시키는 것 같아요. '저 사람들도 그냥 사람이야. 저 사람들도 어떻게 보면 근본적으로는 그냥 자기 이익을 추구하고 좀 이기적인 면이 있을 거야'라고요. (20대 남성)

저는 그때까지 무슨 선입견이 있었냐면 교회 다니는 사람들은 다 자기들끼리만 어울린다던데, 교회 다니는 사람들은 다 자기밖에 모른다던데, 역시 그런 건가? 나를 교회로 초대도 안 하네? 이렇게만 생각을 했어요. 저도 솔직히 가 보고 싶었지만 그럼 어느 교회에 가야 되나 싶었죠. (50대 여성)

새신자들이 신앙에 관심을 두고 있다가 교회라고 하는 기독교 공동체로 들어설 때, 결국 그들은 기존 신자들과의 관계 속으로 들어오는 것이다. 따라서 이는 사람에 관한 관심과 배려의 문제다. 새신자 사역을 하는 교회들은 새신자의 입장에서 그들이 교회 사람들과 더욱 자연스럽게 어울리며 정착하도록 도와주는 체계에 대한 고민이 필요하다.

(교회 출석을 시작했는데) 그 기간이 과정도 길고 딱히 제 생각에는 교회에 소속 돼 있거나 뭔가 하나가 된 기분이 안 들더라고요. 그냥 저를 새신자라고 섬겨 주시는 분 한 분만 계속 연락을 주시는 정도. 만약에 제가 작년에 ○○○목사님을 안 만났으면 정착을 못 했을 것 같아요. 그분만 저를 계속 만나 주셨어요. 그때는 교회 소속이 불분명했는데 지속적으로 만나 주셨죠… 그냥 한마디로 말해서 뭔가 정해진 영역으로 들어가기 전까지는 확실히 뭔가 다른 외부인의 느낌을 갖게 돼요. 지금은 왜 그 과정이 필요한지 어느 정도 알겠는데, 그 울타리 안에 들어가기 전까지는 뭔가 있어야 되지 않나 그런 생각을 좀 했어요. (30대 남성)

새신자들이 교회 문턱을 넘어서려고 할 때 교회가 기존 신자들만의 리그로 느껴지는 이유는 교회의 개방성과 연관된 문제일 수 있다. 이 여성의 말은 한국 교회 전체에 전달하는 의미가 깊다. 교회의 고유한 신앙과 윤리를 지키면서도 우리와 다른 사람들을 대하는 태도에서 더욱 유연할 필요가 있을 것이다.

제가 갔던 보수 교회는 한국에서 가장 큰 대형 교회들, 주류 교회들이었고요. 모두가 당연하게 받아들이지만 젊은 세대에겐 좀 거리낌이 있었어요. 그리고 진보의 끝 쪽에 있는 교회들, 퀴어분들이 다닐 수 있는 교회도 가 봤어요. 사실 그들만의 사정과 논리와 맥락이 있죠. 근데 보수적인 곳에서는 결국 자기들이 지켜야 하는 전통과 논리가 너무 단단한 구조로 이루어져 있어서 개방적인 태도가 자리 잡기 어려운 것 같아요. 근데 방금 말한 진보적인 교회들은 사실 한국에서 그들을 교회로 인정하지 않고 있기도 하고 괴롭힘을 당하기도 해요. 그들이 아무에게도 해를 끼치지 않는 교회임에도 불구하고. (20대 여성)

루이스 램보는 회심의 여정에 들어선 이들에게 '보호막'(encapsulation)이 필요하다고 했다. 보호막은 잠재적 회심자가 신앙에 대한 탐구 단계를 넘어 신앙의 헌신을 하게 될 때 신체적·정서적·관념적으로 그를 붙들어 주는 역할을 한다.[16] 이런 측면에서 교회는 새신자들을 공동체의 일원으로 섬세하게 돌보며 수용하는 사역을 개발해야 할 것이다.

새신자로 말하게 하라!

본 인터뷰에 응한 새신자들은 자신의 회심 여정과 초기 교회 경험 과정에서

---

16 램보, 같은 책, pp. 105-106.

하고 싶은 말이 많았다고 한다. 특히 신앙에 관해서뿐 아니라 교회생활과 분위기에 대해서도 말하고 싶은데, 초보 신앙인이라 교회 내에서 발언하기가 쉽지 않다는 것이다. 이 점은 인터뷰를 진행하면서 얻은 가장 의외의 교훈이었다. 우리는 새신자들을 우리 쪽에서 일방적으로 도와주고 접대하고 교육을 시켜야 할 대상으로만 생각하곤 한다. 그러나 새신자들을 기독교 공동체의 동등한 구성원으로 존중하고, 더 나아가 새신자 사역의 발전을 위해서도 교회는 새신자들의 이야기를 경청하고 그들에게 말할 수 있는 기회를 제공해야 한다. 이는 그들의 이야기를 반드시 반영하고 교회의 사역을 그들 요구에 맞추어 바꾸라는 것이 아니다. 그러나 그들이 교회의 책임 있는 구성원이 되기 위해서는 교회가 그들을 존중하고 상호 대화에 열려 있는 안전한 공동체임을 보여 줘야 할 것이다.

아래 남성의 경우에는 교회에 처음 와서 교육을 받고 신앙에 관한 대화를 하는 자리에서 자신의 (생각이 있음에도) 생각을 밝히기가 어려웠고, 심지어 교회에 다니는 사람으로서 절 앞에서 찍은 사진까지 자기 검열을 했다고 한다. 실제로 교회에서 문제가 될 일도 아니었지만, 교회의 문화가 경직되었으리라는 선입견도 작용해 새신자로서 발언하기 힘들었던 경우다.

> 그런 부분에 대해 좀 불만이 많이 있습니다. 제가 봤을 때 기독교는 다른 종교에 비해 너무 배타적이에요. 다른 종교, 천주교나 불교보다 좀 잘못되지 않았을까 (기독교가) 공존을 잘 못하는 것 같아요. 이제 저는 교회생활을 하고 있지만 우리 소모임의 리더분들이 저와 생각이 다른 것 같으면 아예 저는 말을 안 하죠. 제가 교회에 다니지만 절에도 갈 수 있는 거고, 한번은 집사람하고 속초에 여행을 가서 낙산사를 뒷배경으로 사진을 찍었는데 잘 나왔어요. 가족들도 다 나온 사진이라 카톡 프로필에 넣으려고 했더니 집사람이 절대 안 된다고 하는 거예요. 큰일 난다고요. (40대 남성)

저도 털어놓고 싶은데, 목사님이나 리더분에게는 말씀 못 드리는 게 있어요. (본 인터뷰에 대해서도) 초신자들 참여하는 모임이라고 이야기를 하시기에 조금 마음의 부담이 있긴 했지만요. (40대 남성)

목사님이 너무 가정을 강조하는 말씀을 하시는데 중요한 말이긴 하지만 과연 청소년들에게 저 말이 귀에 들어갈까 하는 생각이 들더라고요. 요새 사람들은 너무 똑똑하잖아요. 인터넷으로 모든 지식을 얼마든지 공부할 수 있는 세상인데, 그렇게 눈높이에 맞게 교회도 좀 높아졌으면 좋겠어요. 제가 제일 당황스러웠던 게 방언 기도였어요. 저는 너무 이성적이라 그런지 방언 기도가 너무 방해가 됐어요. 제가 경험도 안 해 봤고요. 무례한 말일 수도 있지만 초신자로서 그런 부분은 너무 받아들이기가 힘들었어요. 제가 못한다고 부정할 수는 없지만, 한편으로는 이런 생각이 늘더라고요. '내가 지금 부당 굿 하는 데 와 있나?' 과거에는 이런 게 먹혔을 거예요. 하지만 지금은 2000년대 이후 출생자들의 세상이잖아요. 저런 게 먹힐까 싶더라고요. 그동안 누구와 이런 말을 좀 하고 싶었어요. 교회에서 이런 말 못해요. 혼나요 저. 우리는 너무 초신자라 개혁적 사고를 갖고 있어서 기존의 교인들은 싫어하시더라고요. (50대 여성)

목사님이라고 하면 좀 너무 어렵다고 해야 되나? 아직도 어렵고 꼭 진짜 어려운 선생님 같아서 그냥 너무 어려워요. 그 손님으로 오셨던 목사님도 목사님이라는 걸 알고 나니까 별로 이야기할 게 없고요. 제가 교회에 직접 갔을 때도 거의 끝나자마자 바로 나오고 인사만 하고 나오고… 이야기해 볼 기회가 없었고 말 걸까 봐 무서워요. 아직도 좀 무서워요… 그래도 오늘 이렇게 말하니까 속이 후련하네요. (30대 여성)

새신자들이 낯선 공동체에 처음 발을 디디면서 주도적으로 자기 발언을 하기가 쉽지 않을 수 있다. 자신이 마음속에 품고 있는 의문과 고민을 내놓아도 될지 염려하는 것이 당연하다. 이 문제는 교회의 문화와 관습에 관한 것이다. 즉 교회가 낯선 사람들에게 개방성을 지녀야 할 뿐 아니라 새로운 사람들의 이야기를 경청하고 수용하는 문화를 개발해야 한다는 과제를 일깨워 준다.

3) 개별적 성찰점

마지막으로 다룰 내용은 인터뷰에 응한 새신자들 다수가 공통으로 말한 것은 아니지만, 새신자를 이해하고 그들을 섬기는 사역을 위해 염두에 두어야 할 이야기들이다. 비록 한두 사람의 개별 의견이지만 교회 차원에서는 참고해야 할 가치가 있는 것들이다.

전도의 인격성

다음 여성의 말은 교회의 새신자 사역에서 매우 중요한 점을 지적한다. 새신자에게 복음을 제시하는 사역과 새신자를 공동체의 일원으로 맞이하는 사역이 연결되어 있지 않다는 것이다. 이런 괴리는 당사자가 교회에 정착하는 데 오히려 긴장 요인이 되었다.

> 제가 예수님을 영접하는 모임에 참석했는데, 목사님이 인도하시지만 복음 제시라는 시간에는 관할 여자 성도들이 와서 저한테 그야말로 복음을 제시했어요. 근데 좀 아쉬웠던 게 그때 봤던 사람을 그 후에 예배 시간에 한 번도 못 봤어요. 그리고 또 나한테 전화 한 번 하는 사람이 없는 거예요. 이거 너무 요식 행위 같다는 생각이 들었죠. 결국 그냥 제가 기존에 알았던 권사님 두 분하고만 교제를 했어요. 사람인지라 이게 너무 요식 행위가 돼 버리면, 이런 식으로 회사에 입사해서 환영회하듯이 하는 건 옳지 않다고 생각해요. 예를 들어, 복음

제시팀이 출동할 게 아니라 그동안 저를 옆에서 지켜 준 권사님이라든지 그런 분들 두세 명이 팀을 짜면 새롭게 할 것도 없이 좀 더 자연스럽고 편안하게 교회에 연착륙이 됐을 텐데…. (50대 여성)

아래 남성의 지적도 교회에 처음 오는 사람의 입장을 헤아리고 배려하는 사역의 중요성을 알려 준다. 새신자에게 너무 집중하는 과도한 관심도 부담스러울 수 있지만, 필요하고 충분한 안내와 설명은 교회의 첫인상을 결정할 것이고, 이는 다시 그 교회를 찾는 기준이 될 것이라고 한다.

귀국해서 이제 새로운 교회를 찾아야 하는데, 동네에서 가까운 교회를 먼저 나가 봤어요. 굉장히 찬양도 뜨겁게 하고, 설교 후에 단체로 방언 기도도 하는 그런 교회였어요. 그런데 저희 부부가 그 교회에 처음 갔을 때 저희를 환영하거나 안내해 주는 사람이 없더라고요. 그냥 알아서 아무 자리에 앉으라는 식이었어요. 자기들끼리는 그렇게 친하고 열심인데, 처음 온 사람에게는 별 관심이 없는 모습이 당황스러웠어요. 첫인상이 중요한데 그 점에서 실망스러웠죠. (60대 남성)

다름의 수용과 기다림

새신자들은 처음 교회에 올 때 교회가 보수적이고 상당히 고정적인 생각의 틀을 갖고 있는 집단이라고 생각하기 쉽다. 그런 면에서 처음 교회에 온 사람들의 다른 견해와 아직 믿음이 없는 것에 대해 존중하고 기다려 주는 태도는 신선하고 긍정적인 영향을 줄 수 있다. 아래 두 사람은 자신의 다른 생각을 유연하게 받아주고, 믿음이 불분명할 때도 함께해 준 것으로 인해 교회에 더 가까이 갈 수 있었다고 말한다.

결국은 자신들이 뭘 원하는지 분명하게 표현해 준 것도 안정감을 주는 데 도움이 됐는데요. '난 너랑 친해지고 싶어. 우리는 친구야.' 약간 이런 느낌을 준 다음에 갑자기 전도를 하다가 제가 '난 너랑 생각이 다른데?'라고 하면, '그럼 나가! 넌 다르니까!'라고 말하고 연락을 끊는 게 아니라 '친한 관계를 맺을 생각까진 없지만 내 생각은 이렇다'라고 말해요. '그럼 너는 어떤데?'라고 처음부터 제시했고, 그에 대한 제 의견을 얘기했을 때 '아, 다르네! 그래도 같이 지낼 수 있지'라고 하는 거예요. 난 이런 분명하고 솔직하면서 변함없는 태도가 되게 인상 깊었어요. (20대 여성)

미국에서 처음 다녔던 교회는 정말로 저희 부부를 따뜻하게 맞아 줬어요. 그때 저는 교회에 대해서 잘 몰랐거든요. 저희를 복상에 인도해 준다고 해서, 교인들 중에 진짜 목장을 갖고 계신 분들이 있나 보다 했을 정도였어요(웃음). 교인들이 베풀어 준 환대를 통해 저는 믿음에 대해서도 공부하게 된 거예요. 그러니까 믿음이 생겨서 교회를 다닌 게 아니라 교인들의 따뜻한 배려를 통해 믿음에 대해서 관심을 갖고 공부하게 된 거죠. 미국을 떠나기 전 세례를 받을 때 저를 축복해 주고 위로해 주는 교우들을 보면서 제 마음에 감동이 있었고, 그게 저로 하여금 신앙에 더욱 마음을 여는 계기가 됐어요. (60대 남성)

신앙 성장의 과제

회심 이후에도 신앙은 계속 성장해야 한다. 새신자들 각자에게도 신앙 성장의 과제는 계속 부여된다. 그리고 그들의 지속적 성장을 위한 과제는 곧 교회의 공동 책임이기도 하다.

제가 지금 아주 초신자는 아닌 것 같고요. 그러니까 집에서까지 생활화는 안 된 것 같아요. 아직 집에서 기도를 한다거나 가정 예배를 드린다거나 그 정도까지는 안 되고요. 평소에 기도생활을 좀 더 열심히 하자는 정도이고, 아이들 하고도 간헐적으로 하나님 얘기를 하지 시간을 정해서 하나님 얘기를 하거나 그러지는 않는 것 같아요… 믿음이 약한 제 친구는 코로나 때문에 못 간다라는 얘기를 여러 번 해요. 걱정된다고 하는데, 이게 또 가기 싫은 계기가 될 수 있겠구나 하는 생각이 들었어요. 예, 그래서 방역 수칙 지키고 거리두기도 잘 하고 그러면 장애가 안 될 것 같아요. (40대 여성)

이런 일들이 너무 짧은 시간 안에 갑자기 일어나서 저는 지금 아직도 혼란스러워요. '하나님이 있을까?' 뭐, 이런 의문을 갖게 되더라고요. 그전에는 '아, 종교는 진짜 그냥 사람들이 만들어 낸 것일 뿐이야'라고 했는데, 이제 바뀌었다고 해야 되나요? '하나님이 진짜 계신가?'로 바뀐 거죠. 지금 제일 궁금한 거는 어려서부터 교회에서 많이 들어 왔던 말이 그거잖아요. '하나님이 날 위한 계획을 갖고 계신다.' 이런 말을 진짜 많이 들어 봤는데, 그게 진짜인가 하는 생각이 들어요. (30대 여성)

아직 성경책을 통독해 본 적도 없고. 그냥 예배드리는 날 전후에 주로 성경을 봐요. 그래도 제가 새벽 예배는 꼭 빼놓지 않고 참석해요. 그 이유는 그나마 새벽 예배를 해야 성경을 조금씩이라도 읽어 나갈 수 있거든요. 새벽 예배를 통해 그나마 성경을 많이 읽어 봤어요. (50대 여성)

신앙의 효능감

진정성 있는 회심은 신앙에 의한 삶의 변화를 수반한다. 외적인 변화도 일어날 수 있지만, 가장 근본적인 변화는 삶을 대하는 내면의 태도에서부터 비롯된다. 온전한 회심은 인생의 가치관과 세계관, 그리고 정서적 안정성을 수반할 것이다.

삶을 대하는 태도가 많이 바뀌었죠. 옛날 같으면 뭐랄까 그냥 현재를 살아 내기에 급급했다 그랬다면 지금은 좀 여유로워졌죠. 쉽게 말하자면, '까불지 마. 죽은 다음에 누가 천국 가나 보자' 이런 거니까. 좀 더 생을 넓고 길게 보게 되었어요. 이 세상이 다가 아니다. 저는 불교나 토속신앙에서 귀신을 많이 배웠어요. 이제는 '그 귀신이 뭔데, 나와서 힘도 못 쓰면서'라는 생각을 갖게 되었고요. 사람은 단순히 육체만 있는 게 아니라 영혼이 있는데 이 영혼은 그냥 아무 뜻 없이 생긴 게 아니라 하나님이 만들어 주셨고 우리를 하나님의 형상으로 만드셨기 때문에 우리는 강아지나 짐승과 같이 살면 안 되고, 영생을 누릴 수 있고, 지금의 인생이 다가 아니라는 거죠. 요새 드라마도 그런 식으로 다음 생애를 그리기도 하잖아요. 불교의 윤회와는 다르게 내 영혼이 영원하다는 것을 깨달았어요. (50대 여성)

저는 저번 설교 때 되게 많이 울었는데, 그게 두려움에 대한 얘기였어요. 근데 사실 예수님 입장에서 봤을 때는 제가 두려워하는 게 말이 안 되잖아요. 그냥 모든 게 다 이렇게 주님께서 계획하신 일이 있는데, 저는 그냥 두려운 거잖아요. 별거 아닌 요만한 걸로도 저는 되게 크게 생각하고 두려워하고 상상하면서 주님께 의지하지 못하고. 그런 부분이 좀 부끄럽기도 하고 기도를 하면서 되게 많이 그런 부분에서 구원받는다고 느끼는 것 같아요. 제가 두려워하는 게 사실 '아니다 그렇지 않다 사실 주님은 계획하신 일이 있는데 내가 혼자 두려워하는 거다' 이렇게 생각하면서 많이 깨달아 온 것 같아요. (20대 남성)

신앙의 전파성

새신자들은 사실 전도 측면에서 상당한 잠재력을 지닌다. 그들이 직전에 경험한 신앙의 효능은 가까운 이들에게 드러날 수 있고, 또 자연스럽게 경험으로 나눌 수 있기 때문이다. 새신자들은 신앙이 잘 정착되도록 도움을 받아야 할 수혜자인 동시에 자신의 신앙을 쉽게 전파할 수 있는 옹호자이기도 하다.

> 믿고 나서 친구들을 만났는데 친구들이 '너, 안 믿었잖아?' 이렇게 말하면서 되게 신기해하더라고요. 저는 완전 친한 친구들한테만 얘기를 했는데, 그들이 (제가 교회에 다닌다고 해서) 특별히 부정적으로 보는 느낌을 받진 않았습니다. 제가 기독교를 믿는다고 해서 싫어할 사람들은 아니거든요. 친구들이 '너 교회 다니는구나. 십자가 했네. 목걸이 십자가 했구나' 하면서 신기해했어요. 저는 사실 교회에 나가기 전부터 마음을 먹었는데, 진짜 친한 친구들한테는 '나 이제 믿기로 했다'고 얘기를 했습니다. (20대 남성)

> 저희 어머니가 가정폭력의 피해자라고 할 수 있거든요. 근데 제가 지금 카페를 하는데 제일 좋아하시는 분이 엄마예요. 엄마가 되게 좋아하세요. 그래서 항상 카페에 나와 계시는데, 수요일 저녁 예배에 제가 온라인으로 참석하잖아요. 그러면 저희 엄마가 조금씩 이제 막 관심을 갖는 거예요. 저는 저희 엄마가 이렇게 교회로 나오길 원해요. 지금도 엄마는 TV 같은 거를 봐도 큰 소리로 못 보세요. 그런 부분을 치료해 드리는 게 제 인생의 가장 큰 목표예요. 지금은 어머니가 많이 활발해지셨고 저랑은 20분 거리에 사세요. (30대 여성)

교회의 정파적·정죄적 언사는 전도를 방해한다!

늘 논란이 되는 주제지만, 교회 지도자들이 설교에서 하는 정치적으로 편향되거나 상식에 어긋나는 발언은 새신자들이 신앙으로 귀의하는 과정에서 큰 장애가 될 수 있다.

> 예전 목사님은 사회적인 것들, 세상적인 것들의 예를 많이 드시다 보니까 물론 들 수도 있지만 정치적인 얘기로 자꾸 들어가시니까 당연히 매번 그런 말 하실

때마다 거부 반응이 되게 심했죠. 그게 절대적인 거부감이었어요. ○○○목사 같은 경우 어떻게 저런 사람이… 하는 거부 반응이 엄청 컸어요. 그래서 교회에서 하는 예수 영접 모임까지도 안 가겠다는 마음을 먹기도 했죠. 그래서 교회에 다니고 싶지도 않았고 처음에 새신자 모임까지도 안 가겠다는 마음을 먹었던 거죠. (40대 남성)

사람에 대해서 정죄하고 판단하는 용어도 더욱 조심할 필요가 있다. 그것은 사람들을 오히려 신앙에서 더 멀어지게 하는 요인이다.

몇 개 교회를 다니면서 확실하게 못 정했다가 나에 대해서 지옥 갈 사람이라고 정죄하는 이야기를 듣고 좀 시험도 들었어요. 어머니와 그때 약간 다툼도 있었고 교회에 대한 안 좋은 이야기도 듣고 그러면서 신앙에서 좀 멀어지게 되고…" (30대 남성)

국제 질서와 종교 간 분쟁에 관한 어설프고 편파적인 해석이나 오직 그리스도인이나 선교만을 위해 기도하는 것도 사람들은 상식적으로 받아들이기 힘들어 한다. 교회가 기독교 우선주의나 기독교 우월주의를 벗어나 공공의 선을 추구하는 것이 오히려 선교적 과제라 할 수 있다.

(아직도 정신적으로) 편안하고 안정적인 단계는 아닌 것 같아요. 의문이 자꾸 생겨요. 예를 들면 뉴스 같은 걸 보면, 거기 아프가니스탄 있잖아요. 거기가 어쨌든 종교분쟁 지역이잖아요. 그런 거에 대해서 기도해 주자고 말씀 많이 하시는데, 저는 그런 게 모순이라고 생각해요. 기독교에서 막 이렇게 기도해 주자, 그러는 거에 대해 좀 아닌 것 같다는 생각이 자꾸 들어요. 이스라엘에서 가자지구에 폭격을 했다는 뉴스를 보면 좀 그런 게… 고등학교 때도 종교 선생님이

그렇게 말씀하셨거든요. '이스라엘 사람들이 땅을 찾는 거는 성경에 다 기록되어 있다'고. 뉴스를 보면 자꾸 정치에 참여하는 그런 모습들이 좀 보기가 안 좋죠. (30대 여성)

3. 요약과 제언

1) 도출된 의제

새신자들의 심층 인터뷰를 통해 그들의 회심 여정에서 나타난 가장 공통적인 형태를 '전형적 회심 요소', 일반적 예상과 다소 다르게 나타난 자주 언급되는 대답을 '의외의 요소', 그리고 한두 사람의 의견이거나 분류시키긴 힘들지만 새신자 사역과 전도를 위해 고려해야 할 것들을 '개별적 성찰점'으로 구분했다. 이것을 요약하면 다음과 같다.

전형적 회심 요소	의외의 요소	개별적 성찰점
사회적 자본: 그들 곁의 그리스도인	신앙 탐구의 주체성	전도의 인격성
		다름의 수용과 기다림
기독교 영향사: 그들의 과거 기독교 경험	말씀 중심의 종교성 추구	신앙 성장의 과제
개인적 위기: 실존적·관계적·지적 위기	기존 교인들의 폐쇄성	신앙의 효능감
		신앙의 전파성
마음에 연결된 메시지	새신자들의 참여 욕구	교회의 정파성과 정죄성

회심의 단계적 차원

전형적 회심의 요소들은 램보가 말하는 회심의 일곱 단계에서 앞부분(상황-위기-탐구)과 연결된다. 사회적 자본의 중요성과 '기독교 영향사'라고 명명한 과거의 기독교 경험은 첫 단계인 '상황'과 밀접하게 연관된다. 사람이 종교적 회심에 이르는데 있어 주위 그리스도인들이 어떤 모습으로 존재했느냐는 회심 여정이 올바른 방향으로 지속 가능할 수 있게 해 주는 중요한 요소다. 여기서 전도는 한순간의 효과적 이벤트가 아니라 매우 복합적이고 다양한 경험의 축적을 통해 이루어져야 한다는 교훈을 얻을 수 있다. 새신자들의 마음에 연결되는 메시지는 탐구 단계에서부터 시작해 대면과 상호작용, 그리고 헌신으로 이어지는 데 있어 중요한 쟁점임이 분명하다.

역동적 상호작용과 대면

의외의 요소들로 언급한 신앙 탐구의 자발성, 말씀 중심의 종교성, 기존 교인들의 폐쇄성, 새신자들의 참여 욕구 등은 잠재적 회심자와 기독교 옹호자 사이에 이뤄지는 대면(encounter)과 상호작용(interaction) 단계에 해당하는 것들로 볼 수 있다. 사회적 자본이 확대될수록 회심에 이를 가능성이 높아진다는 가설은 상호작용 단계에서 일어나는 새신자의 신앙에 관한 다양한 탐구와 교회에 대한 경험이 미치는 영향을 과소평가할 수 있다. 새신자들은 수동적으로 자신을 도와주고 인도하는 대로 이끌리는 것이 아니라 주체적으로 자신이 필요로 하는 신앙의 가치와 공동체로서의 교회에 대한 적합성을 검토하며 선택한다. 따라서 상호작용 단계에서 일어나는 이러한 역동적 교류는 잠재적 회심자가 새신자로 발전하는 데 있어 중요한 변수가 될 수 있다.

신앙의 헌신과 성장

앞의 표에서 '개별적 성찰점'에 해당하는 내용은 회심의 최종 단계인 신앙의 헌신(결신) 및 이후 성장과 관련되어 있다. 즉 잠재적 회심자가 믿음을 갖기로 결심하고 교회 공동체의 일원이 되어 신앙의 성장을 도모하는 과정에서 나타나는 특성들에 가깝다. 전도가 단순히 사람을 대상화하는 프로그램이 아니라 더 깊은 영적 교제에 들어서는 것이며, 교회는 서로의 차이에도 불구하고 새로운 신자를 받아 주고 그가 더 깊은 신앙의 이해와 성장으로 나아가기를 격려하고 기다리는 태도가 필요하다. 또 새신자들은 단지 사역의 수혜자일 뿐 아니라 그들이 사역의 주체자가 될 잠재력도 안고 있다. 신앙과 교회생활의 의미를 비로소 경험한 그들은 신앙을 전파하고 자기 주변의 잠재적 회심자들에게 영향력을 끼칠 수 있다. 그러나 새신자들의 진술에서 보듯, 정치적 강령이나 정죄로 교회와 강단의 이미지가 채색되는 것은 복음 사역에 역행할 수 있다. 새신자의 회심 과정에 대한 주의 깊고 애정적인 헌신은 교회의 중대하고 일관된 과제다. 단순히 새신자를 위한 간헐적이고 특정한 프로그램이 아니라, 교회의 문화가 복음중심적·환대적이 되어야 한다.

2) 새신자 사역을 위한 제언

새신자의 다양성 이해

새신자들은 다양한 상황에서 다양한 경로를 통해 신앙에 귀의한다. 사람들이 기독교의 회심에 이르는 일률적 방식이나 모두에게 통용되는(one-size-fits-all) 방법은 존재하지 않는다. 각 사람을 개별적으로 이해하고 존중하며, 그들의 회심 여정에서 진정성 있고 신뢰할 만한 동반자가 돼 주어야 한다는 말이 비록 원론적이지만 가장 중요한 토대다. 새신자 사역은 행동과 방법에 앞서 태도와 기풍(ethos)의 문제다.

준비된 새신자들

'그들은 당신의 생각보다 더 준비되어 있다'(more ready than you realize). 이는 브라이언 맥클라렌(Brian McLaren)이 전도에 관해 쓴 책의 제목이다. 한국어로 번역·출간된 책 제목은 『나는 준비된 전도자』(미션월드라이브러리, 2004)인데, 정확한 의미에서 '준비된'은 전도자가 아니라 전도를 받는 잠재적 회심자들의 상태를 가리킨다. 그들은 어떤 의미에서 복음에 대해 듣고, 기독교 공동체를 경험할 준비가 되어 있을 수 있다. 문제는 교회가 준비되어 있느냐는 것이다. 교회는 사람들의 인생 의미에 관한 고민과 탐색, 관계와 공동체에 대한 그들의 갈망에 대답할 준비가 되어 있는가? 아니면 우리끼리 익숙한 상태에서 우리끼리 통용되는 언어와 문화에 머물러 있는가? 최근의 선교적 교회론은 하나님께서 우리 이웃과 공동체 가운데서 무엇을 하시는지에 대해 민감성을 갖고 하나님이 하시는 일에 동참하는 것이 선교적 삶을 사는 것이라고 일깨웠다.[17] 변해야 하는 것은 그들이 아니라 우리일 수 있다.

초대의 문화

베스 세버슨(Beth Severson)은 미국에서 효과적인 청년 전도사역을 하는 교회들에 대한 광범위한 연구조사를 한 뒤, 그 교회들은 교회 밖 사람들에게 먼저 다가가 관계를 맺고 자신들의 교회나 신앙 공동체에 그들을 초대하는 문화를 형성하고 있다고 밝혔다.[18] 이 초대의 문화는 단지 전도 프로그램의 일환이 아니라 사람에 관한 관심과 섬김을 바탕으로 나타나는 것이다. 본 인터뷰에서도 새신자들은 오직 교회에 나오라는 전도를 위한 권유보다는 주변 그리스도인들의 관심과 배려를 느낀 다음 그들의 초대에 응하는 모습을 보였다. 어떤 이는 성경과 진리에 관한 관심을 갖고 초대받기를 기다리기도 했다. 전도 행사에 초대받기를 기다린 것이 아니라 성경을 공부하고 진리를 배우는 자리에 함께하기를 기대했다. 황병배의 연구조사에 따르면, "친한 친구가 교회에 가자고 한다면 갈 의향이 있는가?"라는 질문에 36.8퍼센트가 긍정적인 답변을 했다.[19] 이는 응답자의 비율로 보면 높은 수치가 아니지만, 전체 인구

---

17 Alan J. Roxburgh and M. Scott Boren, *Introducing the Missional Church* (Grand Rapids: Baker, 2006), pp. 15-16.
18 Beth Severson, *Millenials Connecting to Contemporary Congregations: Effectively Reaching and Incorporating Emerging Adults in North American Evangelical Covenant Churches*, Ph.D. Dissertation 2017, Trinity Evangelical Divinity School, pp. 143-144.
19 황병배, "The Rainer Scale을 통해 본 한국 불신자 유형 조사와 효과적인 전도를 위한 선교적 통찰",

로 단순 환산하면 굉장히 많은 사람이 좋은 관계에 있는 그리스도인의 초대에 수용적 태도를 갖고 있다는 의미다. 문제는 초대라는 행동이 아니라 문화다. 즉, 타인을 배려하고 도우려는 마음이 교회와 그리스도인들의 습관으로 형성되어 있느냐의 문제다.

환대의 문화

초대의 문화와 더불어 회심 성장을 한 교회에서 두드러지게 나타나는 또 다른 특징은 환대의 문화다. 환대는 교회의 고유한 덕목이자 실천양식이다. 환대는 낯선 사람을 따뜻하게 맞이한다는 일차적 의미가 있지만, 더 나아가 그를 동등한 구성원으로 존중하고 수용하는 것이다. 환대의 문화는 교회 밖 사람들에 대한 민감한 배려가 특징이다. 릭 리처드슨(Rick Richardson)은 미국 빌리그레이엄연구소의 조사에 근거해 회심 성장을 한 선교적 회중에서 나타나는 환대의 사례들은 다양한 형태를 지닌다고 주장한다.[20]

환대는 교회에 처음 온 사람들을 환영하고 친절하게 안내하는 초보적 수준의 배려에서 시작해 목회자와 교회 지도자들이 방문자를 위해 시간을 내어주려는 자세, 더 나아가 아직 복음을 모르고 기독교의 언어가 익숙하지 않은 이들도 쉽게 들을 수 있도록 하는 목회자의 설교 방식도 포함된다. 그렇다고 불신자들을 대상으로 설교한다는 것이 아니라 그들도 염두에 둔 메시지를 구상한다는 것이다. 앞서 몇몇 새신자는 자신이 방문했던 교회에서 정치색이 짙은 설교나 사람을 정죄하는 설교를 듣고 신앙을 포기하려는 충동까지 들었다고 했다. 환대의 문화가 체화된 교회들은 우리와 다른 사람들이 오해하거나 혼란스러워할 수 있는 발언을 삼간다. 특히 그런 발언이 복음의 근

「신학과 실천」 35 (2013): 604.

[20] Rick Richardson, *You Found Me: New Research on How Unchurched Nones, Millennials, and Irreligious Are Surprisingly Open to Christian Faith* (Downers Grove: IVP, 2019), pp. 222ff.

본적 요구에 관한 것이 아니라 사회문화적 쟁점들에 관한 것이라면, 그로 인해 복음 전달이 방해받지 않도록 신중해야 한다.

믿음 이전의 소속

사람들이 제시된 복음에 동의하고 기독교 교리를 깨닫기 전에 먼저 기독교 공동체를 경험함으로써 복음에 더욱 수용적으로 동화되어 간다는 가설은 '믿음 이전의 소속'(belonging before believing)이라는 개념에 내포되어 있다. 이는 5세기경 아일랜드 켈트인들을 향한 전도 모델을 참조해 체계적으로 제시되었다.[21] 즉, 당시 로마 교회의 전도 모델이 '복음 선포→ 동의→ 공동체'의 순서라면, 켈트식 전도 모델은 '공동체 경험→ 대화와 사역→ 신앙 헌신'의 순서로 전개된다. 이러한 모델에 의하면, 새신자들을 위한 사역에서도 먼저 지식적이거나 인지적인 복음 제시를 하고 그들이 동의하면 영접 기도를 드린 뒤 교회에 오게 하는 것이 아니라, 먼저 그들이 그리스도인들과 유대감 있는 관계를 형성하고 그러한 관계적 토대 위에서 기독교 공동체를 경험했을 때 그들에게 복음을 전해 온전한 회심에 이르게 하는 것이다.

실제로 새신자들은 먼저 좋은 그리스도인들과의 관계를 경험한다. 그것이 개인적 관계일지라도 그들은 기독교 공동체를 대표하는 그리스도인들과의 의미 있는 소속감을 축적하는 중이다. 이런 방식은 익히 들어 온 관계전도와 별다른 차이가 없어 보일 수도 있다. 그러나 관계전도가 종종 전도를 위해 관계를 도구화시키는 난점을 지닐 수 있다면, '믿음 이전의 소속'이라는 개념은 관계 자체에 가치를 부여하고 사람에게 더욱 집중한다는 점에서 차이가 있다. 한 새신자가 자신에게 복음을 제시한 사람들이 그 이후에는 아무런 인격적 교제를 나누지 않았다고 토로한 것은 그 전도가 사실상 관계에 충실하지

---

21 George Hunter, *The Celtic Way of Evangelism* (Nashville: Abingdon Press, 2010), p. 43.

않은 방식이었음을 암시한다.

정직한 질문을 위한 안전한 환경

앞서 살펴본 것처럼, 새신자들은 신앙에 대한 궁금증과 교회에 대한 자신의 의견을 표현하고 싶어 했다. 이는 새신자들을 교회 사역의 수혜자로만 볼 것이 아니라 그들에게 듣고 배우려는 자세를 갖는 것이 중요함을 일깨운다. 교회의 언어와 관습에 낯선 이들은 대체로 자신의 언행을 조심스러워할 수밖에 없다. 그러나 그들은 이전까지 나름대로 신앙에 대한 탐구의 여정을 거쳐 교회 진입로에 들어선 것이다. 교회는 그들이 계속 탐구와 질문을 이어 나가 인생의 문제에 대한 진정한 성경적·복음적 해답과 만날 수 있게 해야 한다. 프란시스 쉐퍼(Francis A. Schaeffer)의 라브리 사역은 '정직한 질문에 정직한 대답'이라는 기치 아래 라브리 공동체를 찾아온 사람들의 질문과 의견을 청취하고 그들로 하여금 기독교적 삶과 일을 통해 복음을 발견하게 했다. 이는 전도와 새신자 사역을 위해 참고할 만한 사례가 될 것이다. 새신자 사역은 사람들이 기독교에 대한 그들의 의문과 고민을 안전하고 위축되지 않는 환경에서 나누도록 격려해야 한다.

복음 제시의 필수성

좋은 관계와 공동체 경험, 경청과 질문을 장려하는 환경 등은 궁극적으로 복음과 대면하기 위한 토양이다. 그러나 진정한 회심의 정점은 복음 앞에서 결신하는 것이다. 새신자들은 결국 자신의 상황에 다가온 복음의 메시지를 접했다. 복음 제시가 일률적으로 진행될 필요는 없으나, 회심 여정에 있는 이들은 자신을 위한 하나님의 복음을 들어야 한다.

세버슨의 연구에 의하면, 뚜렷하게 회심 성장을 이룬 교회들과 그렇지 않은 교회들은 불신자들과 관계를 맺는 데 있어서 큰 차이가 없었다. 그러나 회심의 열매를 거둔 교회들은 불신자들의 필요를 채우는 일에 못지않게 신앙을 나누는 실천을 강조한 반면, 회심의 열매가 미약한 교회들은 불신자들의 필요를 채우는 일에 노력을 기울이면서 신앙을 나누는 일은 덜 강조하는 양상을 보였다.[22] 사람들은 인생과 영혼에 대한 기독교의 복음 메시지를 알고 싶어 한다.

3) 더 나은 연구를 위한 함의

본 연구조사는 앞에서 밝혔듯이 새신자 여덟 명에 대한 개별 인터뷰를 중심으로 이루어졌다. 향후 새신자들의 신앙 입문과 성장에 관한 더 체계적이고 심화된 연구는 일회성 인터뷰가 아니라 시차를 두고 반복해 시행하는 간략한 규모의 종단 인터뷰나 새신자들을 모아 상호적 대화를 하게 하는 초점 그룹 인터뷰를 통해 보강할 수 있을 것이다. 또는 개인에 대한 조사뿐 아니라 교회의 회심 성장 현황에 관한 연구를 통해 더 종합적인 연구를 수행할 수 있을 것이다. 회심의 여정은 개인에게 국한된 것이 아니라 기독교 공동체와의 상호작용에서 말미암기 때문이다.

비록 코로나 팬데믹 상황으로 인해 개별 인터뷰밖에 할 수 없었지만, 이 글에서 수집하고 분류한 새신자들의 이야기는 한국 교회에 점점 희미해져 가는 처음 신앙의 이야기, 즉 회심 서사에 관한 관심을 불러일으키는 데 일조하리라 본다. 사람들의 이야기를 직접 수집하고 청취하는 것은 교회의 전도와 새신자 사역을 구체적으로 계획하고 전개하기 위한 다리 역할을 할 것이다. 물론 본 인터뷰에 참여한 이들의 이야기를 일반화시켜 새신자들의 특성을 정형화할 순 없다. 그러나 우리는 일반화의 오류를 피하면서도 개별 이

---

22 Severson, 같은 책, p. 140. 세버슨은 회심 비율이 낮은 교회들의 경우는 사회적 섬김을 최우선의 전도 전략으로 삼는다고 말한다. 하지만 전도를 사회적 봉사로 정의하는 교회들의 새로운 결신자 비율은 높지 않았다. 반면 개인의 신앙 나눔을 강조하는 교회들의 회심 비율이 높은 것은 분명하다 (p. 141).

야기들에 주의를 기울이며 동시에 개인의 회심 서사에서 하나님이 일하시는 모습을 관찰하고 기독교 공동체가 여기에 어떻게 동참할 것인지 진지하게 성찰하는 계기를 얻을 수 있다.

참고문헌

김선일, "최근 회심자 연구", 「복음과 실천신학」 42 (2017): 48-82.
_____, "전도적 관점에서의 회심 이해", 「신학과 실천」 52 (2016): 653-679.
황병배, "The Rainer Scale을 통해 본 한국 불신자 유형 조사와 효과적인 전도를 위한 선교적 통찰", 「신학과 실천」 35 (2013): 591-614.
리처드 아스머, 『실천신학의 네 가지 중심 과제』, 김현애·김정형 역(서울: WPA, 2012).
폴 스티븐스, 『그분의 말씀 우리의 삶이 되어』, 윤종석 역(서울: 복있는사람, 2006).

Bass, Diana Butler, *Christianity after Religion: the End of Church and the Birth of a New Spiritual Awakening* (New York: harperOne, 2012).
Bebbington, David, *Evangelicalism in Modern Britain: A History from the 1730s to the 1980s* (London: Routledge, 1989).
Ferguson, Sinclair·David, Wright and J. Packer Sinclair Ferguson, eds., *New Dictionary of Theology* (Downers Grove: IVP, 1988).
Hunter, George, *The Celtic Way of Evangelism* (Nashvill: Abingdon Press, 2010).
McKnight, Scot, *Turning to Jesus: The Sociology of Conversion in the Gospels* (Louisville: Westminster John Knox Press, 2002).
Peace, Richard, *Conversion in the New Testament* (Grand Rapids: Eerdmans, 1999).
Rambo, Lews R., *Understanding Religious Conversion* (New Haven and London: Yale University Press, 1993).
Roxburgh, Alan J. and M. Scott Boren, *Introducing the Missional Church* (Grand Rapids: Baker, 2006).
Reese, Martha Grace, *Unbinding the Gospel* (Danvers: Chalice Press, 2006).
Richardson, Rick, *You Found Me: New Research on How Unchurched Nones, Millennials, and Irreligious Are Surprisingly Open to Christian Faith* (Downers Grove: IVP, 2019).
Severson, Beth, *Millenials Connecting to Contemporary Congregations: Effectively Reaching and Incorporating Emerging Adults in North American Evangelical Covenant Churches*, Ph.D. Dissertation, 2017, Trinity Evangelical Divinity School.
Smith, Gordon, *Beginning Well: Christian Conversion & Authentic Transformation* (Downers Grove: IVP, 2001).
Stark, Rodney and Roger Finke, *Acts of Faith: Explaining the Human Side of Religion* (Berkeley: University of California Press, 2000).

03
예수를 만난 사람들
: 회심으로의 등정

송인규(한국교회탐구센터 소장)

서언: 회심을 선보이며

예수를 만난 사람들은 다른 말로 하자면 회심의 길에 오른 이들이다. '예수를 만났다'고 하면 무언가 안정적이고 정리된 분위기가 연상되지만, '회심'의 경우는 그렇지 않다. 회심은 아직도 대부분의 그리스도인에게 다소 낯설고 거리가 있는 것 같은 느낌을 준다. 더욱 문제가 되는 것은 회심이 덮고 있는 신학적 속사정이다. 거의 모든 신학 용어가 그렇듯이 회심도 복잡성의 견지에서 보면 타의 추종을 불허할 정도로 복합적이고 번잡스럽다. 그러나 어쨌든 예수를 만난 사람들은, 회심이라는, 이토록 얽히고설킨 영적·심리적·문화적 복잡계에 발을 들여놓은 것이다.

회심(回心, conversion)은 한글 사전에 기독교적 용례로서는 "과거의 생활을 뉘우치고 신앙에 눈을 뜸"[1]이라는 내용으로 풀이되어 있다. 영어 단어 'conversion'은 동사 'convert'[라틴어 *com-*(completely)+*vertere*(turn)[2]→ 완전히 돌이키다/돌아서다]의 명사형으로서, "1. 죄인들이 하나님께 돌이키는 것. 2. 어떤 사람을 특정한 신념이나 견해, 특히 종교적인 신앙으로 이끄는 행위"[3]로 정의되어 있다.

그런데 이렇게 단순하게 표현된 행위가 신학적으로는 구원의 여러 사안과 다차원적으로 얽혀 있다. 게다가 회심을 겪은 것으로 추정되는 인물들의 내적·외적 징표와 양상이 상당히 다양하기 때문에, 회심의 본질이나 실체를 규명하는 것 또한 만만치 않은 과제로 부각된다. 한 걸음 더 나아가 자신이 예수를 만났다―회심을 경험했다―고 주장하는 이들에게서 그에 부응하는

---

1   고려대학교 민족문화연구원 국어사전편찬실 편, 「고려대 한국어대사전: ㅈ~ㅎ」(서울: 고려대학교 민족문화연구원, 2009), p. 7177.
2   Lesley Brown, ed., *The New Shorter Oxford English Dictionary*, Vol. 1: *A-M* (Oxford: Clarendon Press, 1993), p. 502.
3   같은 책.

행동상·실생활상 열매가 나타나지 않을 때, 그 개인은 자신의 회심을 의문시하는 사람들의 비판적 눈초리를 피할 수 없다. 또 이것이 그리스도인 소수의 문제가 아니고 집단적 경향으로 불거질 때, 그들이 속한 신앙 공동체 역시 회심의 진정성과 관련하여 세상으로부터 끊임없는 불신과 비난의 손가락질을 받을 것이다. 사실 이것이 오늘날 어느 정도 한국 교회의 모습을 반영하는 것이 아니겠는가?

그러므로 나는 이 글에서 회심과 관련한 한국 교회의 문제점이 무엇인지 규명하는 데 초점을 맞추고자 한다. 먼저 회심에 대한 성경과 신학의 가르침이 무엇인지 핵심을 소개한 다음, 이런 가르침이 우리의 신앙 현실에서 제대로 구현되지 않은 채 어떤 문제점을 노출해 왔는지 자세히 살필 것이다. 또 역사상의 인물로서 회심과 관련해 올바른 가르침을 드러내거나 강력히 예시한 이가 있으면, 필요 시 그들의 주장이나 모습도 간략하게나마 선보일 생각이다.

회심 및 연관 용어

회심에 관한 문제점을 소상히 기술하기 전에 먼저 필요한 것은 회심 및 이와 관련한 여러 가지 용어를 정리하는 일이다. 이로써 차후에 발생할 수도 있는 개념 및 이론상의 혼란을 미리 방지하고자 한다. 이 용어들은 구원, 구속, 칭의, 성화, 중생, 회심, 회개, 믿음 등이다.

구원과 구속

회심과 관련해 가장 포괄적인 용어는 구원과 구속이다. 구원(救援, salvation)은 다양하게 설명될 수 있지만 복음주의자들은 "죄와 그에 따른 영적 죽음으로부터의 구조"가 핵심이라고 말한다. 신학자들은 이 구조 행위가 단일하지 않고 다양한 단계나 국면을 포함한다는 뜻에서 "구원의 서정(序程)"(ordo salutis, order of salvation)—"개인의 구원에 나타나는 다양한 요소들을 체계적으로 정리함"[5]—이라는 개념을 채택했다. 어떤 개혁파 신학자[6]의 논의에 따르면, 구원의 서정은 부르심→ 중생→ 회심→ 믿음→ 칭의→ 성화→ 성도의 견인으로 열거된다.

그러나 구원을 경험하는 시점에 주목하면, 구원은 미래에 이루어질 바이기도 하고(행 2:21; 롬 13:11; 고전 5:5; 히 9:28; 벧전 1:5), 현재 구원을 받는 중이기도 하며(행 2:47; 고전 1:18; 고후 2:15), 심지어 과거에 이미 구원을 받았다(엡 2:5, 8)고도 할 수 있다.[7] 이처럼 그리스도인은 이미 과거의 한 시점에 구원을 받았고, 현재 구원을 받아 가는 중이며, 미래의 한 시점에서 최종적으로 구원받을 것이다.

구속(救贖, redemption)은 속전(贖錢, ransom), 곧 어떤 악으로부터의 구조를 위해 지불되는 값을 말한다. 그렇다면 구원은 구속의 목적이요, 구속은 구원을 이루는 수단이 된다.[8] 보통 구속은 그리스도께서 행하시는 일로, 구원은 그리스도인이 받아 누리는 은택으로 묘사된다.

칭의와 성화

칭의와 성화는 각각 구원의 요소다. 칭의(稱義, justification)는 예수 그리스도를 믿음으로 말미암아 의롭다하심을 얻는 일이다.

---

4   Matthews A. Ojo, "Salvation", *Encyclopedia of Fundamentalism*, ed. Brenda E. Brasher (New York: Routledge, 2001), p. 429.
5   S. B. Ferguson, *"Ordo Salutis"*, *New Dictionary of Theology*, eds. Sinclair B. Ferguson, David F. Wright, J. I. Packer (Downers Grove, Illinois: InterVarsity Press, 1988), p. 480.
6   Louis Berkhof, *Systematic Theology* (Edinburgh: The Banner of Truth Trust, 1958), p. 418.
7   I. H. Marshall, "Salvation", *New Dictionary of Theology*, p. 610.
8   Donald E. Demaray, "Redeemer, Redemption", *Beacon Dictionary of Theology*, ed. Richard S. Taylor (Kansas City, Missouri: Beacon Hill Press of Kansas City, 1983), p. 444.

²²곧 예수 그리스도를 믿음으로 말미암아 모든 믿는 자에게 미치는 하나님의 의니 차별이 없느니라…²⁸그러므로 사람이 의롭다하심을 얻는 것은 율법의 행위에 있지 않고 믿음으로 되는 줄 우리가 인정하노라. (롬 3:22, 28, 인용자 강조)

하나님께서는 우리가 예수 그리스도를 믿을 때 그리스도의 의를 우리에게 전가시킴으로써 우리를 의로운 존재로 여기신다. 그러나 성화(聖化, sanctification)는 신자가 하나님의 도우심을 힘입어 노력함으로써 실제로 거룩해지는 과정이다.

그런즉 사랑하는 자들아, 이 약속을 가진 우리는 하나님을 두려워하는 가운데서 거룩함을 온전히 이루어 육과 영의 온갖 더러운 것에서 자신을 깨끗하게 하자. (고후 7:1, 인용자 강조)

그렇다면 칭의와 성화는 세 가지 점에서 대조된다. 다음의 비교표를 보라.

구원의 요소 \ 항목	칭의	성화
본질	그리스도의 의가 전가되는 하나님 편에서의 법적 선언 행위.	신자가 하나님의 도우심 가운데 실제로 거룩을 이루어 가는 변화의 모습.
성격	단 한 번의 사건.	연속 과정.
인간의 기여	신자의 노력이나 행위가 하등의 기여를 하지 못함.	신자의 끊임없는 노력이 동반되어야 거룩이 이루어짐.

중생과 회심(회개, 믿음)

자연인은 죄와 허물로 죽어 있다(엡 2:1). 중생은 바로 이렇게 죽은 존재 안에 새로운 생명의 원리를 심고 영혼의 지배적 성향이 하나님을 향하도록 만드는 신적 행위라고 정의할 수 있다.⁹ 그러므로 중생에는 칭의의 경우가 그렇듯 인간의 노력이나 수고의 여지가 전혀 없다.

일단 사람 속에 새 생명의 원리가 심기면 그는 살아나 자신이 듣는 복음의 메시지에 반응한다. 이 반응을 가리켜 '회심'이라 부른다. 회심에는 신적 주도의 측면과 인적 반응의 측면이 맞물려 나타나는데, 전자는 중생한 죄인이 회개와 믿음으로 돌이키도록 역사하시는 하나님의 행위고, 후자는 중생한 죄인이 하나님의 은혜로 말미암아 하나님께 회개와 믿음으로 돌아서는 행위다.[10]

회심은 '회개'와 '믿음'이라는 두 가지 요소로 구성된다. 회개는 죄인이 죄로부터 돌이키는 의식적 행위로서 과거 지향적이고,[11] 믿음은 미래 지향적[12] 특징을 지닌 마음의 상태로서 성령께서 "복음의 진리와 관련하여 마음에 이루어 놓으신 확신 및 그리스도 안에 나타난 하나님의 약속을 진심으로 신뢰하는 일"[13]이다. 회심(회개와 믿음)은 한 사람이 구원을 받기 위해 반드시 통과해야 할 관문이다. 어떤 경우에는 구원과 관련해 회개만 언급되기도 한다.

> [38]베드로가 이르되, **너희가 회개하여** 각각 예수 그리스도의 이름으로 세례를 받고 죄 사함을 받으라. 그리하면 성령의 선물을 받으리니…[40]또 여러 말로 확증하며 권하여 이르되, '너희가 이 패역한 세대에서 **구원을 받으라**' 하니. (행 2:38, 40, 인용자 강조)

> 하나님의 뜻대로 하는 근심은 후회할 것이 없는 **구원에 이르게 하는 회개를** 이루는 것이요 세상 근심은 사망을 이루는 것이니라. (고후 7:10, 인용자 강조)

---

9   이 정의는 Louis Berkhof, *Systematic Theology*, pp. 468, 469에 나온 내용을 합성한 것이다. 벌코프는 이것을 좁은 의미의 중생이라고 말한다(p. 469).
10 같은 책, p. 483.
11 같은 책, p. 486.
12 같은 책.
13 같은 책, p. 503.

반면에 구원을 받도록 하기 위해 믿음을 강조한 경우도 있다.

> 이르되, '주 예수를 **믿으라**. 그리하면 너와 네 집이 **구원을 받으리라**' 하고. (행 16:31, 인용자 강조)

> 네가 만일 네 입으로 예수를 주로 시인하며 또 하나님께서 그를 죽은 자 가운데서 살리신 것을 **네 마음에 믿으면 구원을 받으리라**. (롬 10:9, 인용자 강조)

그러나 복음 전파의 맥락에서 볼 때 회개와 믿음은 함께 언급되는 것이 자연스럽다.

> 이르시되, '때가 찼고 하나님의 나라가 가까이 왔으니 **회개하고** 복음을 **믿으라**' 하시더라. (막 1:15, 인용자 강조)

> 유대인과 헬라인들에게 하나님께 대한 **회개**와 우리 주 예수 그리스도께 대한 **믿음**을 증언한 것이라. (행 20:21, 인용자 강조)

이처럼 회심은 회개와 믿음으로 구성된다. 그러나 이 글에서 나는 회개나 믿음 어느 한 요소만 염두에 두고 필요에 따라 회심이라는 표현을 쓸 것이다.

끝으로 회심과 관련해 두 가지 중요한 사항을 부언한다. 첫째, 회심에는 두 가지 유형이 존재하는 것으로 이야기된다. 하나는 급작스러운 위기식 회심이요, 또 하나는 점진적 과정식 회심(예레미야, 세례 요한, 디모데가 이에 해당한다)이다.[14] 리처드 피스(Richard V. Peace, 1933-) 역시 사도 바울과 같은 즉각적 회

14　같은 책, p. 485.

심 모델과 열두 제자들의 경우에 해당하는 점진적 회심 모델을 구별한다.[15]

둘째, 회심은 원초적 회심 외에 반복적 회심도 언급하지 않을 수 없다. 원초적 회심이란 나의 신조어로, 처음 예수를 만날 때 거치는 회심을 가리킨다. 그러나 모든 그리스도인의 신앙 경험을 보면, 믿고 나서 일시적으로 죄의 길에 빠졌다가 다시금 회개하고 돌이키는 일이 반복되는 것을 알 수 있다. 벌코프(Louis Berkhof, 1873-1957)는 이것을 "반복된 회심"(repeated conversion)이라고 했는데, 그 근거로서 신자들과 관련해 '돌이키다'(눅 22:32), '회개하다'(계 2:5, 16, 21, 22; 3:3, 19) 등의 단어가 사용된 것을 들고 있다.[16] 원초적 회심은 단 한 번만 일어나고 반복될 수 없지만, 원초적 회심 이후 겪는 일시적 범죄와 돌이킴의 경험을 감안할 때 (또 이에 대한 성경의 증거를 수용할 때) 반복적 회심 또한 인정하지 않을 수 없다. 흥미로운 점은 반복적 회심이 어떤 면—그리스도인이 일시적인 잘못에서 돌이켜 다시금 거룩하고 합당한 삶을 추구한다는 점—에서 성화의 현상과 중복된다는 사실이다.

회심을 둘러싼 이런 용어들은 서로 명확하게 구별되기도 하고 또 어떤 경우에는 상호 간 의미가 중첩되기도 한다. 따라서 나는 구원, 회심, 중생 등의 표현이 그리스도와 더불어 새 출발을 하는 이들의 상태를 묘사하는 포괄적 용어들(umbrella terms)인 것처럼 뒤바꾸어 사용할 생각이다.

한국 교회의 회심관: 무엇이 문제인가

오늘날 한국 교회는 회심관의 각도에서 볼 때 몇 가지 중대한 약점을 드러내고 있다. 그런데 그것은 어제오늘의 문제가 아니고 줄잡아 40-50년에 걸쳐

---

[15] 리처드 피스, 『신약이 말하는 회심』, 김태곤 역(서울: 좋은씨앗, 2001), pp. 23-24. 그러나 어떤 신학자는 바울을 급작스러운 회심의 원형으로 보는 견해에 이의를 제기한다[고든 스미스, 『온전한 회심: 그 7가지 얼굴』, 임종원 역(서울: 도서출판 CUP, 2010), pp. 244-245].

[16] Berkhof, 같은 책, p. 484.

진행되어 온 해묵은 현상이다. 나는 이러한 문제점/약점을 네 가지 항목으로 열거하고자 한다. 그러나 우선은 이러한 문제점을 야기한 1970-1980년대 한국 교회의 종교적 정황부터 밝혀야 한다.

1970-1980년대의 종교 현상적 유산

한국 교회는 20세기 후반부에 유례없는 부흥과 성장을 맛보았다. 어떤 선교학자는 이러한 발전 상황을 다음과 같이 개략적으로 묘사했다.

> 한국의 신속한 교회 성장은 기독교 세계 전체에 너무나 유명한 일이라서 한국 교회는 다른 나라의 교회들에 대해 모델이 되었다. 최초의 개신교 선교사들이 한국에 온 것이 1884년이었는데, 1997년 남한에 1200만 명의 개신교 그리스도인과 3만 8천 개의 교회가 있었다. 1995년에는 서울에만 6800개의 교회가 있었고, 전 세계 50개의 초대형 교회 가운데 23개가 남한에 존재했다. 1970년대 중반 한국에서는 매일 새로운 교회가 여섯 개씩 개척되었다. 1973년 5월 서울에서 열린 빌리그레이엄전도대회 동안 여의도 광장에 110만의 인파가 몰린 적도 있다. 역시 여의도 광장에서 개최된 1980년 8월의 세계복음화대회에는 다시금 더 많은 그리스도인이 운집했다.[17]

다소 과장되고 단순화한 흔적이 보이기는 하지만 위의 진술은 대체로 정확하다. 교인 수로만 따지더라도 1970-1980년대의 성장은 기하급수적이었다. "1970년에는 219만 7336명으로 200만 명을 넘어섰고, 1970-1978년에는 연평균 약 20만 명씩 증가하여 1978년에는 375만 8930명이 됨으로써 400만 명 대에 육박했다. 더욱 놀라운 것은 78년부터는 매해 약 100만 명씩 급성장

---

17 Bong Rin Ro, "Korea, South", *Evangelical Dictionary of World Missions*, eds. A. Scott Moreau *et al* (Grand Rapids, Michigan: Baker Books, 2000), p. 545.

했다. 80년대 후반에 와서는 약 600만 명에서 1000만으로 급성장했다."[18] 이 얼마나 폭발적인 성장인가!

그러나 이런 괄목할 만한 성장과 발전이 안타깝게도 긍정적 반향만 일으킨 것은 아니다. 상기한 사반세기 동안의 호황에 익숙해진 한국의 그리스도인들은 교회 성장이나 부흥과 관련해 특이한 편견과 인식 틀을 형성하게 되었다. 예를 들어, 한국의 그리스도인들은 자기도 모르는 사이에 1970-1980년대식의 부흥 역사를 교회의 표준으로 간주하곤 한다. 반대급부는, 만일 교회가 부흥의 역사를 경험하지 못하면 무언가 비정상적이고 미달의 상태에 처한 것으로 여긴다는 점이다. 그러나 부흥의 전문가들은 오히려 부흥이 "교회의 정상적인 상태가 아닌 매우 특이하고 비상한 상태라고 가르쳤다."[19] 즉 교회 전체의 역사를 보면 1970-1980년대 한국 교회의 부흥은 굉장히 이례적이고 비상한 현상이라는 것이다.

오해가 진리인 양 받아들여진 것은 교회 성장의 영역에서도 마찬가지였다. 1970-1980년대의 외형적 팽창을 기준으로 여기다 보니 교회는 항시 수적 성장과 증가를 해야 하는 것으로 생각되었다. 그리하여 2000년 이후 교인 수의 감소와 하락은 한국 교회가 병든 증거라고 드러내어 비판하는 이들까지 생겨났다. 그러나 교회의 전 역사를 살펴보면, 대부분의 교회 성장은 완만하고 기복이 있는 그래프를 형성할 뿐 극적인 수적 성장은 매우 드문 현상이다.[20]

---

18 황인철, "한국 교회 성장과 부흥: 1960년대 이후를 중심으로", 「기독신문」(2012년 2월 6일): 2.
19 이안 머리, 『부흥과 부흥주의』, 신호섭 역(서울: 부흥과개혁사, 2005), p. 574.
20 어떤 수학자/통계학자는 교회 성장이 교인 중 일부 열성파의 전도 행위에 의해 촉진된다는 점에 착안하여, 교회 성장이 끊임없이 지속될 수는 없다고 주장한다[John Hayward, "A Dynamical Model of Church Growth and its Application to Contemporary Revivals", *Review of Religious Research*, Vol. 43, No. 3 (March 2002): 218]. 열성파가 복음을 증거해 비신자들이 회심하게 되면, 그중 일부만이 열성파가 되어 다른 이들을 전도한다. 그러면 전도받은 이들 가운데 다시금 일부가 열성파로 활동한다. 문제는 열성파의 열성이 일시적이라는 데 있다. 그리하여 얼마 후 이 열성이 다하면 교회 성장 또한 둔화하거나 멈춘다. 이 이론에 의하면 교회의 극적인 수적 성장은 특이한 현상―열성파의 수효와 열성의 지속 시기가 다른 때에 비해 월등히 높다는 점에서―이라고 할 수 있다.

이렇듯 1970-1980년대의 예외적 흥성기를 표준으로 삼는 바람에 부흥관과 교회성장관이 왜곡된 결과를 낳은 것이다.

비슷한 형태의 착오와 편집적 사고가 회심과 관련해서도 발견된다. 이 역시 1970-1980년대의 특이한 종교 현상을 표준으로 놓고 그리스도인의 신앙적 출발, 영적 성숙, 공동체의 삶을 발전시켰기 때문에 야기된 것이다. 이제 나는 회심과 관련한 단견/오해/억단을 하나씩 열거하고 그에 대한 시정책이나 개선 방안을 제시하려 한다. 이러한 결성적(缺性的) 회심관은 네 가지 테제로 표현된다.

첫 번째 테제: '구원받았다'는 것을 지나치게 강조함으로써 회심의 과거적 측면을 이상화했다

1970-1980년대의 일빈 형편

1970년대에는 "당신은 구원을 받았는가?"(Are you saved?)라는 질문이 종종 전도의 물꼬를 트는 유행어로 사용되었다. 또 어떤 대학생 선교 단체에서는 소그룹 모임 시작 시 "나는 ○월 ○일 어떤 프로그램(성경 공부, 설교, 아니면 전도)을 통해 구원을 받았습니다"라는 공식에 맞추어 자기를 소개했다. 구성원 중 어떤 학생은 분명 그 단체에 오기 전에 회심했는데도 모임의 분위기가 워낙 강권적이어서 할 수 없이 자기도 그 모임에 와서 복음을 받아들인 것처럼 꾸며서 소개했다고 털어놓기도 했다. 물론 구원을 받았느냐는 질문에 대해 '예'라고 대답하는 일이나 자신이 어떤 계기로 구원받았는지 설명하는 일이 완전히 그릇되었거나 무의미한 작태라고 비난할 수는 없다. 왜냐하면 성경은 분명히 구원을 과거적 측면으로도 언급하기 때문이다(눅 19:9; 롬 8:24; 엡 2:5, 8; 딛 3:5). 문제는 구원이라는 하나님의 은택이 과거의 경험으로 종료되었는가 하는 점이다. 오히려 구원은 현재 이루어 가는 바이기도 하고(빌 2:12) 미래의 어느 시점에 완성될 바이기도 하다(롬 13:11). 그런데도 구원을 이처럼 과거의 일로만 여긴다면, '구원받은 것'과 '구원받아야 할 것' 사이에 존재하는 창조적 긴장이 사라지고 과거 편향적 관점만 부각되기 마련이다.

구원파의 득세

이와 관련해 1970-1980년대에 구원파라는 사이비 종파가 득세한 일도 의미심장하다. 그들은 바로 구원의 과거적 측면에 입각해 자신들의 교세를 확장했기 때문이다. 이들이 가장 중시하는 사항 가운데 하나는 '언제 어떻게 구원을 받았는가?' 하는 것이었다. 이들은 구원을 받은 때와 계기에 집착함으로써 회심의 과거적 측면에 신앙과 사역의 모든 것을 걸었다고 해도 과언이 아니다.

이들의 문제점을 알아보기 위해 구원파 계통의 지도자인 박옥수 씨의 가르침을 검토해 보자. 그는 자신의 구원론적 신념 체계를 수립하는 데 있어 다음의 구절에 크게 의존하고 있다.[21]

> 만일 우리가 우리 죄를 자백하면 그는 미쁘시고 의로우사 우리 죄를 사하시며 우리를 모든 불의에서 깨끗하게 하실 것이요. (요일 1:9)

상기 구절에 입각한 그의 주장은 세 가지다. 첫째, 그리스도인은 회심 시 원죄를 자백함으로써 총체적 죄의 문제(원죄 및 자범죄)를 해결받는다. 둘째, 그리스도인은 죄를 자백한(중생한) 순간 무죄하고 완전한 존재가 된다. 셋째, 중생한 후에는 의인이 되었으므로 회개가 불필요하다.

이상의 구원론적 오류는 회심을 한낱 과거의 사건으로만 치부하기 때문에 발생했다. 이제 구체적으로 세 가지 주장의 문제점을 하나씩 점검해 보자.

---

21 박옥수, 『죄사함 거듭남의 비밀』, 개정1판(서울: 기쁜소식사, 2006), pp. 39-45.

첫째, 요한1서 1:9에서 말하는 '죄'는 원죄가 아니다. 원죄는 보통 단수로 나타나는데, 요한1서 1:9의 "우리 죄"는 복수형인 'our sins'다. 이런 기본 사항에서 오류를 범하는데도 사람들이 그의 가르침에 미혹된 것은 참으로 어처구니없는 일이다.

둘째, 그리스도인은 중생했다고 해서 죄성이 말살되거나 죄로부터 완전히 자유로워진 것이 아니다. 바울은 이미 주 예수의 이름과 성령 안에서 씻음과 거룩함과 의롭다하심을 받은 고린도 교인들(고전 6:11)에게, 아직도 "육과 영의 온갖 더러운 것"(고후 7:1)이 남아 있음을 깨우쳤다. 그는 중생 후에도 "선을 행하기 원하는 나에게 악이 함께 있는 것"(롬 7:21)과 "내 지체 속에서 한 다른 법이 내 마음의 법과 싸워 내 지체 속에 있는 죄의 법으로 나를 사로잡는 것을 보는도다"(롬 7:23)라고 고백했다.

사도 요한 역시 이미 중생한 그리스도인에 대해 "만일 우리가 죄가 없다고 말하면 스스로 속이"(요일 1:8)는 것이고, "만일 우리가 범죄하지 아니하였다 하면 하나님을 거짓말하는 이로 만드는 것"(요일 1:10)이라고 밝혔다.

셋째, 예수님과 사도들은 그리스도인이 최초의 회심 이후에도 사죄, 자백, 회개가 필요함을 분명히 밝힌다. 예수께서는 주기도문에서 이미 자기를 믿는 제자들에게 "우리 죄를 사하여 주시옵고"(마 6:12)라고 간구하도록 뜻을 전하신다. 베드로가 예수님을 세 번이나 부인하지만 그 후에 돌이킬 것임을 상기시키신다(눅 22:32). 소아시아 지방의 교회들에 대해서는 그들의 그릇된 행위를 '회개하라!'(계 2:5, 16, 21, 22; 3:3, 19)고 엄중히 명하신다.

사도 바울 역시 고린도 교회의 범죄자 가운데 회개한 이들이 있음을 말하고(고후 7:10), 요한은 그리스도인들이 죄(자범죄)를 지은 후 자백하는 것이 중요함(요일 1:9)을 역설한다. 이 모든 설명은, 그리스도인들이 믿은 후에도 범죄하므로 회개를 우선적으로 고려해야 한다는 것이다.

안타까운 일은 1970-1980년대의 편향된 종교 인식이 오늘날까지 이런 저런 형태로 우리의 회심관에 혼란을 일으키고 있다는 사실이다. 만일 어떤 그리스도인이 구원의 과거적 측면을 소홀히 여기지 않으면서도 구원의 현재와 미래(성화)를 심각하게 받아들인다면 어떻게 될까? 자신을 옥죄는 죄성의 실재를 눙치거나 은폐하지 않으면서도 지속적으로 구원의 미래를 지향하는 그리스도인이 있다면, 그의 심령은 어떤 모습일까? 나는 여기에서 성공회 소속의 복음주의 지도자요 리버풀 최초의 주교였던 라일(John Charles Ryle, 1816-1900)의 자전적 고백을 소개하고자 한다. 이 글은 그가 1879년 63세 때 20회에 걸쳐 쓴 논설집에 수록되어 있다.

나는 어느 한순간이라도 거룩이 내주성 죄악의 현존을 봉쇄하는 것이라고 말하지 않는다. 결코 그렇지 않다. **거룩한 사람의 최내 불행은 그가 자기 주위에 '사망의 몸'을 가지고 다닌다는 것이다.** 그래서 그가 선한 일을 하고자 할 때에도 종종 '악이 그와 함께 있는 것'(롬 7:21)이다. 이는 옛사람이 그의 모든 동작을 방해하고, 말하자면 그가 밟는 모든 단계마다 그를 뒤로 잡아당기려고 하는 것이다. 그러나 그가 다른 이들과 달리 내주성 죄악과 친해지지 않는 것이 거룩한 사람으로서의 탁월함인 것이다. 그는 그것을 미워하고 그것 때문에 울고, 그로부터 자유롭게 되기를 간절히 바란다.…

나는 또 거룩이 한꺼번에 원숙함과 완벽함에 이르는 것이라고 말하려는 것도 아니고, 한 사람을 거룩하다고 부르려면 내가 전에 언급한 은혜들이 이미 꽃을 피우고 활성화되어 있어야 한다고 말하려는 것도 아니다. 결코 그렇지 않다. 성화는 항시 점진적인 역사(役事)다.…그리고 성화는 가장 훌륭해도 불완전한 역사(役事)다. 지금까지 살았던 가장 빛나는 성인들의 역사(歷史)도 종착점에 도달하기 전까지는 많은 '그러나'와 '그렇지만' 그리고 또 '그럼에도 불구하고'를 포함하고 있다. 우리가 하늘의 예루살렘에 이르기까지 금에는 항시 약간의 찌꺼기가 있을 것이요, 빛은 언제나 약간의 어둠을 동반할 것이다. **가장 거룩한 사**

람들도 성소의 저울에 달아 보면 많은 흠과 결점을 지니고 있다. 그들의 삶은 죄, 세상, 마귀와의 지속적 싸움이요, 그나마 어떨 때는 그것들을 정복하지 못하고 오히려 정복당하고 있는 것을 보게 될 것이다. 육신은 항상 영과 다투고 있고 영은 항상 육신과 다투고 있어서, '모든 일에 있어 이 둘이 서로 대적하는 것이다'(갈 5:17; 약 3:2).

그러나 이런 모든 것에도 불구하고 내가 지금까지 어렴풋이 묘사한 그런 모습을 갖는 것이, 모든 진정한 그리스도인들이 마음으로부터 바라고 기도하는 것임을 나는 확신한다. 비록 그들이 그 목표에 다다르지는 못한다고 해도 그것을 바짝 뒤쫓아간다. 그들은 그것에 이르지는 못하지만 항시 그것을 목표로 삼는다. 비록 그들의 현재 모습이 상기한 바와 같지는 않지만 그들은 그렇게 되기 위해 애쓰고 분투한다(인용자 강조).[22]

두 번째 테제: 회심을 급작스러운 위기식으로만 인식하자 신앙과 삶 사이의 골이 깊어졌다

회심에 대한 다각적 고찰

회심에 관한 두 번째 테제를 정확히 이해하기 위해서는, 회심이 매우 복잡하고 다양한 면모를 가진다는 사실에 주목해야 한다. 우선 회심의 순간성과 지속성을 함께 고려할 필요가 있다. 회심은 하나님의 주도적 활동으로서 역사의 어느 한 시점에서 발생한다(순간성). 이는 칭의와 중생(좁은 의미)을 생각해 보면 곧 알 수 있다. 그러나 하나님께서 회심을 일으키시면 인간에게는 그 효과가 일정한 시간 동안 지속해서 발현된다(지속성).

다음으로, 회심이 이렇듯 종교적 현상으로 경험될 때 그 현상은 '위기와 동시에 과정'으로 나타난다. 여기에서는 '위기와 동시에 과정으로'라는 표현이

---

[22] J. C. Ryle, *Holiness* (Hertfordshire, England: Evangelical Press, 1979 reprint), pp. 37-38.

중요하다. 회심은 항시 하나의 위기다. 하나님께서 개인의 삶에 개입한다는 점에서도 그렇고, 그리스도인이 사망에서 생명으로(요 5:24) 혹은 흑암의 권세에서 사랑하는 아들의 나라로(골 1:13) 옮겨졌다는 점에서도 그렇다.

그러나 회심은 동시에 하나의 과정이기도 하다. 아무리 급작스레 회심이 찾아왔다고 해도, 회심을 경험하는 이에게는 회심 전의 어떤 상황이 존재하기 마련이다. 한 선교학자는 참된 회심의 경험에 나타나는 과정을 **발견**(참 하나님이 인류의 구세주로 보냈다고 하는 그리스도라는 인물이 여기 있구나)→ **숙고**(나의 이전 생활 방식을 버리고 그리스도를 따라야 할까?)→ **결단**(회개하고 그리스도를 믿어야겠다)→ **갈등**(여러 세력이 나를 이전 생활 방식으로 되돌리려고 힘을 쓰는구나. 그런 유혹을 물리치고 계속해서 그리스도를 좇을 것인가?)→ **훈련**(교회에 있는 그리스도의 백성과 하나가 되어야겠구나. 그리스도의 주되심과 교회의 훈련에 순응하며 살아야겠다) 등 다섯 단계로 묘사했다.[23] 이 견해에 의하면, 회심자는 회심에 해당하는 '결단' 이전에 '발견'과 '숙고'의 과정을 거친 셈이다.

그러면 회심은 누구에게나 하나의 위기로 찾아오는가? 이에 대한 답으로서 17세기 개혁신학자 브라켈(Wilhelmus à Brakel, 1635-1711)의 설명을 살펴보자. 그는 회심의 행태 혹은 방도와 관련해 다섯 가지 유형을 묘사했는데, 그중 이 글의 논의에 적실한 두 가지만 인용하면 다음과 같다.

①어떤 이들은 매우 급작스러운 방식으로, 한순간에 회심이 일어난다. 삭개오, 십자가의 강도, 오순절 당일의 많은 사람들, (빌립보) 간수의 사례가 그렇다. 그러나 다른 이들에게 있어서는 회심이 이처럼 신속하게 일어나지 않는다.

⑤어떤 이들은 슬픔과 기쁨, 믿음과 불신, 갈등과 승리, 넘어짐과 다시 일어남 사이를 자주 오가는, 매우 점진적인 방도로 회심을 경험한다. 이것이 주께서 대

23　David J. Hesselgrave, *Communicating Christ Cross-Culturally*, 2nd ed.(Grand Rapids, Michigan: Zondervan Publishing House, 1991), pp. 618-623.

부분의 사람의 회심 가운데 추진하시는 일반적인 방도다. 내가 '점진적으로'라는 말을 쓸 때, 그 뜻은 포괄적이고 광범위한 의미의 회심을 가리킨다. 즉, 처음 죄를 깨달을 때부터 의식적으로 그리스도를 영접하기까지의 전 과정을 말한다. 그것이 아니라면, 영혼은 한순간에 사망에서 생명으로 옮기어지니만큼—죽음과 살아남 사이에 중간 상태는 없는 법이므로—회심(즉 중생)이 한순간에 발생했다고 확신할 수 있어야 하는데, 실은 그렇지가 않다(인용자 강조).[24]

사실 브라켈은 회심의 방도가 급작스러우냐 점진적이냐 하는 것뿐 아니라 회심 시 어떤 심리 상태가 주도적이었는지에 대해서도 말하고 있어서, 분류가 예상처럼 명료하지는 못하다. 그러나 어쨌든 회심의 경험에 급작스러운 것과 점진적인 것이 있다는 것만큼은 정확하게 지적했다.

이상의 내용을 참조할 때, 회심과 관련해 다음과 같은 네 가지 결론을 내릴 수 있다. 첫째, 하나님께서는 한순간에 회심을 일으키지만 인간은 짧든 길든 시간의 경과 속에서 그 회심을 경험한다. 둘째, 인간이 경험하는 모든 회심은 위기인 동시에 과정이다. 셋째, 회심자는 위기로서의 회심을 겪으며 그것을 급작스러운 사건으로 의식할 수도 있고 그렇지 않을 수도 있다. 실제로는 후자의 경우가 더 빈번하다. 넷째, 모든 회심은 즉각적이든 점진적이든 과정으로서의 회심을 바탕으로 삼아 이해해야 한다.

나는 이 네 가지 결론 중에서도 네 번째가 가장 중요하다고 생각한다. 이 점을 놓치면 조만간 회심관의 왜곡—또 그에 따라 신앙과 삶의 괴리 또한—이 초래될 것이기 때문이다.

과정으로서의 회심을 자신의 삶 가운데 담담히 밝힌 이는 우치무라 간조

---

24 Wilhelmus à Brakel, *The Christian's Reasonable Service*, Vol. 2: *The Church and Salvation*, trans. Bartel Elshout, ed. Joel R. Beeke (Grand Rapids, Michigan: Reformation Heritage Books, 1993), p. 238.

(內村鑑三, 1861-1930)다. 그는 자신의 회심기에서 이 점을 다음과 같이 묘사했다.

내가 미국에 있을 때, 여러 종교 모임으로부터 딱 15분 동안만 — 모임의 주요 강사인 어떤 유명한 박사가 대부분의 시간을 채울 예정이므로 — 이야기를 해 달라는 요청을 자주 받았다. 그럴 때면 나는 내가 무슨 말을 해 주면 좋겠느냐고 의장에게 종종 물었는데, 내가 들은 가장 보편적인 대답은 "그냥 어떻게 회심(回心)하게 되었는지 말씀해 주세요"였다. 나는 어떻게 하면 그러한 요구에 부응할 수 있을지 늘 막막하기만 했다. 기독교를 접하게 된 후부터 내 영혼에 밀어닥친 엄청난 변화를 '딱 15분 동안'에는 도저히 설명할 수가 없었기 때문이다.

사실 이교도(異敎徒)의 회심은 그들에게 언제나 경이로운 일이다. 그러기에 내가 어떻게 우상을 불 속에 던져 버리고 복음을 붙잡게 되었는지를 직접 듣고 싶어 하는 그들의 바람은 당연하다. 그러나 **나의 회심은 다른 많은 회심자의 회심보다 더 완고하다.** 순간적인 환희를 느낀 적도 여러 번 있었고, 예기치 않은 영적인 조명을 받은 적도 많았지만, **나의 회심은 느리고 점진적인 과정이었다. 나는 하루 만에 회심하지 않았다.**

내가 더 이상 우상 앞에 엎드리지 않게 된 후로도 한참 동안, 아니, 내가 세례를 받은 후로도 한참 동안 기독교의 기본적인 가르침들 — 지금은 나 자신을 기독교인이라고 부르는 데에 핵심적인 것이라 믿고 있는 — 을 믿지 않았다. 아직도 "내가 잡은 줄로 여기지 아니하고 그리스도 예수 안에서 하나님이 위에서 부르신 부름의 상을 위하여 달려가"면서(빌 3:13-14 참조), 현실 속의 나는 예전의 이교적인 면을 모두 떨쳐 버리지는 못하고 있는지도 모른다(인용자 강조).[25]

---

[25] 우치무라 간조, 『우치무라 간조 회심기: 내 영혼의 항해 일지』 개정2판, 양혜원 역(서울: 홍성사, 2019), pp. 10-11.

즉각적 회심관이 유행한 이유

한국 교회가 1970-1980년대에 과정으로서의 회심에 신경을 쓸 여유가 없었던 것은, 그 당시 비신자들이 대거 몰려들었기 때문이다. 그 숱한 사람들을 한시라도 빨리 교회에 유입하려면 즉각적 회심 전략이 필수불가결한 방편이었던 것이다. 동시에 교회의 사명을 주로 교회 성장, 그것도 교세의 확장에 두었기 때문에 가능하면 짧은 시간에 많은 이들의 회심을 유도하는 쪽으로 가닥을 잡았다.

1970-1980년대의 한국 교회가 즉각적 회심관에 심할 정도로 경도된 것은 당시의 사역 양태를 일별해 보면 금세 알 수 있다. 첫째, 교회마다 봄가을로 여는 부흥회로 인해 즉각적 회심관의 쓰임새가 크게 탄력을 얻었다. 그 당시 부흥회에는 신자들의 권유로 적지 않은 수의 비신자들이 참석하곤 했다. 비신자를 부흥회에 초대하는 목적은 기독교 신앙을 접하고 회심의 기회를 갖도록 하기 위함이었다. 집회 도중에 결신자를 위한 기도나 상담이 이루어지기도 했는데, 간략한 복음 설명과 결단, 영접 기도가 주된 프로그램이었다. 이와 같은 요식적 활동은 한편으로 즉각적 회심관을 촉진했고, 또 한편으로 즉각적 회심관 때문에 가능한 것이었다.

둘째, 젊은이들에게 마련된 각종 수양회 또한 즉각적 회심관의 온상으로 작용했다. 당시 대학생 선교 단체나 교회 청년부는 사역의 열매를 위해 수양회에 크게 의존했다. 장사꾼에게 추석이나 명절이 대목이듯 젊은이 사역자들에게는 하계·동계 수양회가 그런 역할을 했다. 학기 도중 비신자들을 눈여겨보아 두었다가 방학에 열리는 수양회에 초청했고, 수양회에서 그들에게 집중적으로 복음을 전했다. 어떤 경우에는 아예 전도수련회(Evangelistic Conference)를 개최해, 전도 성경 공부, 전도용 소책자 읽기, 전도 설교 등 비신자에 대한 총체적 복음 공세를 펼치기도 했다. 비신자를 겨냥한 수양회에서는 그 어느 곳에서나 즉각적 회심관이 회심 현상의 표준과 정도로 여겨졌다.

셋째, 모든 전도 프로그램은 즉각적 회심관을 전제로 해 실시되었다. 1970-1980년대 한국 교회가 대규모의 전도 집회를 몇 차례 시행했다는 것은 앞에서 밝힌 바와 같다. 이외에도 작은 단위의 전도 집회가 이곳저곳에서 열렸다. 그런데 전도 집회는 규모가 크거나 작거나 간에 즉각적 회심관의 철학을 가져야 효과를 누릴 수 있었다. 또 대부분의 그리스도인은 노방전도나 축호전도를 전도의 정석처럼 여겼다. 일정한 시간 내에 여러 대상에게 복음을 전할 수 있다는 것―비록 '쪽복음'을 나눠 주는 것이 전도 활동의 전부였지만―이 장점이었는데, 이 또한 즉각적 회심관을 견지해야만 가능한 일이었다. 그뿐만 아니라 각종 전도지 역시 즉각적 회심과 매우 친화적인 관계를 맺고 있었다고 할 수 있다. 당시 유행하던 '사영리'나 '브리지 예화' 역시 그 끝에 가시는 그리스도를 영접하는 것으로 마무리를 시켰는데, 이 노한 즉삭석 회심관과 긴밀히 연계되어 있음을 보여 주는 증거다.

이처럼 1970-1980년대 한국 교회는 수많은 비신자에 대해 단기간의 '효과적' 사역을 꿈꾸었고, 자연히 즉각적 회심관을 채택하지 않을 수 없었다.

즉각적 회심관의 폐해: 신앙과 삶의 괴리

한 개인의 회심관과 삶에 대한 자세 사이에는 긴밀한 상관관계가 존재한다. 과정으로서의 회심을 중요시하면 회심의 경험을 삶과 연관시킨다는 뜻이고, 회심을 삶 가운데 통합시킨다는 뜻이다. 반대로 회심을 즉각적 사건으로만 강조하면, 자연히 회심은 삶과 구별되고 신앙과 삶 사이의 간극은 극대화된다. 안타깝게도 1970-1980년대 한국 교회를 휩쓴 즉각적 회심관은 그리스도인의 신앙과 삶을 이분화하고 둘 사이에 메울 수 없는 간극을 초래했다. 이런 결과가 야기된 것은 두 가지 서로 다른 요인 때문이었다.

첫째, 급작스레 회심한 이들일수록 일상적 삶을 영적 표준에 미달된 것으로 여겼다. 이것은 영적 경험의 본질을 무언가 특이하고 비(非)상례적인 현상에서 찾기 때문에 생긴 결과다. 다음의 묘사는 이와 연관한 당시 한국 교회의 풍속도를 그렸다.

> 우리는 대개 그 분위기를 짐작한다. 열띤 통성 기도, '할렐루야'와 '아멘'의 생생한 복창 소리, 여러 부흥 강사의 그야말로 '신령한' 음성, 박수의 장단과 열광적인 몸놀림들…우리는 누구나 그 장면을 쉽사리 연상할 수 있다.
>
> …이런 곳에서는 성속의 이분적 사고는 말할 것도 없고 한술 더 떠 '영적'이라는 개념을 방언, 불세례, 귀신 쫓기, 신유, 환상, 입신, 금식, 예언…등과 긴밀히 연결시킨다. 상기한 내용에 대해 체계적으로 가르치기 때문에 그릇된 개념이 만연하는 것이 아니라, 모임의 열기, 지나가는 대화 속에서의 강조점, 간증과 예화, 부흥 강사의 은연중 암시 등으로 인해 이런 그릇된 개념은 활발히 퍼져 나가게 되었나.[26]

영적 상태에 대한 한국 교회의 일반 정서가 이와 같았기 때문에, 대다수의 그리스도인은 대체로 하나님의 역사를 초자연적이거나 기적적인 성격의 것과만 연관을 지었다. 자연적으로 발생하거나 설명되는 일은 하나님의 역사가 아니라고 생각했다. 예를 들어, 몸이 아플 때 기도해서 낫는 것은 하나님의 도우심이라고 말하면서, 약을 먹거나 의료진의 도움으로 회복되는 것은 '세속적' 현상에 불과하다고 여겼다. 당시 '내가 본 천국'이나 '냉동 아줌마' 등 기괴한 제목의 간증 집회가 그토록 각광받은 이유 또한 바로 이런 맥락에서 이해될 수 있다.

동시에 기독교의 진리는 극적이고 희한한 느낌이나 체험에 의해서만 확증된다는 신념이 암묵적으로 받아들여졌다. 성령의 불세례는 가슴이 화끈 달

---

26 송인규, 『영성에의 추구』(서울: IVP, 1990), pp. 6-7.

아오를 때 그 진정성을 설명할 수 있고, 질병의 부위가 뜨끔거리면 치유가 시작된 것이며, '할렐루야'나 'Thank you, Jesus!'를 빨리 말할 수 있어야 비로소 방언의 은사를 받은 것으로 인정되었다.

이러한 분위기와 상황 속에서 즉각적 회심을 경험한 이들은 자연히 일상적 삶을 영적 가치가 미미하거나 영적 발전에 방해가 되는 것으로 여기게 마련이다. 왜냐하면 평범한 일상적 삶 속에는 그들이 몸소 겪고 영적으로 귀하게 여기는 초자연적·기적적 역사와 극적이고 특이한 체험이 철저히 결여되어 있었기 때문이다. 일상생활은 모든 사람이 반복적으로 겪고 단조롭게 진행되는 사건과 경험의 총화로서, "극적 경험이나 기상천외의 사건과는 거리가 멀고, 평범하고 진부하며 사소한 것들로 채워져"[27] 있다. 그러니 즉각적 회심의 경험자들은 삶의 신앙적 의의를 인시하지시 못한 채[28] 일상생활을 무가치하거나 심지어 해로운 것으로 치부하게 되었고, 자연히 그들에게서는 신앙과 삶의 엄청난 분리 모습이 발견되었다.

둘째, 즉각적 회심을 경험한 이들은 회심을 촉발시킨 기독교적 요소를 삶의 영역에서 찾지 못했기 때문에 일상생활을 소극적이거나 부정적으로 평가했다. 어느 정도 나이가 들기까지 비신자로 지내다가 청년 중기에 즉각적 회심을 경험한 1970-1980년대의 인물 C를 소환해 보자. 그는 철두철미한 비신자였다가 친구에게 전도와 권유를 받아 어느 해 겨울 전격적으로 회심했다. 그는 자신의 회심에서 결정적 역할을 한 복음의 내용 ─ 죄, 십자가, 부활(고전 15:3-4) ─ 이 너무 귀하고 놀라워 늘 그 의미를 성찰하고 음미하고 되새긴다. 또 이런 노력을 기울이도록 자극하고 돕는 모임이나 활동, 프로그램 ─ 예를 들어, 예배, 성경 공부, 소그룹 훈련 ─ 을 소중히 여긴다. 동시에 과거 자기가

---

[27] 송인규, "일상생활은 신앙적 가치가 있는가", 『분별력 1: 우리의 신앙이 분별력과 만나기까지』(서울: 부흥과개혁사, 2006), p. 139.
[28] 일상생활의 신앙적 가치와 의의에 대해서는, 같은 책, pp. 143-147의 내용을 참고하라.

추구하던 삶―회사 근무, 취미 생활, 친구 관계, 경제 활동 등―에서는 아무 의미를 발견하지 못하고 오직 그리스도를 믿는 신앙에서만 만족을 찾게 되었다. 그래서 전에는 알지도 못하고 하지도 않던 영역의 활동들―예배 참석, QT, 성경 공부, 소그룹 모임, 교회 봉사, 성도와의 교제, 전도 훈련 등―에 심취하기 시작했다. 이제 C는 일상생활―그리스도인이나 비그리스도인이나 공통으로 참여하는 삶의 영역―에는 관심이 전혀 없다. 왜냐하면 거기에는 자신의 회심을 촉발했던 복음의 요소들이 철저히 결여되어 있기 때문이다.

사실 죄, 십자가, 부활 등의 요소는 일상생활과 무관하거나 단절된 채 가르쳐져서는 안 된다. 오히려 이것들은 일상생활을 분석하고 변화시켜야 할 영적 동력과 원리임에도 불구하고,[29] C는 이런 안목을 기르도록 훈련받지 못했다. 그리하여 그는 여전히 일상적 삶을 소극적·비관적으로 평가했고, 이로 인해 그의 신앙과 삶은 더욱 간격이 벌어지게 되었다. 상기한 두 가지 요인으로 말미암아 즉각적 회심관을 견지하는 사람일수록 그의 신앙과 삶 사이에는 깊은 골이 형성될 수밖에 없었다.

세 번째 테제: 회심의 개인 특성을 곡해함으로써 신앙의 사사화(私事化)가 만연했다
회심이 '개인적'이라는 말의 다중 의미
전술했듯 회심은 회개와 믿음으로 구성된다. 그런데 회개와 믿음 모두 지극히 '개인적'인 행동/활동이다. 그리스도를 만나는 이들이 회개나 믿음으로 반응할 때 그들의 경험은 다음과 같은 식으로 표현된다.

"지나간 인생 가운데 저지른 죄들이 떠올라서 많이 울었습니다."
"평생 시달리던 죄의식에서 놓이니까 얼마나 기쁘던지요!"

---

[29] 송인규, 『정말 쉽고 재미있는 평신도 신학 1』(서울: 홍성사, 2001), pp. 157-160.

"예수라는 인물을 그저 성인 중의 하나로 여겨 왔는데, 그날 설교를 들으며 처음으로, 그가 어쩌면 참으로 신적인 존재일 수도 있겠구나, 하는 생각이 들더라구요."

"교회 나온 지 3년인데, 나도 이젠 그만 미적거리고 결단을 내려야지 하고 느낀 거죠."

"성경 공부를 하면서 계속 속으로 '나의 믿음 없음을 도와주소서!'라고 기도 했어요."

회심과 관련된 이런 고백들의 공통점은 그 내용이 하나같이 '개인적'이라는 것이다.

그런데 여기에서 '개인적'이란 무슨 뜻인가? 사전에는 "국가나 사회, 단체 등을 구성하는 낱낱의 사람과 관련된 것. 또는 공적(公的)이 아닌 사적(私的)인 것"[30]으로 나와 있다. 이러한 풀이에는 '낱낱의 사람'과 '사적'이라는 의미가 함께 담겨 있다. 영어의 경우에는 비슷하게 사용되는 세 단어—individual, personal, private—를 비교해 봄으로써, 그 의미를 좀 더 상세히 파악할 수 있다.[31] 'individual'은 "나누어지지 않는 하나의 실체"(group과 반대)로서 우리말의 '개체'에 해당하고, 'personal'은 "어떤 일이나 사태에 직접 연관된 본인"으로서 '당사자'(impersonal과 반대)라는 뜻에 가까우며, 'private'은 "사적 영역에만 국한되는"을 나타내므로 '사사로운'(public과 반대)이라는 의미로 이해할 수 있다. 그러므로 'private'나 'personal'은 'individual'과 달리 두 사람 이상의 경우에도 사용할 수 있는 말이다.

그렇다면 회심이 '개인적'이라 함은 ① 회심은 집단적이 아니라 '한 사람

---

30 고려대학교 민족문화연구원 국어사전편찬실 편, 「고려대 한국어대사전: ㄱ~ㅁ」(서울: 고려대학교 민족문화연구원, 2009), p. 215.
31 이하의 설명은 Lesley Brown, ed., *The New Shorter Oxford English Dictioanry*, Vol. 1: *A-M*, p. 1353와 Vol. 2: *N-Z*, pp. 2171, 2359를 참고해 내용을 종합적으로 재구성한 것이다.

한 사람을 대상으로 하여' 일어난다(individual), ② 회심은 '본인과 무관하게'가 아니라 '당사자의 주체적 반응에 따라' 직접 겪는 바다(personal), ③ 회심은 공적 사태로서가 아니라 '특정인의 내밀한 영역에서' 경험된다(private)라는 삼중적 의미로 이해될 수 있다. 회심은 이처럼 한 사람이 자신의 내면에서 직접적으로 경험하는 종교 현상이기 때문에, 무더기로 발생한다든지(혹 그룹 단위의 회심이라고 해도 구성원 한 사람 한 사람이 개별적으로 회심을 경험하는 것이다), 다른 사람이 대신해 준다든지, 외부인이 그 실상을 과학적으로 규명한다든지 할 수 없다.

그런데 문제는 ①, ②와 ③ 사이의 혼동이다. '회심이 개인적'이라고 외치면서 마치 ③만이 회심의 전부인 것처럼 오해나 착각을 일으키는 일 말이다. 그리하여 회심을 경험한 이들 속에서 은연중에 신앙의 사사화 과정이 시작된다. 이 점을 좀 더 자세히 살펴보자.

회심을 상기했듯 삼중적 각도로 묘사하고 이해하는 것은 당연함과 동시에 합당하다. 그런데 '회심이 개인적'이라고 말하는 사람이 자신이 어떤 의미에서 그 말을 쓰는지 명확히 하지 않는 것이 문제다. 게다가 그 말을 듣는 사람 역시 자기 마음대로 해석한다. 말하는 이나 듣는 이나 매우 조심스럽고 분별력을 갖추어서 의미를 곡해하거나 혼동하지 않으면 좋으련만, 이것은 이상에 불과하다. 만일 이 곡해와 혼동이 ①과 ② 사이에서만 일어나고 그쳤다면 폐해는 그렇게 크지 않았을지도 모르겠다. 그러나 ③과 관련한 혼동이 다반사로 발생했고, 그 여파는 적지 않은 해악으로 이어졌다. 즉 '회심이 개인적'이라고 할 때 ③의 뜻으로만 사용하거나 그렇게 이해하다 보니, 이제 기독 신앙은 ③의 차원으로만 여겨야 하는 것처럼 고착되었다는 말이다.[32]

---

32 나와 똑같지는 않지만 결국 같은 주장을 하는 내용으로서, "이 돌아섬은 언제나 매우 인격적인 사건이다. 그러나 결코 사적이지는 않았다"[짐 월리스, 『회심』, 정모세 역(서울: IVP, 2008), p. 37]라는 진술을 참고하라.

사실 그리스도인의 신앙은 회심 때뿐 아니라 그 후의 진행 과정에서도 지극히 사사로운 면모를 여러 가지로 드러낸다. 하나님의 말씀은 "혼과 영과 및 관절과 골수를 찔러 쪼개기까지 하며 또 마음의 생각과 뜻을 판단하"고 (히 4:12), 다윗은 하나님 앞에서 "나를 살피사 내 마음을 아시며 나를 시험하사 내 뜻을 아옵소서"(시 139:23)라고 기도했다. 성경에는 또 사람들이 마음속으로 중얼거리며 하는 말들 — "내 능력과 내 손의 힘으로 내가 이 재물을 얻었다"(신 8:17), "누가 능히 나를 땅에 끌어내리겠느냐"(옵 1:3), "영혼아! 여러 해 쓸 물건을 많이 쌓아 두었으니 평안히 쉬고 먹고 마시고 즐거워하자"(눅 12:19) — 이 여기저기 기록되어 있는데, 이 역시 신앙이 얼마나 사적인가 하는 점을 밝혀 준다. 이와 관련해서는 누구도 토를 달지 않는다. 문제가 되는 것은, 이런 양상을 질대화하고 신앙의 전부인 것으로 못 박아 버린다는 사실이다.

그렇다면 회심이 일으키는 신앙의 사사화란, "회심의 사사로운 면모만이 지나치게 강조되어 기독 신앙의 모든 것을 사적 차원으로 축소시키고 재구성하는 종교 심리적 경향"으로 묘사할 수 있을 것이다.

신앙의 사사화: 세 가지 폐해

신앙의 사사화가 심각한 문제로 발전하는 것은 이러한 편중적 경향이 결국 인간의 이기심과 손을 잡기 때문이다. 회심을 해도 본성의 부패는 그 독아를 거두지 않는데, 치명적 영향 가운데 한 가지가 자기중심성(egocentricity)이다. 인간이 자주 부당한 자기 사랑(딤후 3:2)에 빠지는 것도 이 때문이지 않은가? 까딱 잘못하면 우리는 하나님 사랑(및 이웃 사랑) > 자기 사랑의 우선순위(마 22:37-39)를 자기 사랑 > 하나님 사랑(및 이웃 사랑)의 왜곡된 형태와 맞바꾸게 된다. 신앙의 사사화는 이런 비극적 사태가 발전하는 데 토양을 제공하는 셈이다.

이 현상은 한국 교회 내에 매우 뿌리가 깊고 위세가 대단하다. 이런 현상이 너무나 일반적이고 편만한 까닭에 대부분의 그리스도인은 아예 그것이 문제인지조차 의식하지 못한다. 따라서 나는 신앙의 사사화가 일으키는 폐해 몇 가지를 지적함으로써 문제의 심각성을 노정하려 한다.

첫째, 기복 신앙으로의 퇴행: 기복 신앙은 종종 신앙의 사사화와 맞닿아 있다. 기복 신앙이란 구원의 복(엡 1:3-6)에는 아랑곳하지 않은 채 현세적 복 ― 건강, 재물, 직장, 가정의 영역에서 형통을 누리는 것 ― 에만 집착하는 세속적 자세를 가리킨다.[33] 문제의 발단은 그리스도인이 자신이 겪는 어려움과 관련해 필요 이상으로 안달하고 부심하는 데서 출발한다. 그리하여 그에게 기독 신앙이란 이런 문제점을 해결해 주는 처방에 지나지 않는다. 그가 늘 신경 쓰는 것은, 크고 작은 걱정거리들이 사라지고 대신 돈, 건강, 직장, 재테크, 주택, 자녀의 앞길 등 인간 만사가 원만하고 형통하게 굴러가는 것이다. 어찌해서든 불운과 재앙을 멀리하고 성공과 번영을 구가하는 것이 신앙의 목표로 자리 잡았다. 이렇듯 신앙의 사사로움에만 몰두하면 기복적 뒤틀림은 떼 놓은 당상이다.

둘째, 자기 본위적 간구 내용: 신앙의 건실성을 진단하는 표지 중 하나는, 그 그리스도인의 간구 내용이 무엇인가 하는 것이다. 신앙이 사사화되면 간구의 내용과 범위가 크게 좁아진다. 이것은 간구가 개인의 관심사, 즉 자신이 매우 중요시하고 끊임없이 몰두하는 사안들에만 국한되기 때문이다. 물론 자신의 건강, 재정 상태, 은퇴 문제에 대해 기도하는 것이 잘못되었다는 뜻은 아니다. 문제가 되는 것은 자기 관심 밖의 어떤 사안도 본인의 간구에 포함시키지 않는 이기적 신앙 자세다. 어떻게 온 세상을 다스리시는 하나님을 믿는다고 하면서 이웃과 신앙 공동체, 세상의 중대사들을 간구의 항목으로 채

---

33 송인규, "물질적 은택과 기복 신앙", 『분별력 1』, pp. 69-70, 74, 76.

택하지 않을 수 있단 말인가! 그러나 신앙이 사사화된 인물의 관점에서 보면 그것이 하나도 이상하지 않다. 그가 탈북 여성들의 처절한 아픔, 택배 기사의 자살, 구역 식구들의 재난 소식을 접하면서도 하나님께 중보의 손길을 모으지 않는 이유는, "신앙을 주로 개인적·내면적·사적 양상에만 국한시키고 사회적·외형적·공공적 측면과는 무관하게 여기는 때문"[34]이니까 말이다.

셋째, 비뚤어진 성경 읽기: 신앙을 자신의 내면과만 연관시키는 이들은 성경을 읽으면서 오히려 자신의 욕망과 탐욕을 정당화한다.[35] 하나님의 말씀을 듣고서 자신을 고치는 것이 아니라, 자신의 욕구를 인정받고 바라는 바를 성취하기 위해 성경에 접근한다. 그 결과 성경 읽기를 통해 오히려 기독교적 덕성이 침식되고 영적 해악이 조장된다. 어떤 지도자는 그리스도인이 하나님의 음성 운운하면서도 그의 성경 묵상이 심각하게 오염될 수 있음을 적나라하게 고발한다.

묵상하는 사람들은 많은 음성을 듣는데, 그 음성들이 다 하나님의 것은 아니다. 최근에 읽은 것들과 일어난 사건들이 큰 영향을 미친다. 더 안 좋은 것은, **우리의 마음이 우리를 속인다는 것이다. 죄 된 욕망과 쩨쩨한 원한**이 우리의 묵상을 오염시킨다. 우리는 우리 자아에 대한 분별력이 너무나 없고, 다른 사람들의 필요에 너무나 무지하며, 우리의 주관적 충동을 신뢰하는 것을 정당화하기에 너무나 급급하다. **호시탐탐 우리는 거의 모든 본문에서 우리 마음이 원하는 것이 곧 하나님의 명령이라는 증거를 찾아낸다**(인용자 강조).[36]

회심으로 말미암은 신앙의 사사화는 이처럼 우리의 신앙 양태, 간구 내용,

---

34 송인규, 『세계를 품은 그리스도인』(서울: IVP, 1992), pp. 73-74.
35 김근주, 『나를 넘어서는 성경 읽기』(서울: 한국성서유니온선교회, 2017), pp. 47-48, 181.
36 다니엘 도리아니, 『적용, 성경과 삶의 통합을 말하다』, 정옥배 역(서울: 한국성서유니온선교회, 2019), p. 47.

성경 읽기 등에 더할 나위 없이 부정적인 파급 효과를 남긴다.

개인적 신앙과 회개의 열매

우리의 회심(및 신앙)에 사사로운(private) 면모가 있다고 해서 그것이 꼭 사사로운 신앙(private faith) — 이것은 신앙의 사사화(privatization of faith)를 조금 다르게 묘사한 것인데 — 으로 발전해야 할까? 결코 그렇지 않다. 회심의 사사로운 면모가 그대로 견지되면서도 얼마든지 외향적 양상을 촉발할 수 있고, 외향적 양상과 결부되는 식으로 발전할 수도 있다(혹은 발전시켜야 한다). 이 두 가지 가능성을 도표화해 보자.

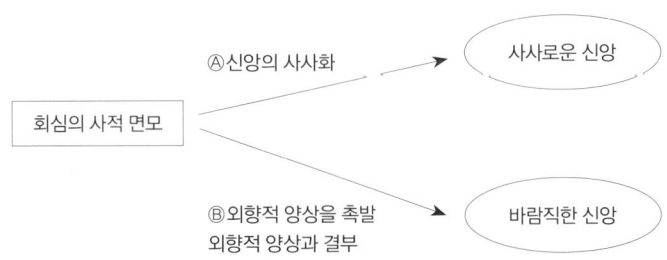

우리는 한국 교회에서 주로 Ⓐ유형을 많이 목격했기 때문에 이것을 당연시한다. 그러나 성경적 관점에서 말하자면 얼마든지 Ⓑ유형이 가능하며, 또 우리에게서 그런 유형을 기대한다. 이것이 우리의 개인적 신앙 — 앞에서 언급한 바에 따라 ①의 의미(individual faith)든 ②의 의미(personal faith)든 — 은 사사로운 면모(private feature)를 지니면서도 꼭 ③의 의미(private faith)로 발전할 필요가 없다는 말의 요지다.

그러면 이런 주장을 하는 성경적·신학적 근거는 무엇인가? 그것은 회심의 요소 가운데 하나인 '회개의 열매'에서 찾을 수 있다. 어떤 이의 회개가 진실하다면 그는 필연코 회개의 열매를 맺어야 한다. 뒤집어서 말하자면, 열매가 동반되지 않은 회개는 진정한 회개가 아닌 것이다. 이 점은 예수 그리스도의 공생애가 시작되기 얼마 전 회개를 외치던 세례 요한의 사역 모습에 잘 나타나 있다.

> ⁷요한이 세례받으러 나아오는 무리에게 이르되, '독사의 자식들아! 누가 너희에게 일러 장차 올 진노를 피하라 하더냐? ⁸그러므로 **회개에 합당한 열매를 맺고** 속으로 아브라함이 우리 조상이라 말하지 말라. 내가 너희에게 이르노니 하나님이 능히 이 돌들로도 아브라함의 자손이 되게 하시리라.' (눅 3:7-8, 인용자 강조)

이들이 회개에 합당한 열매를 맺고자 하여 무엇을 해야 하느냐고 묻자 세례 요한은 각각의 그룹―무리, 세리, 군인―에 대해 해야 할 바를 지시한다.

> ¹⁰**무리**가 물어 이르되, '그러면 우리가 무엇을 하리이까?' ¹¹대답하여 이르되, '**옷 두 벌 있는 자는 옷 없는 자에게 나눠 줄 것이요 먹을 것이 있는 자도 그렇게 할 것이니라**' 하고 ¹²**세리**들도 세례를 받고자 하여 와서 이르되, '선생이여! 우리는 무엇을 하리이까?' 하매 ¹³이르되, '**부과된 것 외에는 거두지 말라**' 하고 ¹⁴**군인**들도 물어 이르되, '우리는 무엇을 하리이까?' 하매 이르되, '**사람에게서 강탈하지 말며 거짓으로 고발하지 말고 받는 급료를 족한 줄로 알라**' 하니라. (눅 3:10-14, 인용자 강조)

세례 요한이 회개에 합당한 열매로서 언급하는 사항은 '옷을 나눠 줌' '먹을 것을 나눠 줌' '부과된 것만 거둠' '강탈하지 않음' '거짓으로 고발하지 않음' '받는 급료를 족한 줄로 앎' 등이다. 여기에 등장하는 사항들―혹시 마지막 것을 제외한다고 하더라도―은 겉으로 표출되는 행동의 양상을 묘사하고 있어서, 얼마든 외부에서 관찰할 수 있고 공적으로 확인할 수 있는 활동들이다. 이것은 인간의 내면에 기원을 두고 있지만(사사로운 면모), 거기서 싹이 트고 성장해 외부 세계로 모습을 드러내는 행동의 열매다(바람직한 신앙). 이것은 어떤 그리스도인의 회개가 진실하다는 것을 보여 주는 증거이자 참된 회심자에게서 기대해야 할 변화의 징표다. 이와 관련해 선교학자 뉴비긴(Lesslie Newbigin, 1909-1998)의 언명은 매우 의미심장하다.

회심과 순종 사이에는 결코 분리가 있을 수 없다. 회심이라는 것이 어떤 의미에서든 성경에 충실하려면 전 인격이 연루되는 것이어야 한다. 이것은 **전폭적인 방향 전환**으로서, 마음과 생각에 대한 내면에서의 **방향 전환** 및 온 생활 영역 가운데 행동과 관련한 외면에서의 **방향 전환**을 포함한다. 복음의 최초 선포("하나님의 나라가 가까이 왔느니라")는 즉각 회심에의 부르심("회개하라") ― 하나님 통치의 현재적 실상을 믿고 예수를 따르라는 부르심 ― 으로 이어진다. 이 모든 것은 단일 행동에 속한 부분들이다(인용자 강조).[37]

회심과 순종을 분리시키지 않은 비장한 사례로서, 워터게이트 사건의 주역으로 몰린 찰스 콜슨(Charles W. Colson, 1931-2012)의 행보가 유명하다. 워터게이트 은폐 사건이 불거진 후 특별검사 레온 자워스키(Leon Jarworski, 1905-1982)는 콜슨에게 유죄답변거래(가벼운 구형을 하는 등 검찰 측이 양보하고 그 대신 피고 측이 유죄를 인정하는 따위의 거래나 흥정)를 유도하려고 했다.

직접적으로 말하지는 않았지만 검사 측은 나에게서 유죄답변거래를 요구하고 있었다. 좀 더 작은 혐의에 대해 유죄를 시인하고 대신에 다른 피고인들에 대해 검사 측 증인이 되어 달라는 것이었다. 여기서 유죄를 시인한다는 것은 경

---

37 Lesslie Newbigin, *The Open Secret: An Introduction to the Theology of Mission*, rev. ed. (Grand Rapids, Michigan: William B. Eerdmans Publishing Company, 1995), p. 135.

범죄로 선고를 받는다는 것인데, 그렇게 되면 최고 1년 형에 보통은 집행유예로 끝나게 되고 나는 변호사 활동을 계속할 수 있게 된다. 중범죄 판결은 보통 감옥에 가야 하고(최고 5년까지) 변호사 자격증을 박탈당하게 된다.…

그날 특별검사의 사무실을 나올 때 내 앞에 놓인 고통스런 선택은 자명했다. 유죄답변거래를 한다는 것은 법정 선서하에 내가 다니엘 엘즈버그의 정신분석의 사무실에 침입하는 일에 공모했다고 시인하는 것을 의미했다. 또한 그것은 법정에서 시인하기에 앞서 다른 워터게이트 관련자들에 대한 증언을 제공함으로써 자워스키 사람들에게 나에게 관대한 조처를 한 대가로 그들이 원하는 바를 말해 주는 것이다.…[38]

많은 고뇌의 시간을 보낸 후 그는 결국 진실을 밝히는 쪽으로 결심을 굳혔다.

내가 워터게이트의 진창에 얽혀 있는 범죄의 피고인인 한 나의 회심은 불완전한 것이다. 내 과거와 완전히 결별해야 했다. 그것이 만약 감옥에 가는 것을 의미한다면, 감옥에 가는 수밖에!

디트리히 본회퍼는 『제자도의 대가』라는 책에서 자신이 '거대한 분리'라고 이름 붙인 것에 대해서 말했다. "그리스도의 부름 뒤에 오는 첫 번째 단계는 그의 제자를 이전의 존재로부터 분리시키는 것이다. 즉 따르라고 하는 그의 부름은 새로운 상황을 만들어 냈다. 옛 상황에 머물게 되면 제자도는 불가능해 진다"(인용자 강조).[39]

참 회심이 행동의 변화를 요구하는 것이라면, 콜슨의 용단이야말로 그의

---

[38] 찰스 콜슨, 『백악관에서 감옥까지』 개정증보판, 양혜원 역(서울: 홍성사, 2003), pp. 339-340.
[39] 같은 책, p. 388.

회심이 얼마나 진정성이 있는지를 보여 주는 징표였다고 하겠다. 이처럼 회심은 사적 양상에 터를 두면서도 얼마든지 신앙의 사사화를 탈피할 수 있고, 또 탈피해야 하는 것이다.

네 번째 테제: 한국 기독교의 교회교(敎會敎)적 풍토로 인해 수많은 회심자가 함량 미달의 그리스도인으로 소아화되고 있다

회심과 공동체로의 영입

회심이 세 가지 의미에서 개인적이라는 점―사사로움, 개개인 단위, 당사자―은 이미 앞에서 밝힌 바와 같다. 그러나 회심은 동시에 공동체적 차원에서 발생한다. 어떤 이가 회심하도록 돕기 위해 복음과 삶으로써 증거하는 일에는 공동체가 직간접적으로 연관되기 마련이다. 더욱 중요한 것은, 회심과 더불어 그 인물이 공동체로 영입된다는 사실이다. 그는 한 성령으로 세례를 받아 그리스도의 몸으로 병입되었고(고전 12:13), 특정 지역 교회의 일원으로 허입을 받는다.

가톨릭 전통이기는 하지만 어떤 도덕신학자는 회심과 공동체 사이의 긴밀한 연관성을 다음과 같이 밝힌다.

> 공동체라는 연관 사항은 우리에게 **그리스도인의 회심이란 교회의 회원이 되는 일을 함의한다**고 깨우친다. 여기에서 교회의 회원이 된다는 것은 자기들이 원하는 대로 표준과 목적을 정하는 자원자 그룹에 들어간다든지 혹은 어쩌다가 자기 마음에 맞는 그룹에 소속된다든지 하는 정도가 아니고, 하나의 규범적 공동체와 유대하는 것을 말한다. **그리스도 안에서 하나님의 부르심은 교회에 참여하라는 부르심을 뜻한다.** 그렇다면 교회의 회원이 되는 것은 선택적 요소거나 공리주의적 필요가 아니고 도덕적 의무다. 비록 교회가 사회학적으로는 자발적 협회로 이해되지만, 신학적으로는 어떤 이가 소속되어 섬기도록 부

름을 받은 도덕적 공동체다. 같은 관념을 달리 표현하자면, 그리스도인의 회심은 우리가 본질상 자격 때문이 아니고 은혜와 입양에 의해 하나님의 자녀, 곧 그 가족의 일원이 되었음을 인식하는 것이다. 그러므로 회심자는 하나님께 대해서만이 아니요 믿음의 공동체에 대하여 또 믿음의 공동체를 위하여 응답해야 함을 발견하게 된다(인용자 강조).[40]

사실 회심에 관해 기술한 다른 복음주의자들도 공동체로의 영입을 회심의 중요한 요소나 과정으로 언급/소개한다.[41]

1970-1980년대 한국 교회의 경우 회심자들은 너나없이 교회로 영입되었다. 한국 사회와 사람들은 워낙 공동주의적 분위기에 익숙한 터라 회심한 그리스도인들 역시 신앙 공동체에 영입되는 것을 당연시했다. 문제는 그 신앙 공동체가 얼마나 건실하고 성숙한가 하는 점이었다. 안타깝게도 1970-1980년대의 한국 교회는 수적 흥왕에도 불구하고 질적 성숙 면에서는 부족한 점이 한두 가지가 아니었다. 회심자들이 이런 형편의 신앙 공동체로 영입되다 보니 그들의 신앙이 제대로 성장할 리 없었다. 그러한 부족한 점 가운데 간과할 수 없는 것이 '교회교적 풍토'였다.

교회교적 풍토

'교회교'(敎會敎, churchianity)는 기독교(Christiantiy)를 흉내 낸 말로서, "어떤 특정 교회의 행습이나 이해관계에 지나치게 혹은 편파적으로 집착하는 모양"[42]

40　James P. Hanigan, "Conversion and Christian Ethics", *Theology Today*, Vol. 40, No. 1 (April 1983): 31.
41　Gordon Smith, 같은 책, pp. 386-388; William Barclay, *Turning to God* (Edinburgh: The Saint Andrew Press, 1978), pp. 115-123; David F. Wells, *Turning to God: Biblical Conversion in the Modern World* (Cumbria, U.K.: The Paternoster Press, 1989), pp. 45-46; John Stott, *The Spirit, the Church, and the World: The Message of ACTS* (Downers Grove, Illinois: InterVarsity Press, 1990), p. 178.
42　*Webster's Ninth New Collegiate Dictionary* (Springfield, Massachusetts, U.S.A.: Merriam-

을 가리킨다. 이 글에서 '교회교적 풍토'라 함은 한국 교회 특유의 신앙적 특징으로서, 예전에도 있었지만 특히 1970-1980년대를 거치며 더욱 강화된 종교사회학적 경향을 의미한다. 대략 다음과 같은 세 가지 요소가 한국 기독교의 교회교적 풍토를 구성한다.

첫째, 조직체로서의 교회에만 신경을 씀: 교회는 보통 유기체(organism)로서의 교회와 조직체(organization/institute)로서의 교회로 파악되는데, 이것은 가시적 교회의 두 측면을 가리킨다.[43] 유기체로서의 교회는 성령의 줄로 하나된 성도들의 교통(communion of believers)에 초점을 맞추고, 조직체로서의 교회는 구원의 방편이자 죄인들을 회심시키고 성도들을 온전케 하는 기관이라는 점을 부각한다. 그런데 한국 교회는 유기체로서의 교회에는 큰 관심을 쏟지 않고 주로 조직체로서의 교회—그중에서도 특히 건물·재정·활동·직분 등 경영적 사안—에만 부심한다는 기독교 안팎의 비판을 들었다.

둘째, 모이는 공동체만이 전부인 것처럼 치부함: 교회는 모이는 공동체임(행 14:27; 고전 11:18; 14:23)과 동시에 흩어지는 공동체다(행 8:3). 그런데 대부분의 그리스도인—지도자든 아니든—은 교회를 흩어지는 공동체로서 인식하지 못했다. 알기는 하는데 그것이 실천 차원으로 연결되지 않았다는 말이 아니고, 아예 처음부터 흩어지는 공동체로서의 교회라는 개념이 수립되어 있지 않았다는 뜻이다. 이것은 하나님의 주권을 교회당이라는 장소에만 가두는 교회 대 세상 이원론[44]—영역(領域)이원론—과도 깊이 맞물려 있었다.

셋째, 자신이 소속된 교회의 수적 성장만이 초미의 관심사임: 이 특징은 두 가지 경향의 산물이다. 우선 자기 교회의 흥성과 발전에만 착념하는 '개교회주의'가 근간이 된다. 또 교회의 번영과 부흥을 주로 수적 증가에 의해 평

Webster INC., Publishers, 1986), p. 240.
43 Berkhof, 같은 책, p. 567.
44 정성구, "한국 교회와 목회", 정일웅 편, 『2000년대를 향한 한국 교회의 전망과 과제』(서울: 총신대학부설 한국교회문제연구소, 1991), pp. 110-111.

가한다. 대부분의 한국 교회 교인들이 자신이 출석하는 교회의 수적 성장에 그토록 의미를 두는 것은, 바로 이런 이유 때문이다. 이것은 특히 교회의 지도자들과 일꾼들에게서 더욱 공고한 형태로 발견된다. 그리하여 한국 교회 전체를 하나님의 마음으로 조망하려는 고상한 의지나 자기 교회 교우들의 영적 성숙을 위한 마음 씀씀이는 현저히 결여되어 있다. 이런 경향을 가리켜 '내 교회주의'라는 우상숭배 행위[45]라고 칭한들 누구도 지나치다고 하지 못할 것이다.

    1970-1980년대 한국의 기독교가 이와 같은 교회교적 풍토를 벗어나지 못하고 있었기 때문에, 회심 후 교회로 영입된 대부분의 그리스도인은 교회의 진면목을 교회교 버전으로 받아들였다. 즉 그들은 교회를 조직체의 측면에서만 파악했고, 모이는 공동체 위주로의 신앙생활에 급급했으며, 수적 성장에 심취한 개교회주의의 기수가 되었다는 말이다. 회심하면서 공동체로 영입된 것까지는 좋았는데, 교회교에 물든 신앙 공동체에 영입되는 바람에 많은 그리스도인이 왜곡된 교회관의 희생물이 된 것이다.

    만일 한국 교회가 그 당시에 좀 더 성숙하고 온전했더라면 수많은 회심자들은 훨씬 더 건전한 그리스도인으로 자라났을 것이다. 무엇보다 유기체로서의 교회관에 입각해 교회를 진정 그리스도의 몸으로 인지하고 경험했을 것이다. 그리스도를 머리로 하고 신자들이 지체를 이룬 신령한 공동체라는 묘사가 의례적이고 공허한 언어의 유희가 아니라 풍성한 의미를 지닌 영적 실상으로 감지되었을 것이다. 또 교회를 모이는 공동체로서만이 아니라 흩어지는 공동체로서도 조망할 수 있었을 것이다. 그리스도인들은 교회당에 모여서든 세상 속으로 흩어져 들어가서든 거룩한 하나님의 백성으로서 그리스도의 왕 되심을 말과 삶으로 증거했을 것이다. 무엇보다 자기 교회의 수적 성장에만

---

45 송인규, "'내 교회주의': 우상과 우상 타파", 「월드뷰」(2015년 8월): 18-23.

착념하는 '내 교회주의'의 우상을 타파했을 것이다. 교회 구성원들의 영적 성숙과 '온전케 됨'에도 관심과 주의를 기울이고, 한국 교회 전체를 주님의 심정으로 바라보게도 되었을 것이다.

회심자와 신앙 공동체

회심자의 입장에서 보면, 좋은 신앙 공동체를 찾는다는 것은 엄청난 복이다. 그에게 과연 영적 성장의 기회가 주어질지, 혹시 그런 기회가 주어질 때 얼마나 만족스러운 (혹은 바람직한) 영적 성장을 이룰 수 있을지 하는 것은 많은 경우 그가 어떤 신앙 공동체를 만나느냐에 달렸다. 이것은 특히 기독교적 배경이 없으면서 회심한 지 얼마 되지 않은 이들의 경우에 그러하다. 그러므로 훌륭한 신앙 공동체의 성립 요건 가운데 하나는, 그 공동체가 회심자의 영입에 얼마나 적합한가 하는 것이다. 교회와 기타 신앙 공동체들은 이런 면에서 준비가 제대로 되어 있어야 한다.

그러나 지상의 교회는 어디나 약점투성이고 상당수의 교회는 이상적이지 못하다. 그러므로 회심자는 여러 교회 중 자신에게 적합하다고 여겨지는 교회를 선택해야 한다. 얼마 전 하나님의 부르심을 받은 복음주의 신학자 패커(James I. Packer, 1926-2020)의 경우도 마찬가지였다. 그는 1944년 10월 22일 캠퍼스 가까이에 있는 세인트올데이트교회(St. Aldate's Church)의 저녁 전도집회에서 영국 국교회 목사 얼 랭스턴(Earl Langston)의 설교를 들은 후 자신의 생애를 그리스도께 바쳤다.[46] 이제 패커는 자신이 몸담을 신앙 공동체를 찾아야 했다.

패커는 자신이 처한 교회 상황을 판정하면서, 먼저 자신이 자라난 성공회에 대

---

46 앨리스터 맥그라스, 『제임스 패커의 생애』, 신재구 역(서울: 기독교문서선교회, 2004), pp. 40-41.

해서는 환멸을 느꼈다. 교회가 그를 실망시킨 것이다. 그가 자라난 그 교회는 회심의 필요성이나 그리스도와 갖는 개인적 연합의 필요성에 대해 제대로 말해 준 바가 없었다.…

회심 이후 패커는 처음 두 해 동안 옥스퍼드 교정의 외곽 카울리로(Cowley Road)를 벗어나 위치한 **플리머스형제단의 지역 모임**에 마음이 끌렸다. 세인트올데이트교회에 비해 설교가 성경적이고 내용이 탄탄했다. 기독 학생 모임의 몇몇 리더도 플리머스 사람들이었다. 이들 중 둘은 후에 패커의 인생에서 매우 중요한 인물이 되었는데, **제임스 휴스턴**(브리티시 컬럼비아에 있는 리젠트 칼리지의 설립자이자 초대 학장)과 **도널드 와이즈먼**(유명한 고고학자가 되었고 케임브리지에 있는 틴델하우스에서 중요한 역할을 담당했음)이 그들이었다.

그러니 대학 3년 차가 시작되면서 패커는 **세인트엡교회**에 출석했다. 이곳은 임시 목사였다가 위임 목사가 된 이가 젊음의 활기를 불어넣는 그런 교회였다. 위임 목사 모리스 우드는 위풍당당한 인물로서 학생들을 엡교회로 이끌었다 (우드는 후에 런던에 있는 오크힐 신학대학의 학장이 되었다가 더 후에는 노르위치의 감독이 되었다.)(인용자 강조).[47]

나는 지금까지 회심관과 관련한 한국 교회의 문제점/약점을 네 가지 항목으로 제시했다. 동시에 어떻게 하면 그러한 문제점을 시정/개선할 수 있을지 필요하다고 여겨지는 바를 기술했다. 글의 마지막에 이르러 이러한 내용을 간략하게 정리하는 것이 유용하리라 여겨진다.

첫 번째 테제: '구원받았다'는 것을 지나치게 강조함으로써 회심의 과거적 측면을 이상화했다. 우리는 구원의 과거적 측면을 소홀히 여기지 않으면서도

---

[47] Leland Ryken, *J. I. Packer: An Evangelical Life* (Wheaton, Illinois: Crossway, 2015), pp. 42-43.

구원의 현재와 미래적 면모(성화) 또한 강조해야 한다.

두 번째 테제: 회심을 급작스러운 위기식으로만 인식하자 신앙과 삶 사이의 골이 깊어졌다. 모든 회심—비록 그것이 갑작스레 발생한 경우라고 해도—은 과정으로서의 회심을 바탕으로 하는 가운데 이해되어야 한다.

세 번째 테제: 회심의 개인 특성을 곡해함으로써 신앙의 사사화가 만연했다. 회심의 근원은 사사로운 것이지만 회심의 열매는 외향적·공적임을 강조함으로써 신앙의 사사화를 미연에 방지해야 한다.

네 번째 테제: 한국 기독교의 교회교적 풍토로 인해 수많은 회심자가 함량 미달의 그리스도인으로 소아화되고 있다. 한국 교회 특유의 풍토를 명확히 직시하고 통감하는 가운데 가능한 한 건전하고 성숙한 교회가 되어 회심자들을 영입해야 한다.

물론 회심관과 관련한 이 과제는 쉽지 않고 또 단기간에 달성할 수 있는 것도 아니다. 그러나 목표와 방향이 선명하게 드러난 이상 주저하거나 회피하려고 해서도 안 된다. 우리는 그저 묵묵히 이 절체절명의 과제를 향해 나아갈 따름이다. 그리하여 예수를 만난 사람들이 참으로 예수 그리스도의 모습과 예수 공동체의 아름다움과 영광스러움을 조금이라도 더 반영하기를 소망하는 것이다.

04
교회를 선택한 사람들
: FFT 연구 소개

이민형 (성결대학교 파이데이아 학부 교수)

들어가며

종교를 갖는다는 것은 무슨 의미일까? 종교에 귀의하는 것은 한순간의 사건일까, 점진적인 과정일까? 무엇이 혹은 누가 그들을 종교로 이끌었으며, 그것은 그들의 삶에 어떤 변화를 만들었을까? 나의 지도교수였던 보스턴 대학의 브라이언 스톤(Bryan Stone)은 이런 질문들의 답을 찾는 연구를 진행할 것이라고 이야기하며, Finding Faith Today(이하 FFT) 프로젝트의 연구조교(Research Assistant)를 제안했다. 질문들은 그 자체로도 충분히 흥미로웠고, 설문에 참여한 이들의 응답을 통해 미국인들이 생각하는 종교, 특히 기독교를 조금 더 이해할 수 있으리라는 기대감에 선뜻 연구원으로 참여하기로 했다. 이후 2014년부터 FFT의 한인교회 담당으로서 미국 내 한인교회들에 연락을 하고, 질문지를 한국어로 번역해 발송하고, 도착한 응답지를 다시 영어로 번역하는 작업에 참여했다. 또 전체 응답을 취합한 결과를 분석하고, 유의미한 수치들을 확인하는 연구에도 참여하며 새롭게 신앙을 찾아 나선 미국인들의 생각과 태도, 그리고 그것이 그들의 삶에 미치는 의미 등을 알아 가게 되었다.

이 글은 FFT의 분석 결과 중 기독교와 관련된 질문들을 중심으로 새롭게 기독교 공동체에 등록한 사람들의 응답을 요약·정리한 내용을 담고 있다.[1] 이는 미국 기독교의 새신자들이 가지고 있는 그리스도인의 의미, 신앙생활을 시작한 계기, 교회 혹은 신앙 공동체로 이끈 것, 그리고 기독교 신앙이 그들의 삶에 미친 영향 등을 이해할 수 있는 단초를 제공할 것이다. 더불어 전통별로 차이가 나는 미국 기독교 교회의 특징에 따라 각각의 교회를 선택한 이

---

1 FFT는 흑인 교회, 복음주의 계열, 주류 계열, 천주교, 정교회와 같은 기독교 단체 외에도 유대교, 불교, 이슬람, 퀘이커, 유니테리언 유니버설리스트, 힌두교, 시크교와 같은 다른 종교에 새롭게 등록한 사람들에게도 설문을 진행했다. 비율로 보면 기독교가 아닌 다른 종교에 속한 응답자는 36퍼센트 정도였다. 이 글에서는 이 36퍼센트에 해당하는 응답을 제외한 64퍼센트의 그리스도인의 응답만을 다룬다.

들의 신앙적 관심을 살펴볼 수 있는 흥미로운 연구가 되리라 생각한다.

조사 개요

미국 FFT 연구의 시작은 1990년 영국 성공회의 존 피니(John Finney) 주교가 시행한 동명의 조사연구였다. 피니 주교는 1980년대 영국에서 그리스도인이 되는 과정을 조사하기 위해 400여 명의 대상자를 인터뷰하고, 이후 설문을 통해 조사 범위를 넓혔다. 피니의 조사가 후속 연구로 이어지지 않았다는 사실을 알게 된 브라이언 스톤은 유사한 연구를 미국에서 시행하고자 했고, 2012년 로스앤젤레스, 보스턴, 세인트루이스 등의 세 도시를 중심으로 선행 연구를 실시했다. 피니가 시행한 방법대로 세 도시의 지역 교회 목회자들에게 자신이 남낭하고 있는 교회의 새신자들에 대해 묻는 설문을 진행했으나, 새신자들을 직접 조사하는 것이 아니었기에 응답률과 응답의 정확도가 높지 않았다.

이듬해 스톤은 조사 범위를 미국 전 지역으로 넓히고 지역 교회의 목회자들에게 연락을 취해 각 교회의 해당 응답자들에게 설문지를 전달하여 답을 작성하고, 이를 다시 취합해 연구센터로 보내 달라고 부탁했다. 해당 응답자의 기준은 최근 교회에 등록하거나 기독교 신앙을 고백하거나 회심과 같은 경험 등을 통해 새신자가 된 18세 이상의 성인이었다. 취합된 응답은 총 1788건이었으며, 이 중 기독교에 해당하는 응답자는 64퍼센트였다.

FFT는 기본적으로 새로운 신앙을 갖게 된 경위와 과정, 그리고 주변 환경의 영향 등을 조사하는 것을 목적으로 했지만, 특이하게도 그리스도인 응답자 가운데 복음주의 계열, 주류 계열, 그리고 천주교에 속하는 응답자들의 차이점이 유의미하게 나타났다. 여기서 주류 계열(Mainline Protestants)이란 사회 현안에 대해 진보적 성향을 띠며 에큐메니컬 운동을 지지하는 교단에 소

〈도표 1〉 그리스도인 응답자의 교단별 비율

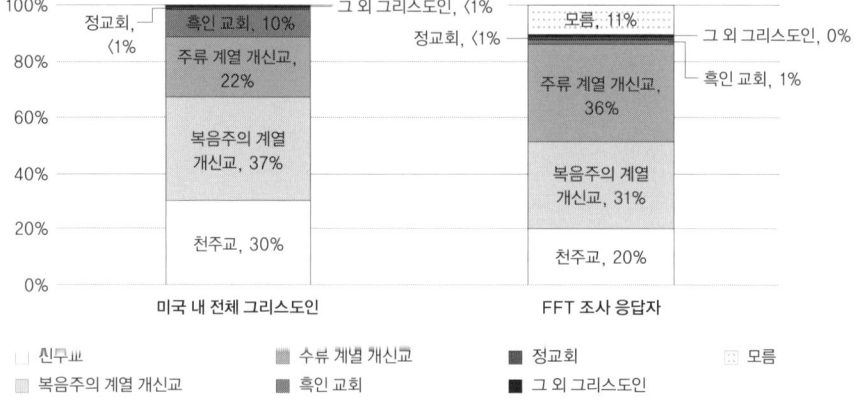

속된 교회들을 의미한다. 반면 복음주의 계열(Evangelical)에 속한 교회들은 사회 현안에 대해 상대적으로 보수적인 성향을 보이고, 성경의 권위와 회심/거듭남의 필요성, 전도의 중요성, 그리스도의 사역에 대한 교리적 인정 등을 신앙의 중요한 요소로 여긴다.[2]

미국의 FFT 연구에서 그리스도인 응답자의 교단별 비율은 〈도표 1〉과 같다. 〈도표 1〉의 왼쪽 그래프는 미국 내 전체 기독교 인구에 대한 교단별 비율이고, 오른쪽 그래프는 FFT의 응답자가 밝힌 교단별 비율이다. 오른쪽 그래프에서도 알 수 있듯 주류 계열, 복음주의 계열, 그리고 천주교가 미국 기독교의 대부분을 대표한다고 볼 수 있다. 따라서 이후의 논의에서는 주로 이 세 교단별 새신자의 응답을 비교하며 각 교회의 특성 및 교인의 기독교 신앙 이해를 분석해 보려 한다.

---

2   상당수의 한국 교회는 교단 분류로는 주류 계열에 속한 교회가 많으나, 개교회의 성향은 복음주의 계열에 가깝게 보인다. 교단별 혹은 계열별로 속한 교회들의 성향이 다소 뚜렷하게 나타나는 미국의 교회들과 달리 대다수 한국 교회는 교단별 특성이 덜 드러난다는 점도 미국의 기독교와 한국 기독교의 차이라고 할 수 있다.

주요 주제

그리스도인이 된다는 것

기독교의 새신자들을 조사함에 있어 가장 기본적인 질문은 '그리스도인'에 대한 이해를 묻는 것이다. FFT 조사에서는 이 질문을 응답 선택형 대신 응답자의 생각을 묻는 서술형 질문으로 제시하여, 그들이 그리스도인을 어떻게 생각하는지 보다 자율적으로 응답할 수 있도록 했다. 추후 응답을 취합해 일정 주제의 범주로 분류한 결과, 〈도표 2〉와 같이 주류 계열 교회에 속한 새신자들과 복음주의 계열 교회에 속한 새신자들의 그리스도인 개념의 차이가 두드러지게 나타났다.

주류 계열 교회에 속한 새신자 중 2/3에 해당하는 인원은 그리스도인을 살아가는 방식, 성향이나 행동 등으로 정의했다. 반면 복음주의 계열에 속한 새신자들은 그리스도인이 된다는 것을 죄의 용서, 예수를 구원자나 삶의 주인으로 받아들이는 것, 예수를 마음에 모시는 것 등으로 생각했다. 전통적인 기독교의 교리에 대한 믿음을 중요하게 생각하는 복음주의 계열의 그리스도인들과 실천을 통해 올바른 삶을 사는 것을 기독교 신앙의 기준으로 생각하는 주류 계열 그리스도인들의 차이가 이미 새신자들에게도 형성되었음을 알

〈도표 2〉 그리스도인의 특성

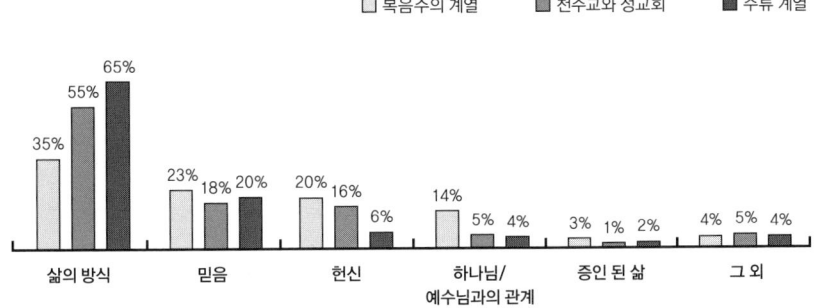

수 있다. 천주교는 이 두 계열의 중간 정도의 성향을 보인다고 할 수 있는데, 그들에게 가장 두드러지는 응답은 공동체, 교회, 예전과 같은 영성 실천을 그리스도인의 중요한 기준으로 보았다는 것이다. 제도적 전통이 오래된 천주교 교회의 특징을 잘 드러내는 응답이라 할 수 있다.

한편 기독교 신앙에 입문한 시간을 묻는 질문에 대한 응답은 상당히 흥미로운 결과를 나타냈다. 교단이나 계열과 무관하게 전체 응답자 중 다수가 '한순간에'보다는 '점차' 그리스도인이 되었다고 응답했다. 다만 한순간에 그리스도인이 되었다는 응답 비율은 복음주의 계열에서 가장 높게 나타났는데, 회심이나 거듭남과 같은 개념이 즉각적 변화와 연관이 있다고 여기는 것으로 보인다. 하지만 다수의 응답자들은 그들이 점차 그리스도인이 되었다고 답했는데, 이들 중 상당수는 자신을 그리스도인으로 여겨 오다가 최근에 자신의 신앙을 공표하고 신앙 공동체에 등록한 것으로 생각하고 있었다. 반면 자신을 그리스도인이라 여겨 본 적이 없을수록 그리스도인이 되는 과정을 점진적으로 생각하지 않았다. 결과적으로 비록 기독교의 제도적 체제 안에 들어와 있지 않더라도 그리스도인으로서 성장의 과정 혹은 신앙의 여정이 진행 중이라고 생각하는 새신자들이 많다고 해석할 수 있다.

이 질문과 관련해서 또 하나의 흥미로운 발견은 점차 그리스도인이 되었다고 답한 이들 중 상당수가 신앙인이 되는 기간을 시간으로 산정할 수 없으며, '계속 진행 중' 또는 '평생'이라는 표현이 적절하다고 답했다는 것이다. 실제

〈표 1〉 기독교 신앙에 입문한 시간

신앙에 대한 새로운 결단은 한순간에 이루어졌습니까, 점차적이었습니까?		
	복음주의 계열	그 외
점차	65%	79%
한순간	35%	21%

로 그리스도인이 되는 기간에 관한 질문은 한 달에서부터 50년까지 선택이 가능했고, 그 외의 답변도 할 수 있었는데, 응답의 중앙값은 3년이었지만 '그 외'를 선택한 사람들이 많았다. 다만 복음주의 계열에 속한 새신자들은 그리스도인이 되는 과정의 기간을 다른 응답자들보다 짧게 생각했다.

이러한 경향성은 그들이 기독교 신앙을 공표하기 이전에도 스스로를 그리스도인이라고 생각했는지를 묻는 질문에서도 드러났다. 〈도표 3〉과 같이 자신을 그리스도인으로 여겨 온 사람들의 비율은 복음주의 계열 교회의 새신자들에 비해 천주교와 주류 계열 교회에 속한 새신자들에게서 높게 나타났다. 천주교나 주류 계열에 속한 그리스도인들은 기독교 신앙을 공표하는 것을 신앙에 있어 한 걸음 더 나가는 것, 혹은 조금 더 깊은 헌신에 임하는 것으로 여기는 경향이 있는 것으로 보인다. 그들에게 새신자로서 교회에 속하는 것은 이전보다 더 신앙의 행위와 실천에 집중하는 것이지 존재가 온전히 뒤바뀌는 경험은 아니라는 해석도 가능하다. 반면에 회심을 강조하는 복음주의 계열 교단에 속한 새신자들에게서는 이러한 경향성이 비교적 덜 나타났다. 앞서 살펴본 대로 이들은 그리스도인이 되는 과정이 즉각적 변화의 경험

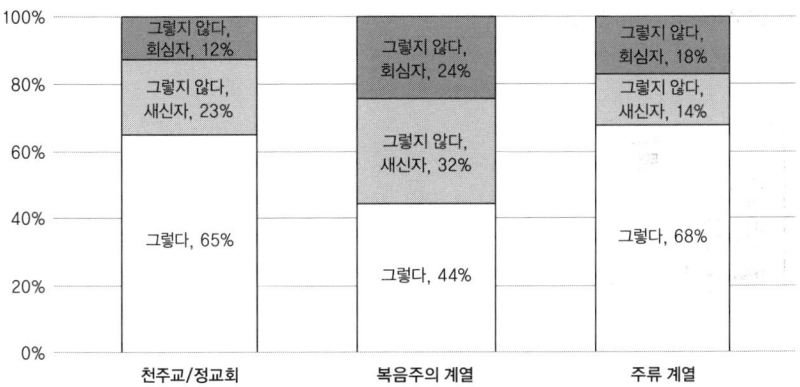

〈도표 3〉 기독교 신앙을 공표하기 전에도 스스로 그리스도인이라고 여겼는가

을 계기로 시작된다고 여기기 때문이다.

2) 그리스도인이 된 이유

그렇다면 이들은 왜 그리스도인이 되고자 한 것일까? 이 질문에 대한 응답 중 두드러진 결과는 첫째, 신앙을 공표함으로써 신앙의 성숙을 취하거나 신앙 여정의 다음 단계로 나아가고자 하는 욕망, 둘째, 신앙 공동체나 목회자 혹은 중요 인물들의 영향, 그리고 셋째, 가족의 영향 등으로 나타났다.

위의 응답을 하나씩 살펴보면, 먼저 신앙의 성숙을 그리스도인이 된 가장 큰 이유로 꼽은 응답자의 비율은 복음주의 계열에서 가장 높게(33퍼센트) 나타났다. 그들은 세례와 같은 공식 예식을 통해 기독교 신앙을 공표함으로써 자신의 신앙 여정에서 의미 있는 걸음을 내딛고자 했다. 한편 기독교 신앙을 공표하게 된 이유로 꼽힌 또 하나의 중요한 사항은 교회와 같은 신앙 공동체의 영향이었다. 특히 주류 계열에서 가장 높게 선정된 이 사항은 새신자들이 기독교에 입문해 안정적인 신앙생활을 할 수 있는 계기가 된 것으로 보인다. 이들의 응답에는 '적응' '포용' '환대' '안정'과 같은 표현이 자주 등장했는데, 이러한 신앙 공동체에서의 경험이 이들에게 그리스도인으로서 살아갈 이

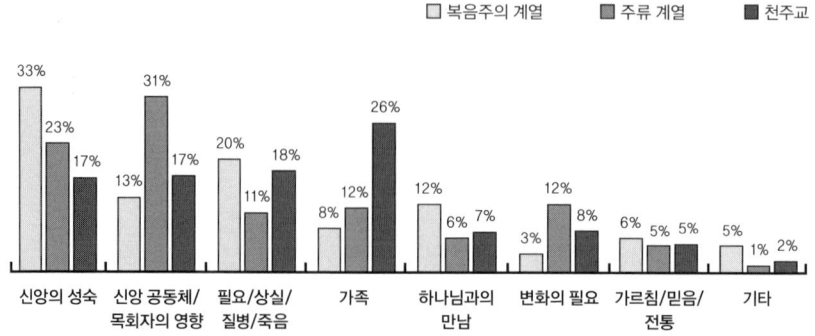

〈도표 4〉 그리스도인이 되고자 한 이유

유를 제공한 것으로 해석할 수 있다. 복음주의 및 주류 계열과는 별개로 천주교에 입교한 새신자들은 가족의 영향을 중요한 원인으로 꼽았다. 천주교가 전통적인 신앙 체제를 유지하고 있는 점, 어려서부터 가족 안에서 전통적인 신앙 교육이 이루어진다는 점 등을 고려해 볼 때, 천주교의 새신자들은 가족과 함께 신앙의 여정을 걸어가기 원한다고 볼 수 있다.

위의 분석과는 별개로 스톤 교수는 기독교 신앙을 받아들인 과정에 따라서 그리스도인이 된 이유가 어떻게 달라지는지에 관해서도 연구했다. 그는 응답자들을 '점진적으로 신앙인이 된 사람들'(gradualists)과 '한순간에 회심한 사람들'(conversionists)의 두 그룹으로 나누고, 이들이 어떠한 연유로 그리스도인이 되었는지를 분석했다.[3] 먼저 '점진적으로 신앙인이 된 사람들'이 그리스도인이 된 계기로 가장 많이 꼽은 것은 신앙 공동체의 영향이었다. 그들은 자신에게 잘 맞는 신앙 공동체에서 지지와 양육을 받았으며, 그러한 공동체를 믿음의 가족이나 신앙 여정 동반자와 같이 여겼다. 이들은 신앙 공동체를 중요하게 여기는 만큼 공동체에서 제공하는 프로그램들도 기독교 신앙 형성에 중요한 요인이었다고 응답했다. 이들 응답자 중 대부분은 교회를 기반으로 한 소그룹 모임을 언급했으며, 그 외에도 세미나, 수련회, 캠프와 같이 공동체성을 강화할 수 있는 프로그램들이 그리스도인이 되기로 결심한 데에 영향을 미쳤다고 말했다.

그 외에 인생에서 경험한 다양한 사건들 — 결혼, 이혼, 출산, 사별 등 — 은 신앙을 통해 힘을 얻거나 새로운 공동체를 만들게 하는 계기가 되었다고 답변하여, 기독교 신앙이 그들의 인생 경험에 긍정적 역할을 했음을 알 수 있었다. 마지막으로 공동체의 영향에 비해 목회자나 친구, 가족과 같은 개인적인 관계는 그리스도인이 되는 데 상대적으로 영향이 덜했다고 답했다.

---

3   'gradualists'와 'conversionists'라는 용어는 피니의 연구에 등장한 표현으로, 이번 FFT에서는 이 개념을 그대로 차용했다.

'한순간에 회심한 사람들' 역시 신앙 공동체의 영향을 가장 주요한 요인으로 꼽았다. 흥미로운 것은 위의 그룹이 공동체에 소속되는 경험을 중요하게 여긴다면, 이들은 신앙의 탐구를 위해 스스로 공동체를 찾아간 경험이 강하다는 것이다. 따라서 그리스도인이 된 계기를 묻는 질문에 이 응답군이 뽑은 또 다른 유의미한 답변은 하나님과의 만남이나 신적 존재의 경험이었다. 이들은 자신의 회심 경험을 묘사할 때, 환경적 요인이나 특정 개인의 영향력 등을 이야기하기보다 하나님과의 직접적 관계 맺음을 서술했다. 이들은 이런 신앙적 경험을 확신, 참회, 구원, 그리고 변화와 같은 용어로 설명했다.

한편 이와는 별개로 이 그룹에서 나타난 특이한 점은 인생의 변곡점 혹은 절망적 상황에서 방향을 찾거나 힘을 얻기 위해 그리스도인이 되었다는 응답이 두 번째로 많았다는 것이다. 이 비율은 특별한 사건—경조사—을 겪은 후에 그리스도인이 되기로 결심했다는 비율보다도 상대적으로 높았다. 이는 비단 감정적 경험뿐 아니라 인간이라면 누구나 갖게 되는 실존적 고민에 대한 답을 기독교에서 찾았다는 의미로 해석할 수 있다.

마지막으로 그리스도인이 된 이유와 관련된 설문 중 흥미로운 결과를 나타낸 질문은 '자신을 적극적인 구도자라고 생각하느냐'는 것이었다. 이에 대해 전체 응답자의 약 80퍼센트에 달하는 인원은 적극적인 구도를 실천한 것으로 답변했다. 물론 교회에 등록하거나 신앙을 공표하는 행위에 다다르기까지 다른 이들의 영향이나 인도가 없었던 것은 아니지만, 그것과 별개로 이들은 자신이 기독교 신앙의 의미를 찾기 위해 노력했다고 답했다. 신앙의 경향별로 살펴보면 〈도표 5〉와 같이 천주교와 주류 계열에 비해 복음주의 계열의 교단에 속한 그리스도인들이 스스로를 적극적 구도자로 보는 비율이 낮았다. 역으로 복음주의 계열 교회의 새신자들은 타인에 의해 그리스도인이 되었다고 보는 비율이 높았다. 이는 점진적으로 그리스도인이 된 비율이 상대적으로 낮은 복음주의 계열의 신앙의 경향을 반영한 결과라고 할 수 있다.

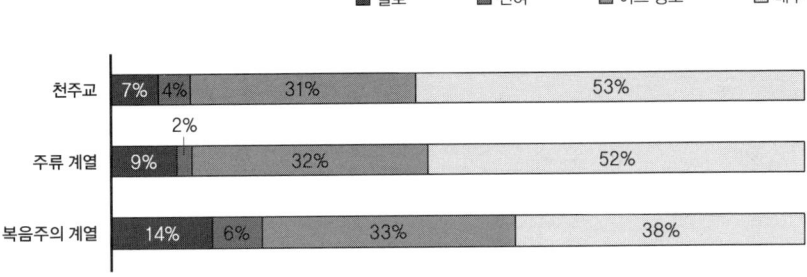

〈도표 5〉 나는 적극적인 구도자인가

더불어 복음주의 계열의 그리스도인들이 중요하게 여기는 신앙인의 역할 중 전도/선교의 비중이 어느 정도인지를 파악할 수 있는 응답이었다.

3) 기독교 신앙으로 이끈 것 혹은 이끈 사람

비록 FFT에 참여한 상당수의 새신자들이 스스로 기독교 신앙을 탐구하고 있었다고 이야기했지만, 그들이 교회에 나와 교인으로 등록하기로, 혹은 기독교 신앙인임을 많은 사람 앞에서 공표하기로 결심한 데에는 결정적 역할을 한 인물이나 사물이 있었을 것이다. 이를 조사하기 위해 FFT는 "당신이 그리스도인으로 등록하게 된 데에 가장 큰 역할을 한 것은 무엇 혹은 누구입니까?"라고 질문하면서 이에 대한 답변으로 〈도표 6〉의 열네 개 선택 항목을 제시했다. 응답자들은 1, 2순위의 답변을 선택할 수 있었으며, 선택의 이유에 대해서도 서술형으로 답변할 수 있었다.

〈도표 6〉에서 확인할 수 있듯, 3/4이나 되는 응답자가 기독교 신앙을 선택하는 데 가장 큰 영향을 미친 것을 '사람'으로 꼽았다. 배우자/연인, 교인, 목회자, 부모/가족, 친구, 그리고 그 외의 사람 등 74퍼센트에 해당하는 응답자들이 이들의 영향이 가장 큰 요소였다고 답했다. 그중 가장 두드러지는 선택을 받은 배우자/연인의 경우 다음과 같은 이유로 기독교 신앙 형성에 도움이

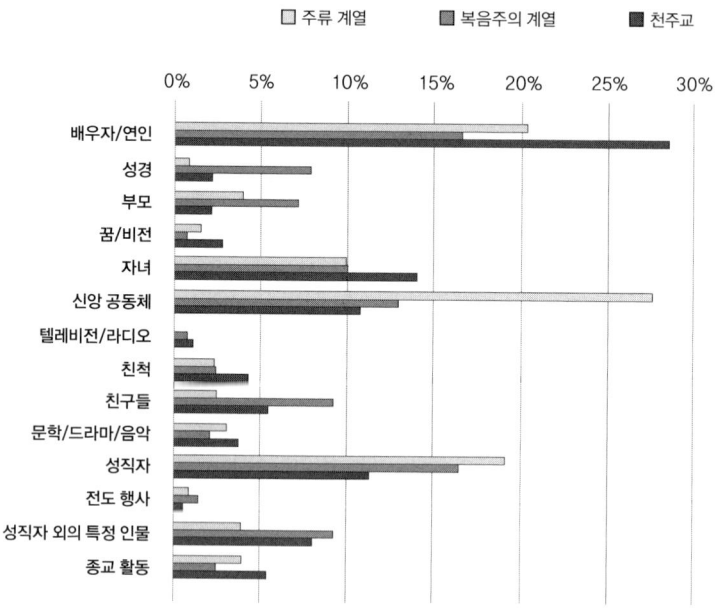

〈도표 6〉 그리스도인으로 등록하게 된 데 가장 큰 역할을 한 것은 무엇, 혹은 누구입니까?

되었다고 응답했다. 첫째, 배우자/연인은 같은 신앙의 여정을 함께할 수 있는 동반자다. 함께 신앙의 여정을 걷는 이들은 서로에게 의지가 되고 그 여정은 만족감이 높다. 둘째, 배우자/연인이 보여 준 응원, 사랑, 포용과 같은 태도는 신앙을 선택하는 데 큰 영향을 미친다. 셋째, 가장 가까이에 있는 사람은 신앙의 모범이 되며, 그들은 어떠한 종교적 압력 없이도 신앙에 관한 대화를 나누고 질문에 답을 줄 수 있다.

그런가 하면 기독교 신앙에 입문하게 되는 계기가 '자녀'인 경우도 있었는데, 이런 응답을 한 응답자의 3분의 2는 가정을 꾸리기로 마음먹었을 때 함께 교회를 다니고, 기독교의 가치와 신앙을 나누는 것을 중요한 과제로 생각했다고 답변했다. 이런 과정을 통해 자녀들은 훌륭한 신앙의 모델을 갖게 되고, 동시에 자녀에게 모범적인 부모의 모습을 보일 수 있다고 보았다. 그 외

자녀를 주요한 요인으로 택한 3분의 1의 응답자들은 자녀에게 영향을 받아 교회에 출석하게 되었다고 답변했다. 이들의 경우, 자녀들이 먼저 교회에 다니며 교회에 대해 긍정적인 이미지를 전했다고 이야기했다.

비슷한 이유로 기독교 신앙을 형성하는 데 '친구들'도 중요한 역할을 한 것으로 나타났는데, 친구를 선택한 응답자 중 3분의 2는 그들이 보여 준 지지와 응원, 그들과 나눈 대화와 그들의 가치관 등이 기독교 신앙을 선택하는 데 영향을 주었다고 답했다. 이들 응답자 중 일부는 특별한 상황—인생의 고통, 질병, 갈등—에서 친구들이 보여 준 위로와 헌신이 자신의 마음을 움직였다고 이야기했다. 비록 친구들은 기독교를 강요하지 않았지만 그 존재 자체로 기독교의 증거이자 기독교로의 초대였다고 서술했다. 친구를 선택한 나머지 3분의 1의 응답자들은 그들이 단순히 지지와 응원만을 보낸 것이 아니라 훌륭한 신앙의 모델이 되었고, 그들이 귀감이 되어 기독교 신앙을 선택하게 되었다고 답변했다. '친구들'이 배우자/연인이나 자녀를 제외하고 그다음으로 높은 순위를 차지한 것으로 미루어볼 때, 신앙 형성에 있어 가까이에 있는 인물들의 영향력이 높은 것으로 확인되었다.

한편 교인들 혹은 신앙 공동체는 배우자/연인, 목회자와 함께 기독교를 선택하는 데 영향을 미친 사람(들) 최고 3순위 안에 드는 주요한 요인으로 밝혀졌다. 〈도표 6〉에서 확인할 수 있듯, 교인들 혹은 신앙 공동체는 주류 계열의 교단에 등록한 새신자들에게 특히 중요한 요인으로 작용했다. 이들을 포함해 신앙 공동체가 기독교 신앙 형성과 공표에 영향을 주었다고 응답한 사람들은 '따뜻한' '환영하는' '포용적인' '판단하지 않는' '지지하는' '사랑하는' '안전한' '편안한' 등의 표현을 사용해 자신이 속한 공동체를 묘사했으며, 그중 가장 많이 사용된 단어는 '환영'이었다.

그렇다면 '환영'을 제외하고 이들이 교회에서 중요하게 생각하는 것은 무엇일까? 〈표 2〉를 살펴보면 가장 왼편에 있는 '환영'을 제외하고, 응답자들의 답변은 기독교 전통별로 조금씩 다르게 나타났다. 먼저 천주교에 속한 새신자들은 다른 전통에 속한 교회에 등록한 새신자들에 비해 예배를 중요하게 여기는 것으로 나타났다. 예전과 전통을 중요하게 생각하는 천주교의 종교적 경향성을 고려했을 때, 이는 당연한 결과라고 할 수 있다. 그런가 하면 복음주의 계열의 교회에 등록한 새신자들은 목회자의 설교와 가르침을 중요한 요소로 꼽았다. 특히 복음주의 계열의 응답자들은 '환영'보다 월등히 높은 비율로 '설교와 가르침'을 꼽았는데, 이 역시 복음주의 신앙의 전통이 가진 특성을 잘 반영한 것이라 할 수 있다. 마지막으로 주류 계열에 속한 교회에 등록한 새신자들은 환영, 설교와 가르침, 예배 등을 전반적으로 고루 중요하다고 여기고 있음을 알 수 있다. 한 가지 특이한 것은 다른 전통의 교회에 등록한 그리스도인에 비해 사회적 활동이나 목회를 두 배 이상 중요하다고 꼽았다는 점이다. 앞서 살펴본 대로 주류 계열의 기독교 신앙은 교회의 사회적 참여와 변화에 적극적인 특징이 있으므로, 주류 계열의 교회를 선택한 그리스도인들 역시 이 부분을 고려해 교회를 선택했다고 할 수 있다.

이런 차이는 특정 기독교 전통을 선택한 이유를 묻는 질문에 대한 응답자들의 답변에서도 드러났다. 천주교인들은 대부분 천주교 자체가 선택의 이유였다고 답했다. 오래된 교회의 역사, 전통, 예배와 교육, 그리고 전 세계 교구의 일부가 되는 경험 등 천주교만이 가지고 있는 특징이 천주교를 선택한 이들에게 매력적 요인으로 다가왔다고 할 수 있다. 또 이들은 사회정의나 선행,

〈표 2〉 현재 출석하는 교회의 가장 중요한 특징

	환영	설교와 가르침	예배	교육 프로그램	사회 봉사/사역	그 외
천주교	31%	24%	32%	2%	3%	8%
복음주의 계열	20%	48%	19%	0%	4%	9%
주류 계열	29%	30%	21%	5%	9%	7%

자비, 이타적 사랑과 같이 천주교가 지속적으로 강조하는 가치들이 천주교를 선택하는 데 있어 중요한 요소였다고 답했다. 이는 단순히 이런 가치를 추구하고 있다는 점이 좋다기보다 천주교의 신자가 됨으로써 이러한 가치를 실천하는 행위에 동참할 수 있다는 사실에 마음이 끌렸다고 볼 수 있다.

한편 복음주의 계열의 교회를 선택한 이들은 보다 교리적 개념을 강조하는 듯 보였는데, 이들이 복음주의 계열의 교회에 마음이 끌린 이유는 자신들의 구원자인 그리스도와의 관계 때문이라고 답했다. 이들은 자신의 신앙을 공표함으로써 그리스도를 향한 사랑 또는 그리스도의 가르침에 동참할 수 있다고 여겼다. 그 외에도 이들의 응답에는 구원, 용서, 은혜와 같은 교리적 표현이 등장했다. 또 이들은 성경의 중요성을 강조하면서 성경에 근거한 신앙생활을 할 수 있다는 점에서 복음주의 계열의 교회를 선택했다고 밝혔다. 물론 다른 전통에 속한 교회들이 성경에 근거하지 않았다는 의미는 아니지만, 상대적으로 성경의 중요성을 강조하는 복음주의 계열의 교회가 사람들에게 매력적으로 느껴지는 이유가 분명함을 다시 한번 확인할 수 있는 답변이었다.

그런가 하면 주류 계열의 교회를 선택한 이들은 교회의 실천적 면모를 매력적으로 보았는데, 자신의 교회가 포용과 환대를 실천하고 있음을 중요한 요인으로 꼽았다. 더불어 주류 계열 교회들의 예전적 특징이나 설교 방식, 목회자의 돌봄 등을 선택의 이유로 댄 응답자들도 있었다. 물론 이들 중에도 용서나 구원, 기독교의 가르침과 같이 복음주의 계열의 교회를 선택한 응답자들과 비슷한 교리적 가치의 중요성을 강조한 응답자들도 있었다. 이들의 응답을 종합해 보면, 주류 계열 교회의 이미지는 천주교와 복음주의 계열 교회의 중간 즈음이라고 할 수 있다. 천주교의 예전적 요소와 사회적 실천, 그리고 복음주의 계열의 개신교 신학이 어우러진 주류 계열의 교회는 그 나름의 매력적 요소들을 가지고 있으며, 이것이 이들 교회를 선택한 이들에게 매력적으로 다가간 것이다.

마지막으로 살펴볼 것은 그리스도인이 되기로 결심한 이유 중 중요한 요인으로 꼽힌 목회자다. 목회자는 신앙의 모범을 제공하고, 설교와 교육을 담당하며, 환영과 보살핌, 양육과 상담을 실천한다. 그런 면에서 목회자는 기독교 신앙에 있어 중요한 요소임이 분명하다. 그렇다면 기독교에 새로 입문한 사람들에게 목회자가 중요한 요인인 이유는 무엇일까? 〈도표 7〉에서 볼 수 있듯, 목회자의 지지와 도움은 기독교 신앙에 입문하는 데 중요한 요소로 작용했다. 응답자들의 서술형 답변에 주로 등장하는 표현은 '현명한' '돌보는' '용기를 북돋아 주는' '신뢰할 수 있는' 등이었다. 이는 인성과 태도, 신앙의 모범, 복음적 활동 등 목회자의 전반적인 요소들이 중요한 요인으로 여겨졌음을 확인할 수 있는 부분이다.

응답자들의 답변 중 목회자의 역량과 관련된 것으로 꼽힌 것은 아무래도 설교자로서의 자질이었다. 목회자의 설교는 성경을 가르치는 것뿐 아니라 현실을 살아가는 그리스도인들에게 바른길을 제시하고 구체적인 실천 방안을 제안하는 등 그리스도인으로서 이 땅에서 살아갈 수 있도록 하는 중요한 요인이라고 응답자들은 이야기했다. 그들은 성경을 해석하는 설교도 긍정적으로 평가했지만, 그에 못지않게 삶과 연관된 실천적인 내용을 담고 있는 설교의 중요성도 강조했다.

이 글에서는 다루지 않았지만, 지인이나 교회 공동체, 그리고 목회자와 같은 사람을 제외한 나머지 요소는 기독교 신앙 입문을 결정하는 데에 상대적으로 영향력이 적은 것으로 나타났다. 이는 이미 10여 년 전부터 선교/전도에 관한 신학적 연구에서 강조해 온 '관계'의 중요성을 다시 한번 확인할 수 있는 결과라고 할 수 있다. 다만 FFT를 통해 드러난 바는 '관계'라는 것이 결코 인위적으로 만들어지거나 특별히 기획된 프로그램으로 형성될 수 있는 것이 아니라는 사실이다. 사람들은 자기 주변의 사람들, 교회, 목회자들을 스스로 경험하고, 무엇인가를 느끼고 깨달은 후에야 기독교 신앙으로의 입문을

〈도표 7〉 목회자가 중요한 요인이었던 이유

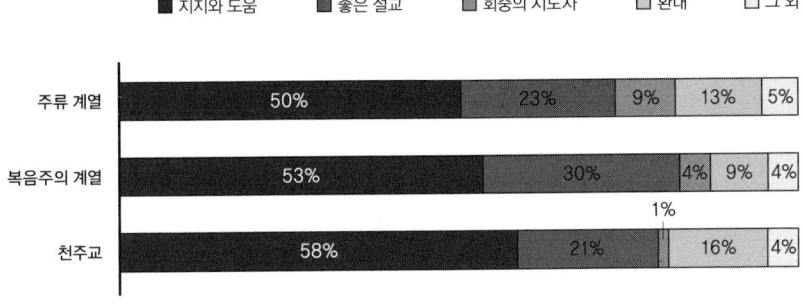

선택했다. 이는 전략적 접근의 결과가 아니라 자연스럽게 형성된 인간관계의 결과다. 따라서 기독교 선교/전도에서 중요한 것은 프로그램 개발이 아니라 그리스도인 개개인의 모범적인 삶의 실천, 그리고 진솔한 관계 형성이라는 것을 다시 한번 짚고 넘어갈 필요가 있다.

4) 이후의 변화

기독교에 입문한 사람들에 관한 FFT 연구의 마지막 부분은 신앙에 입문한 이후 나타난 변화를 분석해 보는 것이었다. 응답자들은 전보다 '희망적이 되었다' '행복해졌다' '타인과의 관계가 좋아졌다' '영성생활을 실천했다' '행동/삶의 방식' '믿음' 등의 항목에서 변화가 생긴 정도를 표시했다. 〈도표 8〉에 나타난 대로 질문의 모든 항목에서 응답자들은 긍정적인 답변을 했다.

흥미로운 부분은 복음주의 계열의 교회에 등록한 새신자들은 위의 항목 모두에서 가장 높은 점수를 주었다는 것이다. 그중 가장 두드러지는 수치는 '믿음' 항목에서 나타났는데, 이는 복음주의 계열의 교회에 속한 응답자 중 '한순간 회심한 사람들'의 비중이 높았다는 사실을 반영한다고 할 수 있다. 다시 말해서 점진적으로 자신의 신앙을 탐구하는 비율이 높았던 천주교나 주류 계열의 교회에 등록한 그리스도인들은 자신의 믿음에 큰 변화가 있

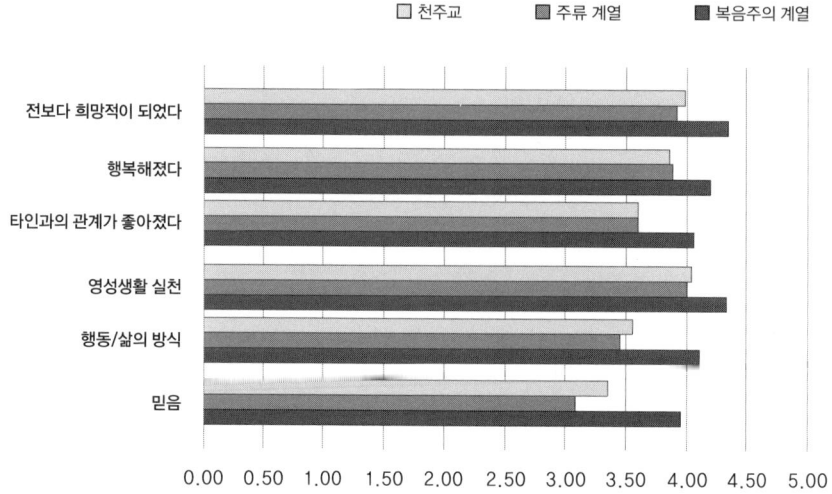

〈도표 8〉 신앙에 입문한 이후 나타난 변화

다고 느끼는 정도가 적었으나, 기독교 신앙을 공표하는 순간 혹은 그 직전에 자신의 신앙을 확인했다고 응답한 비율이 높은 복음주의 계열의 응답자들은 믿음의 변화를 크게 느꼈다는 것이다.

이러한 믿음의 변화 정도는 기독교에 입문한 사람들의 신앙생활에서도 드러났다. 기독교에 입문한 이후 예배 참석 빈도를 묻는 질문에 대한 응답은 〈도표 9〉와 같다. 도표에서 확인할 수 있듯, 복음주의 계열의 새신자들이 다른 기독교 전통에 속한 새신자들에 비해 교회에 출석하는 횟수가 월등히 높은 것으로 나타났다. 물론 정기적인 신앙생활을 위한 가장 기본적인 출석 횟수라고 할 수 있는 주 1회까지를 놓고 비교해 보면 천주교, 주류 계열, 복음주의 계열에서 큰 차이가 나지 않는다. 하지만 그 이상 교회에 나가는 횟수는 복음주의 계열의 새신자들에게서 두 배 이상 높게 나타났다. 교회에 나가는 횟수와 신앙의 정도가 무조건 일치한다고 할 수는 없지만, 이 역시 '한순간 회심한 사람들'의 비율을 어느 정도 반영한 것이라 유추할 수 있다. 다시 말해

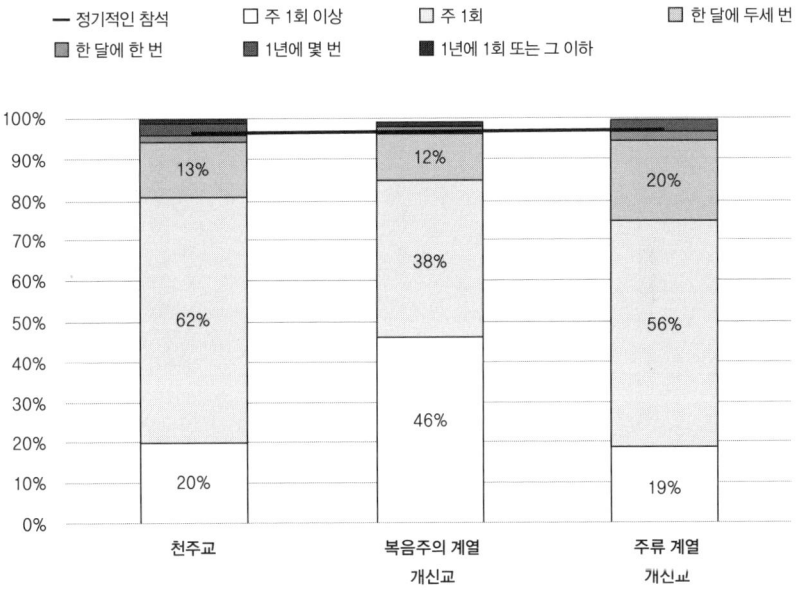

〈도표 9〉 예배 참석 빈도

서 이제 막 신앙을 받아들인 이들에게서 나타나는 특유의 '열성적인 태도'가 교회의 출석 빈도에 반영되었다는 것이다.

FFT 조사 결과 이러한 특징은 일상 신앙생활에서도 나타났다. 〈도표 10〉의 그래프는 성경을 얼마나 읽느냐는 질문에 대한 응답을 기독교 전통별로 구분한 것이다. 천주교와 주류 계열의 교단에 속한 새신자들의 응답과 비교했을 때, 복음주의 계열 교단에 등록한 그리스도인들의 성경 읽는 횟수가 월등히 많다는 것을 알 수 있다. 앞서 이야기한 대로 성경을 읽는 횟수가 개인의 신앙을 판단할 수 있는 객관적 지표라고는 할 수 없다. 하지만 특정 종교에 귀의해 그 종교의 가르침이 담긴 경전을 읽는 행위가 가장 기본적인 종교 활동이라는 점에는 이견이 없다. 따라서 성경을 읽는 것은 예배와 기도 등과 더불어 그리스도인의 기본적인 종교 활동이라고 할 수 있으며, 그런 면에서 볼 때 〈도표 10〉의 결과는 다소 눈에 띄는 결과가 아닐까 생각한다. 이는 기

〈도표 10〉 성경 읽는 빈도

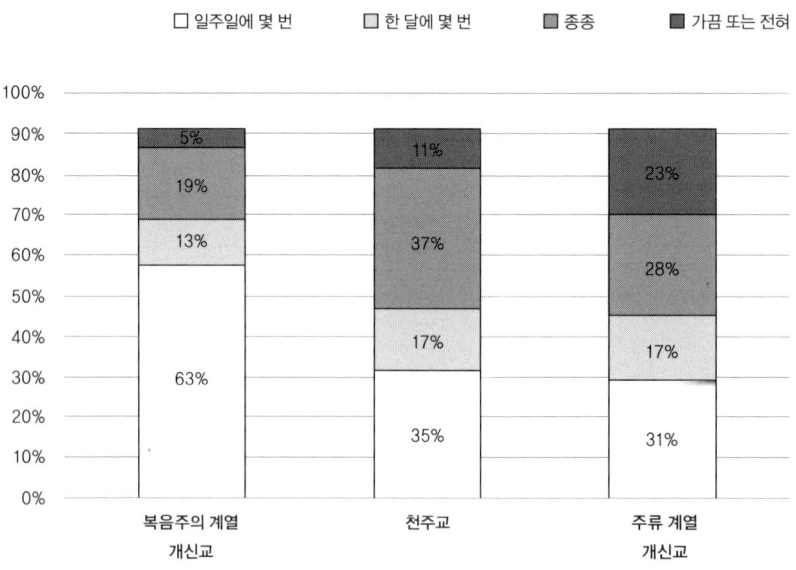

독교 전통별 신앙의 의미가 가지고 있는 차이점이 반영된 것이라고도 볼 수 있지만, 위의 분석에서 이어지고 있는 논지에 근거해 '한순간 회심한' 그리스도인의 비율이 높은 복음주의 계열의 새신자들이 성경을 자주 읽을 확률이 높은 반면, 지속적으로 신앙을 탐구해 온 이들은 성경보다 다른 기독교의 실천이나 가치에 중점을 두고 있다고도 이해할 수 있다.

마지막으로 살펴볼 것은 기독교 신앙을 공표하기 전과 후를 비교했을 때, 자신이 가지고 있는 하나님의 이미지에 변화가 생겼는지를 묻는 질문이다. 이 역시 앞서 살펴본 다른 두 개 질문들의 결과와 마찬가지로 복음주의 계열의 새신자들에게서 가장 두드러지는 수치가 나왔다. 반복적으로 이야기하지만, 이는 결국 신앙의 형성이 한순간의 회심에 의한 생활/가치관의 변화에 기인한 것이냐 아니면 지속적 탐구 과정 속에서 서서히 진행된 것이냐의 차이를 반영한다고 볼 수 있다. 흥미로운 점은 세 기독교 전통에 속한 응답자들

모두 하나님의 이미지가 어떻게 변했느냐는 질문에 거리감이 있고, 비인격적이고, 신비하고, 무관심한 이미지에서 현존하고, 드러나고, 인격적이며 돌보는 이미지로 바뀌었다고 대답했다는 것이다. 이들이 사용한 표현들 역시 변화가 있었는데, 기독교에 입문하기 전에 하나님을 창조주, 전지전능한 존재 등으로 이해하고 있었다면, 그리스도인이 된 후에는 현존하고, 들어주고, 사랑해 주는 존재로 하나님을 받아들이게 되었다고 응답했다. 특히 복음주의 계열의 새신자들은 '구원자'라는 표현을 자주 사용해 그들의 실제 삶에 지대한 영향을 미치는 존재로 인식되고 있음을 확인할 수 있었다.

FFT 조사는 1회 한정을 기준으로 하고 있기에 그리스도인이 된 이후 응답자들의 삶에서 나타난 여러 가지 변화들이 이후로도 지속되고 있는지는 확인이 불가하다. 다만 이들이 신앙을 경험하고, 기독교라는 종교에 공식 입문하게 된 후 경험한 변화들은 분명 긍정적인 의미가 강했고, 이는 건강한 그리스도인으로서의 삶에 지대한 영향을 미칠 수 있는 요소라고 할 수 있다. 응답자마다 정도의 차이는 있겠지만, 지속적으로 신앙을 탐구해 온 이들과 한순간에 그리스도인이 된 이들의 응답을 비교해 보면 그들이 경험한 변화의 지속가능성은 그리 높지 않은 것처럼 보인다. 물론 모든 그리스도인이 새신자 시기의 경험만을 기억한 채 삶을 살아갈 수는 없다. 하지만 당시에 일어난 변

〈도표 11〉 하나님 이미지에 대한 변화

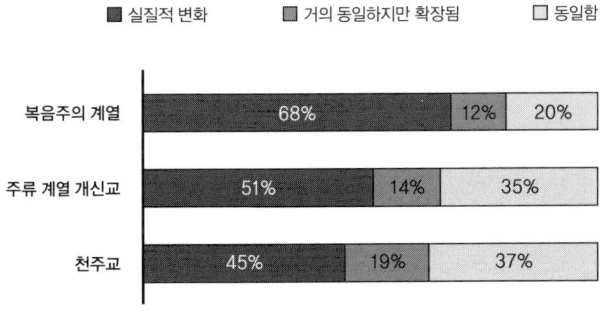

화의 긍정적 영향들이 여러모로 지속될 수 있게끔 도울 수 있는 방편이 마련된다면 이는 분명 새롭게 신앙의 여정을 떠나기로 결정한 이들에게 큰 힘이 될 것이다.

나가며

FFT 연구는 미국의 그리스도인 중 이제 새신자가 된 사람들이 신앙을 공표하고, 신앙 공동체에 등록하고, 그리스도인으로서 삶을 살아가는 과정을 담아낸 선례 없는 연구였다는 점에서 의미가 크다. 비록 이 글에는 담지 않았지만, 미국 내 다른 종교를 가진 이들이 어떻게 그들의 신앙을 찾게 되었는지도 연구하여 그리스도인들과 다른 종교인들의 신앙 형성 과정을 비교했다는 점에서 더욱 의미가 크다. 특히 이 연구는 서구 사회 내에서 기독교를 포함한 종교의 의미가 점차 축소되고 있다는 표면적 분석과는 달리 설문에 응한 그리스도인들과 다른 종교인들은 자신의 신앙에 대해 진심으로 고민하고 탐구하는 자세를 가지고 있었으며, 그만큼 종교가 그들의 삶에 미치는 영향도 지대한 것으로 나타나 미국 사회에서의 종교의 의미를 재고할 수 있는 계기를 제공했다. 종교를 갖거나 종교적인 것에 관심을 둔 이들의 수는 줄어들고 있을지 몰라도 종교에 귀의한 사람들의 진심은 여전히 이어지고 있다는 것이 이번 연구의 결과이기 때문이다.

서두에서도 잠깐 언급했지만, FFT는 미국 내 거주하는 그리스도인들을 대상으로 한 조사이기에 한국적 상황과 신앙 이해와는 다소 차이가 있는 결과를 보여 준다. 특히 우리나라에서 실시한 몇 안 되는 새신자 연구 보고서인, 한국교회탐구센터에서 2021년에 실시한 "새신자의 교회 출석 경로 및 교회생활 실태 조사 보고서"를 보면, 질문의 구성부터 내용까지 연구의 방향 및 목적 자체가 다르다는 것을 알 수 있다. 따라서 FFT의 결과만 가지고 한국의 새신자들의 상황과 객관적으로 비교하기는 불가하다. 다만 한국 개신교인들의 연구에서는 찾을 수 없는 점들에 주목해 미국 기독교의 새신자 연구가 가진 구분점을 이야기할 수는 있다.

FFT 연구에서 가장 두드러진 부분은 바로 기독교 전통별 차이였다. 천주교, 복음주의 계열 개신교, 그리고 주류 계열 개신교에 속한 교회들은 각각의 독특성을 가지고 있고, 각각의 교단에 속한 교회에 등록한 새신자들은 이러한 특징을 잘 알고 있는 것으로 나타났다. 그들은 각 교회별 특징과 자신의 신앙을 비교해 자신과 맞는 교회를 선택하고, 어울리는 신앙을 발전시켰다. 이런 부분은 분명 한국의 개신교 신앙과 비교가 되는데, 한국의 경우 개신교 교단별로는 차이가 있지만 이러한 차이가 개교회에는 반영이 되지 않는다. 따라서 한국의 개신교인들은 교회를 선택할 때나 자신의 신앙의 모습을 결정할 때, 교단별 차이에 크게 좌우되지 않는다. 반면 미국의 경우 자신이 기독교 신앙에 있어 중요시하는 부분을 분명히 알고 있으며, 이것이 반영된 교회를 찾아서 신앙생활을 시작하는 경우가 많다. FFT는 이런 차이점에 주목했으며, 이는 한국 교회 연구에 있어 참고할 만한 부분이다.

또 하나 FFT의 결과에서 주목할 것은 '점진적으로 기독교 신앙이 형성된 사람들'과 '한순간의 회심으로 그리스도인이 된 사람들'의 차이가 크다는 것이다. 특히 이들은 기독교 신앙을 공표한 후 생긴 변화에서 큰 차이를 보이는데, 점진적 그리스도인들에 비해 한순간에 그리스도인이 된 이들이 신앙생활에 훨씬 더 적극적인 모습을 보인다. 반면 점진적으로 그리스도인이 된 사람들은 그들이 신앙을 공표하기 전에도 끊임없이 기독교 신앙을 탐구하며 구도의 길을 걸어왔다고 답했다. 이러한 차이를 한국 개신교 조사에서는 찾아보기 힘들지만, 대부분의 한국 그리스도인들은 그리스도인이 되기 전과 되고 난 후의 삶의 차이가 크게 나타나는 것으로 미루어 볼 때, 한순간의 회심에 영향을 많이 받는 것으로 보인다. 물론 기독교에 근간한 서구 사회의 문화 속에서 자란 사람들과 종교적 영향이 적은 한국 사회에서 자란 사람들 간의 차이라고도 할 수 있지만, 종교적 관심과 탐구 정신은 분명 신앙의 성숙에 일정 정도 영향을 미친다. 따라서 현대 사회 내에서의 기독교의 역할을 충실히 수행함으로써 비그리스도인들에게도 기독교라는 종교에 대해 생각할 수 있는 기회를 제공한다면, 점진적으로 신앙을 탐구하고 기독교에 귀의하는 사람들의 비중이 늘어날 것이라고 생각한다.

갈수록 세속화되어 가는 현대 사회에서 종교를 갖는다는 것, 그리고 자신의 종교를 공표한다는 것은 쉬운 일이 아니다. 더욱이 현대 한국 사회와 같이 기독교에 대한 사회적 반감이 적지 않은 상황에서 자신의 종교적 신념에 대해 생각하고, 그 신념에 따른 결정을 내린다는 것은 상당한 용기가 필요한 행동이다. 그럼에도 불구하고 바쁜 현대 사회에 지친 사람들에게 종교는 위로와 안식을 선사하고, 돌봄과 지지를 제공하며, 그들을 환영하여 세상과는 다른 가치를 추구할 수 있는 용기와 동기를 부여한다. 같은 이유에서 기독교는 사회에 공헌하는 바가 있으며, 현대인에게 좋은 영향력을 끼칠 수 있다. 또 사회에서는 찾기 힘든 연대감을 지닌 공동체를 통해 다른 가치를 실천하는 길을 혼자 걸어가는 것이 아니라 여러 사람이 함께 걸어가고 있다는 것을 보여줌으로써 한 사람의 그리스도인이 이 땅에서 온전한 삶을 살 수 있도록 도와준다. 건강한 그리스도인이 많아질수록 사회가 건강해질 수 있는 바, 기독교 신앙을 찾는 이들을 돌보는 방법이 많아져서 그들이 그리스도인으로 성장하고, 궁극적으로 사회에 헌신하는 이들이 되기를 기대한다.

05
책으로 톺아보는 한국 교회 회심 이야기
: 한 1970년생 출판인의 스케치

정지영(전 IVP 기획주간)

한국 개신교회의 회심 담론은 순교 시대를 지나 1970년대 이후 어떻게 전개되었는가? 이 글은 이에 대해 20년 이상 기독 출판 현장에 있던 한 사람의 시각으로 단행본 도서를 중심으로 시대별로 분류하고 정리하는 것이 목표다. 이를 통해 그동안 한국 교회가 회심을 어떻게 이해하고 적용했는지를 파악함으로써 우리의 회심 이해에 대한 논의에 도움을 주고자 한다. 그러나 송인규의 글에서 알 수 있듯이 회심과 관련된 용어와 개념이 구원론 전체에 해당하기에 검토해야 할 도서의 범위가 너무 넓다.[1] 따라서 이 글에서는 회심과 가장 가까운 회개, 거듭남, 중생 주제를 직접적으로 다룬 도서, 내용에서는 이 수제를 핵심으로 다룬 도서, 진영으로는 보수적 개신교를 중심으로 살피기로 한다.

복음주의 DNA를 가진 한국 개신교회

한국 개신교는 미국 복음주의 정신과 평양대부흥운동의 에토스로 이뤄진 DNA를 갖고 탄생하고 성장했다.[2] 한국 개신교에 압도적 영향을 준 미국 복음주의의 DNA는 16세기 종교개혁 정신에 청교도와 경건주의, 1·2차 영적 대각성의 에토스를 가졌다. 특히 미국 복음주의는 18-19세기 신학적·사회적 자유주의에 저항하면서 반지성주의, 반문화주의, 분파주의로 쪼그라든 근본주의를 구 프린스턴의 신학과 대각성의 영성을 통해 극복하려 했고, 정통주의 회복과 전향을 모색한 신앙 운동이었는데, 우리 개신교는 여기에 일본 제국주의 아래라는 암울한 환경에서 벌어진 평양대부흥의 강렬한 체험을 장착

---

[1] 송인규가 제시한 용어 외에도 참회, 돌이킴, 개종, 입교, 자기 부인, 부흥, 복음 전도, 종교 체험 등이 이 주제와 직간접적으로 관련되어 있다.

[2] 이는 많은 신학자와 역사학자들의 동일한 증언이다. 미국 개신교의 한국 이식 과정에 관해서는 다음 책을 참고하라. 배덕만, 『복음주의 리포트』(대장간, 2020), pp. 271-288. 배덕만은 근본주의를 다루고 있지만 초기 선교사의 신학 정체성에 대한 분석은 복음주의로 바꿔 이해해도 큰 문제가 없다.

하며 세계 여느 복음주의 교회보다 더 뜨거운 그리스도 공동체로 성장했다.³ 그러나 1·2차 영적대각성에 지대한 영향을 받은 미국 선교사들을 통해 이식받은 복음주의 정신과 대각성 에토스가 종합된 한국 개신교 복음주의 교회는 이후 자유주의자와의 전투 과정에서 교리·교파 중심적으로 축소 이해되어 미국식 근본주의화, 공산주의와의 전쟁으로 반공주의화(친미화), 군사 정권에 의해 진행된 천민 자본주의화되는 과정을 겪는다. 1980년 중후반, 급변한 세상에서 기존의 복음 이해로는 그리스도의 증인으로 충실하게 존재하는 것에 한계를 느낀 기독 지성이 신칼뱅주의와 로잔언약에 자극을 받아 복음의 총체성과 공공성을 주목하고 강조하는 새로운 흐름이 일어난다.⁴ 그러나 이런 흐름은 여전히 비주류일 뿐 한국 교회 전체 분위기는 데이비드 베빙톤이 주장한 복음주의의 네 가지 특징, 곧 성경주의, 회심주의, 십자가중심주의, 행동주의를 분명하게 드러내고 있다. 우리는 이를 시대별로 정리한 다음의 회심 관련 도서들을 통해 확인할 수 있다.

1970년대 이전

1950-1960년대 한국 교회는 분열의 시기였다. 대표적으로 당시 한국 교회 주류였던 장로교에서 신사참배 문제로 1952년에 고려파가 첫 분열을 한 이후, 자유주의 신학 문제로 기장과 예장이(1953년), 에큐메니컬 참여 문제로 합동과 통합이(1959년), 고려파와 합동의 극적 연합(1960년)이 다시 환원(1963년)이란 이름으로 분열하는 일련의 쓰라린 경험을 했다. 기성 교회와 교단이 교

---

3   당시 한국 교회의 주류였던 장로교의 대표 신학자 박형룡은 우리가 지향해야 할 정통주의를 '청교도 개혁주의'로 명명하는데, 이는 당시만 아니라 현재 보수주의 교회의 신앙과 신학 정체성을 압축해 보여 주는 용어다. 최덕성, 『정통 신학과 경건』(분문과현장사이, 2006) 5장 "박형룡과 개혁파 정통신학"에 잘 정리되어 있다.
4   1987년형 복음주의 운동으로 불리는 이 흐름에 대해서는 월간 「복음과상황」 2012년 연중기획 기사들을 참고하라.

회 정치와 신학 논쟁에 함몰되어 가는 동안 1940년대와 1950년대 중후반부터 자생적으로 또는 영미 복음주의 선교 단체의 영향 아래 복음주의 학생 단체들[SFC(1948년), IVF(1956년), CCC(1958년), JOY(1958년), UBF(1961년)]이 등장했다. 전도(evangelism), 훈련(discipline), 파송(mission)을 목표로 하는 이들 파라처치(para-church)들은 뜨거운 구령 의식과 체계적 성경 공부, 밀도 높은 친교, 제자훈련으로 (전투적) 교리 중심, 교파 중심, 반문화주의, 반지성주의로 흐르고 있던 기성 교회와 갈등을 겪으며 성장했다. 파라처치의 등장과 성장은 태생적으로 복음주의 DNA를 가지고 있던 한국 교회에 복음주의의 네 가지 특징을 더욱 강화하는 계기가 된다.

1890년 조선예수교서회로 시작한 대한기독교서회가 1940년대를 지나며 수위 자유주이 신학 책을 내는 출판사로 전향하사, 그고 삭은 개인 출판사의 출판물로 만족하던 보수적 교회 독자들은 1953년 복음주의연맹선교회(The Evangelical Alliance Mission, TEAM)[5]의 갈필도가 생명의말씀사를 설립하고 나서야 보수적이고 경건주의 중심의 책들을 접할 수 있었다. 그러나 대한기독교서회에서도 신앙생활 관련해서는 여전히 전통적인 경건주의 책들을 출간했고, 생명의말씀사로 대변되는 복음주의 출판은 1970년대 중반이 되어서야 본격적으로 관련 책들을 출간했다. 미국 북장로교 선교사 윌리엄 블레어(Willam N. Blair, 한국 이름은 방위량)가 저술한 『그는 이렇게 믿었다』(대한기독교서회, 1961)는 1907년 평양대부흥운동 중 실제 일어난 극적인 회심 이야기를 다룬 책이다. 평안도 안주읍교회의 김찬성 목사가 이 책의 주인공으로, 그는 길선주와 함께 초기 한국 교회를 이끌며 3·1운동에 가담한 죄로 옥고를 치

---

5   처음엔 스칸디나비아연맹선교회(Scandinavian Alliance Mission, SAM)라는 명칭으로 북미 복음주의자들이 중심이 되어 세계 선교를 목적으로 1890년 설립되었다가 1948년 '복음주의연맹선교회'로 명칭을 바꾸었다. 가필드(W. R. Garfield)와 왓슨(T. Watson) 두 선교사가 1953년에 생명의말씀사를, 1954년에 지금의 극동방송인 복음방송을 세워 문서와 방송뿐 아니라 고아원 같은 사회사업으로 복음을 전했다.

른 후에도 만주에서 항일운동을 전개한 독립운동가였다. 저자가 「크리스챤헤럴드」에 연재했던 글을 나중에 엮어 만든 이 책은 우리의 초기 그리스도인들이 어떻게 복음을 듣고 삶 속에서 믿음의 증인으로 어떻게 살았는지 생생하게 보여 준다. 이 책은 후에 『찬성의 고백』(옛적길, 2002) 『세상에서 가장 아름다운 고백』(지평서원, 2017)으로 다시 번역·소개되었다.

1970년대

한국 근현대사의 격정기인 1970년대는 산업화와 도시화가 일어나고, 도시로 몰려든 인구로 인해 교회가 폭발적 성장을 한 부흥기이기도 하다. 주체할 수 없을 정도로 몰려드는 성도들의 신앙생활을 돕기 위해 교회 행정 체제가 정비되고 양질의 외국 설교 사료들이 본격적으로 소개되었다. 무엇보다 세계적 부흥사 빌리 그레이엄(Billy Graham)이 주도한 1973년 여의도집회와 1974년 엑스플로74의 성공으로 교회는 새신자의 회심과 기신자의 회개 모두를 더욱 중요하게 여기게 되었고, 이것은 전도 및 선교와 함께 한국 교회 강단의 주요 메시지가 되었다.

우치무라 간조의 회심기인 『나는 어떻게 크리스천이 되었는가』(설우사, 1973)는 한국의 무교회주의자와 지성인을 중심으로 소비되었다. 일본의 신학자와 사상가, 문인의 작품을 주로 소개해 온 설우사가 가장 먼저 펴낸 이 책은 후에 『나는 어떻게 평안을 얻었는가』(제일출판사, 1975) 『나는 어떻게 크리스챤이 되었는가』(홍성사, 1986) 『우찌무라 간조 회심기』(홍성사, 2001) 등으로 여러 차례 새로운 번역으로 출간되어 존 번연(John Bunyan)의 책과 함께 회심 서사를 대표하는 책으로 읽히고 있다. 17세기 영국의 청교도 조셉 얼라인(Joseph Alleine)이 쓴 *An Alarm to the Unconverted*는 이 주제와 관련해 우리나라에서 가장 많이 번역된 책으로서 회심 설교를 대표한다. 『회개에의 경종』(생명의말씀사, 1974), 『천국에의 초대』(생명의말씀사, 2018), 『참된 회심의 의미』(목회자료사, 1991), 『돌이켜 회개하라』(규장, 2008), 『온전히 돌아서지 않은 자들을 향한 긴급 경고』(천국의사람들, 2015), 『회개하지 않은 자에게 보내는 경고』(크리스천다이제스트, 2015), 『회심의 은혜』(미션월드라이브러리, 2016) 등이 모두 이 책의 번역판으로, 구원에 이르는 참된 회개에 대한 고찰과 권면을 교과서적으로 담고 있다.

생명의말씀사에서 이 주제로 펴낸 또 다른 책은 바실레아 슐링크(Basilea Schlink)의 『회개』(1975)인데, 제2차 세계대전 당시 독일의 유대인 학살을 참회하고 타락한 시대를 향한 예언자적 경고와 복음의 회복을 위해 세운 개신교 독신 여성 수도원인 마리아자매회의 공동 창설자인 여성 저자의 책을 출간한 것은 무척 특기할 만하다. 영국의 성경학자 윌리엄 바클레이(William Barclay)의 『하나님을 향하여』(대한기독교서회, 1977)는 신약성경(특히 사도행전 중심으로)이 회심에 대해 무엇을 말하고 있으며, 그것을 현대에 어떻게 적용해야 하는지에 관해 저자 특유의 쉬운 문체로 명쾌하게 해설한다. 전향으로서의 회심과 변화의 수단, 회심자와 교회가 해야 할 일, 오늘날의 회심에 관한 내용이다. 또 다른 청교도 존 번연의 회심기라 할 수 있는 *Grace Abounding To the Chief of Sinners*도 이즈음 『죄인 중의 괴수에게 은총이 내리시다』(세종문화사, 1977)를 시작으로 그의 『천로역정』만큼은 아니지만 꾸준한 사랑을 받았다. 『죄인에게 주시는 은총』(대한기독교서회, 1979), 『죄인에게 넘치는 은총』(쿰란출판사, 2003), 『죄인 괴수에게 넘치는 은혜』(규장, 2009), 『죄인의 괴수에게 넘치는 은혜』(크리스천다이제스트, 2016) 등이 모두 이 책의 번역판이다.

2차 영적대각성의 핵심 인물 찰스 피니(Charles G. Finny)의 『진정한 부흥』(생명의말씀사, 1977)의 출간은 신자의 회심과 회개를 교회가 그토록 바라는 부흥과 직접적으로 연결하고 있다는 점에서 주목할 만하다. 이 책은 회심과 부흥이 긴밀하게 연관되어 일어난 평양대부흥을 우리 시대에 재현할 수 있다는 소망을 품게 했을 것이다. 워터게이트 사건에 연루되어 수감 생활을 하던 중 회심한 찰스 콜슨(Charles W. Colson)의 영적 회심기 *Born Again*이 『거듭난 사람』(보이스, 1977)으로 같은 해에 번역되었다. 원서와 번역서의 출간 시간 차가 상당했던 당시로서는 매우 이례적으로 이 책은 우리말로 재빨리 번역되었는데, 이는 이 책이 미국에서 얼마나 큰 주목을 받았는지에 대한 방증일 것이다. 당대 세계 최고 권력자의 핵심 인사로 활약하던 지성인이 기독교로 회심했다는 이야기는 현대판 회심 서사의 모범으로 제시하기 적절했으리라. 그래서인지 이 책 또한 『거듭나기』(홍성사, 1991), 『백악관에서 감옥까지』(홍성사, 2003) 등의 제목으로 출간되어 오랫동안 새로운 독자를 만났다.

제임스 헤플리(James Hefley)의 『위대한 그리스도인의 간증』(생명의말씀사, 1977)은 41명의 영적 거인들의 회심 이야기를 담았다. 포함된 인물들로는 순교자 유스티아누스, 아우구스티누스, 아시시의 프란치스코, 마르틴 루터, 조지 휘트필드, 존 웨슬리, 존 뉴턴, 윌리엄 캐리, 로버트 맥체인, 애도나이럼 져드슨, 조지 뮬러, 허드슨 테일러, 찰스 피니, 찰스 스펄전, R. A. 토레이, C. T. 스터드, D. L. 무디, 빌리 그레이엄 등인데, 지금까지도 위대한 신앙 위인으로 소개되는 이들이다.

성장과 부흥이라는 낙관론에 빠진 기성 교회와 교단의 분위기와는 다른 움직임도 있었음을 지적할 필요가 있다. 1970년대 중반 '지성 사회의 복음화'를 목표로 하는 대학생 선교 단체들, 특히 SFC와 IVF를 중심으로 복음의 공공성과 교회의 사회적 책임에 대한 인식이 점차 확산되고 있었다. 미국 웨스트민스터 신학교와 네덜란드 자유대학교에서 신학과 철학을 공부하고 1973년에 귀국한 손봉호는 지적이면서도 감화력 있는 강연과 글로 젊은 그리스도인들을 도전했다. 여기에는 아브라함 카이퍼(Abraham Kuyper)의 『칼빈주의』(세종문화사, 1971)와 카이퍼의 신학을 대중적으로 해설한 헨리 반틸(Henry R. Van Til)의 『칼빈주의 문화관』(성암, 1973), 헨리 미터(H. Henry Meeter)의 『칼빈주의 기본사상』(개혁주의실행협회, 1975)이 국내에 일찍 소개된 것도 한몫했다. 1970년대 초부터 본격적으로 소개된 프랜시스 쉐퍼(Francis A. Shaeffer)의 책들도 같은 맥락에서 이해할 수 있다. 중세 이원론을 비판하면서 서양의 지성사를 기독교의 관점에서 분석한 쉐퍼의『이성에서의 도피』(생명의말씀사, 1970)는 세상과 담을 쌓고 교회와 영혼에 대해서만 관심을 둔 이원론에 함몰되어 있던 한국 교회에 지적 자극을 주었다.

1980년대

'80년 서울의 봄' '광주 민주항쟁' 등 일련의 민주주의 운동으로 온 나라가 시끄러운 상황에서도 기성 교회와 교인은 계속된 성장에 함몰되어 세상과는 아무런 관계가 없는 이원론적 신앙관을 반복하고 확산하는 데 급급했고, 기업을 닮은 대형 교회의 등장은 많은 목회자들의 비전으로 자리 잡았다. 회심 및 회개 주제와 관련해 주목할 만한 책이나 수량 면에서 이 시기 기독 출판계는 이전과 확연히 구별된 출판 방향을 제시했다고 보기 어려울 듯하지만, 아래와 같은 몇 가지 예외가 있다.

휴 커(Hugh T. Kerr)와 존 멀더(John M. Mulder)가 편집한『위대한 회심자들』(생명의말씀사, 1987)은 형식적으로는 제임스 헤플러의 책과 비슷하지만 그리스도인의 종교 체험을 좀 더 진지하고 입체적으로 다룰 목적으로 교회사의 주요 인물들의 1, 2차 회심 기록을 엮은 가치 있는 자료다. 저자는 회심 체험을 제대로 수행하기 위한 요소와 방향을 설정하는 서론 이후 서른여덟 명의 다양한 인물들의 회심 체험 기록을 소개한다. 구 프린스턴 신학자 아치볼드 알렉산더(Archibald Alexander)의『영적 체험 회심에서 임종까지』(지평서원, 1987)도 회심의 필요성과 당위성을 강조하는 소위 회심 설교집보다 진일보한 책이다. 한 사람의 영적 성장을 유아 때부터 임종 때까지 회심과 성화를 중심으로 다양한 사례들을 제시하여 분석하고 이를 목회적으로 적용한다. 조나단 에드워즈(Jonathan Edwards)로 대표되는 뉴헤븐 중심의 신파를 반대하는 구파의 프린스턴 신학자이지만 앤드루 호패커(W. Andrew Hoffecker)가 그의 박사학위에서 잘 드러내 주었듯 차가운 지성과 뜨거운 감성을 균형감 있게 소유한 그의 신학이 이 책에 잘 담겨 있다. 감리교 선교사 스탠리 존스(E. Stanley Jones)의 『회심』(성서연구사, 1988)은 오랜 성경 연구와 선교 현장의 경험을 바탕으로 직조해 낸 그의 회심 신학을 담은 책이다. 그에게 회심은 그리스도인의 삶 전체에 걸쳐 변화와 재정비를 불러일으키는 하나님의 사역이자 삶의 모든 영역에서 살아 내야 할 제자도의 다른 이름이다.

존 스토트(John Stott)의 『현대 기독교 선교』(성광, 1981)는 선교라는 포괄적 차원에서 회심을 다루지만(9장), 회심을 바르게 이해하는 데 꼭 필요한 필독서다. 이 책은 1975년에 출간되자마자 단번에 복음주의 선교 패러다임을 확립한 고전으로 자리매김했다. 전임 사역자나 전문 선교사만이 아니라 하나님의 모든 백성이 온전한 복음 전파를 목적으로 하는 하나님의 선교로 부름받았으며, 교회의 존재 및 교회가 행하는 모든 것에 선교적 차원이 있음을 역설하고, 기독교 회심의 적실성만이 아니라 독특성과 총체성, 급진성 모두를 골고루 균형 있게 강조한다. 이 책은 30년 만에 존 스토트의 동료이자 후임자 크리스토퍼 라이트(Christopher J. H. Wright)에 의해 더욱 가치 있는 책으로 거듭났다. 개정 확대판인 『선교란 무엇인가』(IVP, 2018)에서 크리스 라이트는 로잔언약(1974년)과 케이프타운서약(2010년)의 연속성과 불연속성을 차근하게 톺아보면서 스토트가 제안한 총체적 선교의 적실성에 새로운 의미를 불어넣는다.

1990년대

어느새 규모의 경제 단계로 접어든 사회와 교회는 성장을 위해 계속해서 내달렸고 세상과 그런 세상을 닮은 교회 안에는 역효과가 나타났다. 교회는 최고 경영자의 리더십과 마케팅 같은 세속 이론을 빌려와야 할 만큼 커졌고, 동시에 시나브로 미국 중산층 복음에 익숙해 있던 대형 교회와 그 대형 교회를 성공적 교회 모델로 삼은 중소 교회의 목회자들은 도시화와 산업화로 인해 황폐해진 내면세계와 파편화된 가정, 해갈되지 않은 영성의 위기를 상담과 가성 사역, 경배와 찬양, 성령 사역 등을 통해 돌파하려 했다. 1980년대부터 1990년대 초반까지 전형적 복음주의 운동을 견인하고 폭발적 성장을 보이던 기독 출판은 이런 교회의 변화에 빠르게 발맞추기 시작한다. 온누리교회를 중심으로 상담과 치유, 가정 사역이 적극 수입되었고 출판과 집회를 통해 효과적으로 보급됨으로써 복음주의는 이제 내면화되었다. 그러나 한국 교회는 전체적으로 성경주의, 회심주의, 행동주의, 십자가중심주의라는 전형적 복음주의 에토스를 여전히 간직하고 있었다.

토머스 왓슨(Thomas Watson)의 『회개』(CLC, 1991; 복있는사람, 2015) 『회심』(컴파스북스, 2018), 마틴 로이드 존스(Martyn Lloyd Jones)의 『정직한 영을 새롭게 하소서』(목회자료사, 1991) 『회개』(복있는사람, 2006), 앤드류 머레이(Andrew Murray)의 『회개와 용서』(생명의말씀사, 1994) 등이 전형적 복음주의 또는 오래된 복음주의 회심 신학을 구현한 책들이다. 물론 앤드류 머레이와 워치만 니(Watchman Nee)는 청교도 작가인 로이드 존스와 결이 사뭇 다른 경건주의 지류인 케직파(Keswick)에 속하지만, 이들의 책이 개혁주의 신학을 지향하는 총신대학과 합신대학을 대표하는 신학자에 의해 번역·추천되고 또 생명의말씀사라는 대표적 보수주의 출판사에서 대거 출판됨으로써 한국 교회 독자들에게 같은 부류로 이해되었을 가능성이 매우 높다.[6] 복음주의 하버드로 불리는 휘튼 대학의 총장이었던 레이몬드 어드먼(V. Raymond Edman)의 *They Found the Secret*은 『그들은 비밀을 발견하고 변화된 삶을 살았다』(생명의말씀사, 1994)라는 제목으로 처음 출간된 후 『증인: 믿음의 거인들이 고백하는 놀라운 회심과 삶』(생명의말씀사, 2014)으로 개정되어 다시 나왔다. 이 책은 신앙 위인들의 회심 서사를 담은 책으로 분류할 수 있으며 포함된 인물 또한 많이 겹친다.

마틴 로이드 존스의 『회심, 심리적인 것인가? 영적인 것인가?』(생명의샘, 1994)는 시편 51편 강해를 통해 죄의 성향과 본질을 간파하고 회개의 성경적 요소를 정교하게 제시한 앞의 책과 달리 기독교 회심을 정신적 조건반사라는 순전히 심리적인 현상에 불과하다는 윌리엄 사강(William W. Sargant)의 주장에 대한 로이드 존스의 신학적 응전이다. 데이비드 웰즈(David F. Wells)의 『하나님께 돌아가나』(서토사랑, 1998) 『하나님께로 돌아오라』(지평서원, 2014)는 세계 복음화를 위한 로잔회의 신학 분과에서 회심이란 주제를 그에게 의뢰해 결과로 나온 작품이다. 기독교 회심에 대해 성경은 무엇이라고 하며, 그것이 유대교·이슬람·힌두교·불교·물질주의 세상에서의 회심과 어떻게 다른지 심도 깊게 다루고, 종교개혁과 개혁주의 전통에 충실하게 기독교 회심의 초자연성과 유일성을 호소력 있게 변증한다. 무신론자들을 위한 사도 C. S. 루이스(Lewis)의 회심기 『예기치 않은 기쁨』(크리스천다이제스트, 1999)이 처음 소개되었으나 아직 그의 작품을 충분히 음미할 분위기가 조성되지 않았는지 그리 주목받지 못했다. 그러나 홍성사에서 그의 주요 작품을 출간하며 『예기치 못한 기쁨』(홍성사, 2003)이란 제목으로 정식 번역판을 내면서 우리 시대 최고의 기독교 변증가이자 문학가의 신앙 세계를 엿볼 수 있었다. 풀러 신학교에서 실천신학을 가르치는 리처드 피스(Richard Peace)의 『신약이 말하는 회심』

---

6 앤드류 머레이의 『겸손』이 김희보 교수의 번역으로 총신대출판부에서 1977년에 나왔고, 워치만 니의 『자아가 죽을 때』(정경사, 1974)의 추천사를 박윤선 박사가 썼다.

(좋은씨앗, 1999)은 성경신학의 입장에서 바울과 마가복음을 중심으로 회심을 밀도 높게 조사한 가치 있는 책이다. 신약학으로 박사학위를 받은 전문가이자 전도 및 영성신학자라는 독특한 이력을 가지고 있는 저자는 신약성경 본문을 통해 제기되는 회심과 관련된 주요 이슈(극적 회심과 점진적 회심, 회심과 소명 등)를 명쾌하게 정리하고, 이를 오늘날의 포스트모던 상황에 적절한 전도 방법으로 제안한다. 이 책은 우리의 회심 신앙과 신학을 풍성하게 만들어 주었다. 너무 늦게 회심을 포괄하는 종교 체험에 관한 윌리엄 제임스(William James)의 고전이 『종교 체험의 여러 모습들』(대한기독교서회, 1998)『종교 경험의 다양성』(한길사, 1999)으로 출간되었다. 신학책도 아닐뿐더러 종교 체험을 분석하는 과정과 그 결론에 동의하기 어려운 경우도 있지만, 기독교 회심을 연구하는 데 귀한 통찰을 제공한다. 이후 종교심리학 입장에서 회심을 다룬 많은 책이 출간되었음에도 이 책의 가치는 여전하다.

2000년대

오래전 사라졌던 천사의 소문이 들리기 시작하더니 한국 사회도 영성의 시대에 접어든 신호가 보이기 시작했다. 개신교회는 무한 영성 경쟁 시대로 접어들었다. 개신교 내에 로마 가톨릭과 동방정교회의 영성과 신학이 소개되어 확산되었는데, 이는 알리스터 맥그래스(Alister McGrath)가 지적했듯이 복음주의 전통의 가장 큰 약점 중 하나인 영성의 부재에서 기인한 것으로 볼 수 있다. 그러나 문화적으로는 물질 번영과 초월적 영성 추구가 동시에 진행되는 혼란의 시기이기도 했다. 그러면서 교회는 그동안 지속되었던 성장세가 점차 둔화되더니 결국 멈추고 심지어 감소하는 위기를 맞으며 자성의 목소리를 내기 시작했고, 2007년 평양대부흥 100주년을 계기로 다시 일어설 기회를 모색했다. 리처드 베닛(Richard Bennett)의 『교황 대신 예수를 선택한 49인의 신부들』

(아가페, 2001)은 회심의 또 다른 이름인 개종을 공격적으로 그리고 적극적으로 다룬 책이다. 전통적으로 우리 개신교회는 로마 가톨릭을 이단시하는 경향이 있는데, 이 책은 이런 우리 정서를 잘 대변해 준다. 로마 가톨릭에서 개신교로 개종한 알베르토라는 인물의 개종 이야기가 이미 십수 년 전 화제를 일으킨 적이 있는데, 이 책은 그보다는 점잖게 로마 가톨릭의 이단성과 이교성을 비난함으로써 개신교회의 우월성을 강조한다. 로마 가톨릭교도의 회심 이야기를 담은 책 계보는 바돌로매 브루어(Bartholomew F. Brewer)와 알프레드 퍼렐(Alfred W. Furrell)의 『진리를 찾아 나선 가톨릭 신부의 회심』(하늘기획, 2018)이 이어 간다.

　지성인들의 회심 이야기는 예전이나 지금이나 화젯거리다. 켈리 먼로 컬버그(Kelly Monroe Kullberg)의 『하버드 천재들의 하나님 이야기』(진흥, 2000)는 제복이 주는 상업성 혹은 신징성과 달리 진지한 회심 서사를 제공한다. 후에 베리타스포럼으로 발전하는 하버드 내 이 운동에 관한 기록은 쪼그라들고 있던 대학 선교 단체에 큰 도전과 자극이 되었고 결국 한국 베리타스포럼이 설립되는 성과를 보이기도 했다. 원서에서 누락된 부분을 포함해 완역판이 『지성의 회심』(새물결플러스, 2011) 『하버드 천재들, 하나님을 만나다』(새물결플러스, 2015)란 제목으로 다시 출간되었다. 리젠트 칼리지의 조직신학자 폴 헬름(Paul Helm)의 『회심, 하나님께로 돌아서다』(SFC, 2003) 『회심, 그리스도인의 시작』(SFC, 2019)은 회심신학을 개혁파 입장에서 잘 정리하고 소개한 책이다. 죄를 자각하는 문제에서 회개와 신앙의 관계, 율법주의 문제, 확신의 문제, 칭의와 성화의 관계, 체험의 중요성, 성령의 역할 등을 알차게 담았다. 제임스 제인웨이(James Janeway)와 코튼 매더(Cotton Mather)의 『아이들의 회심 이야기』(지평서원, 2004)는 17세기 영국의 청교도 목사와 17세기와 18세기를 살았던 미국을 대표하는 청교도 목사가 구원의 복음을 믿은 어린 회심자들의 이야기를 담은 책이다. 언약신학에 근거해 자녀들에 대한 신앙 교육에 철저했던 그들은 어린 회심자의 서사에 대해서도 관심을 많이 가졌고 이를 신앙에 적극 활용했다.

출판사 규장과 지평서원은 매튜 미드(Mathew Mead)의 『유사 그리스도인』(지평서원, 2000), 찰스 스펄전(Charles Spurgeon)의 『회심을 위한 불같은 외침』(지평서원, 2003), 리처드 백스터(Richard Baxter)의 『회심』(지평서원, 2004) 『회개했는가』(규장, 2008) 『회심으로의 초대』(크리스천다이제스트, 2017), 존 콜쿤(Jone Colquhun)의 『참된 회개』(지평서원, 2007), 제임스 뷰캐넌(James Buchanan)의 『성령의 사역, 회심과 부흥』(지평서원, 2006), 켄트 필폿(Kent Philpott)의 『진실로 회심했는가』(규장, 2009) 등 청교도 회심 서적을 집중적으로 번역·출간했다. 지평서원은 퓨리탄(Puritan)과 리폼드(Reformed)의 앞 철자를 딴 'P&R 시리즈'로, 규장은 '컨버전 북스'로 출간했고, 여기에 더해 복있는사람은 '오늘을 위한 퓨리탄 시리즈'라는 타이틀을 달고 관련 서적들을 중복 출간을 불사하며 경쟁적으로 쏟아 냈다. 여기에는 조나단 에드워즈의 책들도 포함된다. 『놀라운 회심 이야기』(CLC, 1997) 『놀라운 회심의 이야기』(크리스천다이제스트, 2002) 『놀라운 부흥과 회심 이야기』(부흥과개혁사, 2006), 『신앙과 정서』(지평서원, 1993) 『신앙감정론』(부흥과개혁사, 2005), 『철저한 회심, 참된 부흥: 철저한 회심없는 부흥은 없다』(예찬사, 2017) 등 조나단 에드워즈의 책들은 1990년대부터 소개되기 시작해 2000년 중반에는 전집이 출간되기 시작했다. 그의 책들은 교회사에 있어 기독교 신학, 특히 부흥신학을 체계적이고 구체적으로 기록한 독보적 작품으로 평가받는다. 제임스 패커는 조나단 에드워즈의 가장 중요한 기여가 부흥신학을 정립한 것이라고 평가한 바 있기에, 에드워즈의 작품을 정식 완벽본으로 갖게 된 것은 무척 값진 일이다.

좋은 책일수록 더 정확한 번역, 멋진 장정과 디자인으로 새로운 독자를 만나는 것은 언제나 필요하다. 그런데 왜 그것이 몇몇 책, 몇몇 저자들에게만 집중되어야 할까? 또 왜 그 책들이 특정 시기에 집중적으로 소개되었을까?

이는 2000년 초반 미국에서 일어나고 있던 새로운 칼뱅주의 운동과 맞물려 있다. 청교도와 칼뱅주의를 따르는 존 파이퍼, 존 맥아더, D. A. 카슨, R. C. 스프라울, 알버트 뮬러 등 원로급 인사들과 마크 드리스콜, 콜린 한센, 케빈 드 영, 그렉 길버트 같은 소장 목회자와 학자들이 의기투합해 불러일으킨 이 운동을 「뉴욕타임스」는 세계를 변화시키는 열 가지 사상 중 하나로 소개한 바 있다. 명분상으로는 청교도 개혁주의를 지향하면서 상담, 심리, 마케팅, 기독교식 자기 계발, 혼합 영성에 강단을 내주고 자괴감에 빠져 있던 한국 교회의 목회자들에게 예언자의 목소리 같았을 것이다.

옥한흠 목사의 아들 옥성호의 '부족한 기독교 시리즈 3부작' 『심리학에 물든 부족한 기독교』(부흥과개혁사, 2007), 『마케팅에 물든 부족한 기독교』(부흥과개혁사, 2007), 『엔터테인먼트에 물든 부족한 기독교』(부흥과개혁사, 2010), 규장출판사 직원들의 성령 체험과 회개 이야기를 바탕으로 한 고 김웅구의 『십자가』(규장, 2008)가 독자들의 놀라운 반응을 받은 것에는 분명 이런 배경이 있었다. 십자가의 복음이 있던 자리에 부와 번영의 복음, 자기 계발이라는 세속 메시지가 만연한 현대 교회는 십자가 없이 구원받은 사람들로 가득 차 있다는 경고와 십자가의 복음 앞에 회개해야 한다는 초대는 그간 한국 교회의 강단에서 행해진 메시지의 재탕이다. 즉 죄와 복음에 대한 이해는 철저히 개인적 차원으로 해체되었으며 구원의 역사적 지평이 개인적인 실존에 함몰되어 있을 뿐 아니라 그것을 전달하는 방식 또한 지극히 자극적이고 원색적이며 심지어 폭력적이란 점이 너무나 닮았다. 하나님과 멀어진 인간으로서 본질적으로 가질 수밖에 없는 두려움 속에서 청교도식 영적 결벽증을 갖고 살게 하는 이런 신학을 달라스 윌라드(Dallas Willard)는 '죄 관리 복음'이라고 예리하게 비평한 바 있다.[7]

---

7 청교도적 영적 결벽증에 관해서는 정용섭, 『속 빈 설교 꽉 찬 설교』(대한기독교서회, 2006) 김남준 편에 잘 표현되어 있다.

이 책들 저변에는 조나단 에드워즈와 평양대부흥으로 대변되는 청교도 개혁파 신학이 자리하고 있는데, 평양대부흥의 흔적들을 뒤따르며 부흥의 비밀을 다큐멘터리 시각으로 정리한 김우현의 『부흥의 여정』(규장, 2006)은 후자에 방점을 둔 책이다. 이 책은 베들레헴 코드(작고 미천한 자들을 통해), 토레이 코드(하늘을 가르고 임하는 성령 세례를 통해), 어린양 코드(순교자의 피를 통해)라는 세 가지 코드를 통해 부흥을 잃어버린 세대들에게 하나님을 갈망하게 하는 장점이 있음에도 불구하고 '초대교회로 돌아가자'는 구호처럼 실체 없는 부흥을 추구하게 하는 약점을 고스란히 갖고 있다.

그런 의미에서 IVP의 모던클래식스 시리즈의 하나로 출간된 짐 월리스(Jim Wallis)의 『회심』(IVP, 2008)은 '회심'을 철저히 사적 영역에 한정시키고 탈역사화하는 약점을 되풀이하는 책들과 달리 소비사회, 자본주의, 정치적 사회 구조라는 오늘 우리의 현실에서 회심의 의미와 방향, 그것의 역사성을 진지하게 묻는 진정한 고전이다.[8]

"세계의 석학 11인이 들려주는 영적 자서전"이란 부제를 달고 있는 켈리 제임스 클락(Kelly James Clark) 편집의 『기독교 철학자들의 고백』(살림, 2006)은 기독 지성, 세계 철학계에서 두각을 나타낸 이들의 회심기를 담은 책으로 회심 서사 책의 계보를 잇는다.

2010년 이후

전 세계적인 경기 불황과 탈교회화·영성화가 심화되고 있던 2010년 초에 두 명의 지성이 기독교로 회심하는, 최소한 회심을 고민하는 책이 출간되었다. 인문학자 고 이어령의 『지성에서 영성으로』(열림원, 2010)와 철학자 앤터니 플루

---

8 이 책의 가치를 주목한 성서한국은 출간 다음 해인 2009년 전국대회의 주제를 '회심'으로 정하고, 회심에 대한 입체적 해석과 적용을 모색했다.

(Anthony Flew)의 『존재하는 신』(청림출판, 2011)이 그것이다. 철저한 무신론자였던 두 동서양 지성의 회심기 또는 회심 과정기는 독자들과 언론의 관심을 받기에 충분했다. 특히 고 이어령의 신앙고백은 해외 지성의 회심 소식만 접하며 토종 기독 지성의 회심 소식에 갈급하던, 그리고 고문 기술자 이근안과 안태근 전 검사의 회심 소식에 절망하던 한국 교회 신자들에게 신선한 충격을 주었다.

리젠트 칼리지에서 영성신학을 가르치는 고든 스미스의 『온전한 회심』(CUP, 2012)의 출간 소식은 빈약한 회심 서적 분야에 단비와 같았다. 저자에 따르면, 예수님과의 인격적 만남의 결과인 회심은 하나님을 향한 생각과 마음의 변화가 일어나는 첫걸음이다. 스미스는 회심에 일곱 가지 보편적 특징 또는 구성 요소(믿음, 회개, 신뢰와 용서에 대한 확신, 충성과 헌신의 결단과 다짐, 물세례, 성령을 선물로 받음, 그리스도인 공동체의 일원이 됨)가 있음을 강조한다. 이 책의 부제 '회심의 7가지 얼굴'이란 이 특징을 뜻하는 것으로, 분명 구분되지만 분리되지 않고 유기적 관계를 형성한다. 중요한 것은 하나님의 은혜가 경이로운 것은 그것이 미묘하고 느리며 점진적이기 때문이다. 하나님은 역사적·문화적·사회적 맥락과 일상 속에서 우리 영혼의 진전을 점진적으로 이루어 가신다. 성화, 영성 형성의 중요한 수단인 영적 일지에 관한 실천적 지혜까지 제공하는 이 책은 회심에 관한 국내 번역서 중 단연 압권이라 하겠다. 회심과 성화의 관계를 생각하면 저자의 『온전한 성화』(국제제자훈련원, 2016)와 함께 읽을 필요가 있다. 『온전한 회심』이 독자와 출판계로부터 좋은 반응을 받은 반면, 『온전한 성화』는 좋은 번역과 편집에도 불구하고 주목받지 못해 아쉽다.

송인규는 『개혁주의 관점에서 본 회개와 부흥』(부흥과개혁사, 2011)에서 저자 특유의 분석력으로 회개와 부흥을 해부한다. 그리고 부흥에 대한 여러 관점을 전면적 거부설, 조건적 성취설, 조작적 가능설, 주권적 도래설로 정리하고 네 가지 입장에서 주권적 도래설이 개혁주의 신학에 가장 부합하고 성경적인 입장임을 명쾌하게 설명한다. 스코틀랜드 장로교 신학자 싱클레어 퍼거슨(Sinclair Ferguson)의 『진짜 회심』(우리시대, 2012)은 회심을 고해성사 같은 종교의례 정도로 간주했던 중세 로마 가톨릭의 실패를 반복하며 회심의 열매를 맺지 않는 오늘날의 그리스도인들에게 엄중한 경고와 함께 하나님 앞에서 깨어진 심령으로 지속적으로 회개하며 사는 참된 회심 과정과 방법을 소개한다. 제임스 패커는 현대의 교리 선생답게 『세례와 회심』(아바서원, 2012)에서 회심에 관한 기본 진리를 군더더기 없이 명료하게 소개한다.

짐 월리스의 『회심』, 고든 스미스의 『온전한 회심』과 함께 주목해야 할 책이 알렌 크라이더(Alan Kreider)의 『회심의 변질』(대장간, 2012)이다. 저자에 따르면 참된 회심에는 신념(Belief), 행동(Behavior), 소속(Belong) 등 3B가 포함된다. 이는 종교사회학에서 가르치는 바이기도 한데, 결국 진정한 회심이란 총체적이고 전방위적인 변화를 수반한다는 의미다. 저자는 콘스탄틴의 기독교 공인 이후 회심에 변질이 일어났다고 말한다. 초기 교회 전통에서는 몇 년 동안의 깐깐한 신앙교육을 거쳐야 그리스도인 공동체로 소속이 가능했던 회심 과정이 하루아침에 세워진 기독교 세계 아래에서 간소화되고 축소되어 버렸다. 초대교회에 대한 지나친 이상화의 위험이 있지만, 일종의 삶의 체계로서의 회심을 말하는 저자의 주장은 무척 도전적이고 생각해 볼 여지를 제공한다. 저자는 같은 주장을 『초기 교회와 인내의 발효』(IVP, 2021)에서 더 강하게 밀고 나가고, 더 확실한 근거를 제시한다.

폴 워셔(Paul Washer)의 『회심』(생명의말씀사, 2013)은 책에 인용된 저자와 책들을 통해 알 수 있듯이 청교도 개혁주의에 가까운 회심 메시지를 다룬다. 회개 없는 기독교에 빠져 있는 현대 교회를 질타하고 참된 회개의 문을 지나 온전한 구원의 자리로 나아오라고 초대한다. 『토머스 브룩스의 참된 회심』(마르투스, 2014), 찰스 스펄전의 『스펄전의 회심』(프리스브러리, 2013), 토머스 보스턴(Thomas Boston)의 『회개』(생명의말씀사, 2014)와 비슷한 내용과 어조로 죄에서 떠나 하나님께로 돌아올 것을 호소한다. 로자리아 버터필드(Rosaria Butterfield)의 『뜻밖의 회심』(아바서원, 2014)은 거짓된 회개에서 참된 회개로, 이교에서 참된 종교로의 회심과 개종이 아니라 "하나님의 창조 질서에 어긋한 동성애자에서 올바른 이성애자로 회심한" 이야기다. 동성애 죄를 회개하고 그리스도인으로 돌아온 이들의 간증을 다룬 책이 제법 많은데, 저자만큼 진리를 말하되 사랑 안에서 하는 이를 본 적이 없는 것 같다. 지금도 그렇지만 출간 당시 동성애 문제로 한국 교회가 무척 혼란스러운 시기였기에 이 책의 출간을 환영한 이들이 많았다.

이정규의 『회개를 사랑할 수 있을까』(좋은씨앗, 2016)는 새롭진 않지만 회개에 관한 성경의 핵심 사항을 가장 효과적으로 담은 책이다. 로이드 존스가 『회개』에서 시편 51편을 통해 제시한 회개 공식을 충실히 따르는 것에서 알 수 있듯이 청교도 개혁주의 신학에 입각해 회심의 성경적 의미를 제시한다. 참된 회개의 결과인 변화에 대해, 이웃 사랑으로 확대되어야 하고 회심이 궁극적으로 마음의 문제임을 분명히 한 점은 높이 살 만하다. 자칫 회심과 회개의 행위를 강조할 경우 율법주의화될 가능성이 높기 때문이다.

제임스 휴스턴(James M. Houston) 편집의 『그리스도인은 누구인가』(IVP, 2021)는 결국 회심은 정체성의 변화라는 의미에서 여러 성경신학자와 조직신학자, 역사신학자가 각각 그리스도인이라는 새로운 정체성을 갖고 사는 이들의 삶이 무엇인지에 관해 성경 속 인물들과 교회사 속 탁월한 사상가들을 통해 확인하는 회심 연구서다. "이 책에는 그리스도의 빛이 그리스도인이라는 프리즘을 통과하면서 만들어 낸 42개의 아름다운 무지개가 실려 있다. 그것은 성경에서 시작해서 교부 시대, 중세, 초기 근대를 지나 계몽주의 시대와 현대에 이르기까지 '나는 크리스티아노스다'라는 자기 정체성을 간직한 인물들에 대한 42가지의 해석이기도 하다"라는 인문학자 김용규의 추천은 책의 내용과 가치를 잘 압축하고 있다.

알리스터 맥그래스의 『지성적 회심』(생명의말씀사, 2021)은 과학과 신앙의 문제에 답할 수 있는 유일한 기독교 신학자로 평가받는 대표적 복음주의 신학자의 자서전이다. 대학생 시절 그리스도인에서 무신론자가 되기로 결심했던 저자가 어떻게 복음주의 신앙을 다시 고백할 수 있었는지, 그 여정을 자세히 보여 줌으로써 복음주의 기독교가 얼마나 매력적인지를 재확인할 수 있다.

스케치를 마치며

태생적으로 복음주의 DNA를 갖고 태어난 한국 교회는 역사 속에서 그 정체성에 맞는 발언과 행위를 해 왔다. 때로 한쪽으로 치우치기도 하고 때로 돛을 내리지 못한 배처럼 이리저리 심하게 흔들리기도 했다. 그러나 언제나 본질에 충실하려는 모습을 보이며 성장과 부침을 반복해 왔다. 종교개혁과 영적 대각성의 영향을 받은 미국 복음주의와 평양대부흥이라는 우리만의 종교 체험은 한국 교회에 토착화된 성경주의, 회심주의, 행동주의, 십자가중심주의 에토스를 심어 주었다. 해방 이후 복음주의 출판사가 출간하고 한국 교회가 소비한 도서들은 이 맥락에 무척 충실해 보인다. 그리스도와의 인격적 만남으로 인한 죄 인식과 회개, 그리스도의 주 되심에 대한 믿음을 포함하는 회심은 한국 교회 강단의 핵심 메시지가 되었다. 심지어 회심과 회개의 메시지가 외면받고 있다고 할 때조차 회개는 어떤 형식으로든 선포되어 성도들에게 종교적 해방감을 주었다.

지금까지 시대별로 소개한 책들을 살펴보며 두 가지를 주목하고 싶다. 먼저 이 주제의 많은 책이 청교도와 개혁주의, 경건주의에 속한, 최소한 이 신학에 친화적인 저자들에 의해 쓰였다는 사실이다. 이는 종교개혁자나 청교도와 경건주의자들이 기독교 국가에서 태어나는 것만으로 신앙인으로 인정되던 중세 또는 영국 성공회 또는 크리스텐덤 사회 속 죽은 정통주의에 저항하며 탄생한 태생적 원인이 한몫한다. 실제로 그들의 메시지는 사문화된 경전과 교리에 갇혀 스스로 속고 있는 죄인들에게 회개의 경종을 울리고 구원에 이르게 하는 복음의 능력을 일깨워 주는 힘이 있었다. 이는 오늘날에도 적실할 뿐 아니라 여전히 필요한 메시지다. 그러나 그들의 회심 메시지는 위에서 언급했듯이 자칫 성경의 '회심'을 철저히 사적 영역에 한정시키고 탈역사화하는 위험성이 있다. 따라서 그들의 회심신학은 회심의 총체성과 공공성을 강조하는 다른 회심신학과 함께 가야 할 필요가 있다. 두 번째는 기존 회심에 관한 도서가 지나치게 설교나 간증 이야기 중심이라는 사실이다. 성경적·신학적 이해를 돕는 좋은 책들이 출간되었지만 여전히 빈약한 현실이다. 우리의 회심신학은 여기서 한발 더 나아가 선교학과 실천신학 같은 다른 신학 분과와 함께 이해될 필요가 있으며, 또 심리학이나 사회학 같은 타 학문과의 입체적 연구도 절실하다. 앞으로 우리의 회심 신앙과 신학이 성경적으로 더 균형 잡고 지속적으로 개혁될 수 있도록 하는 책들을 통해 그리스도 예수 안에서 하나님의 자녀 된 우리의 삶이 더 풍성해지길 바란다.

부록
설문 조사 문항

부록: 설문 조사 문항

새신자 대상 설문 조사

안녕하십니까? 저희는 기독교 신자의 교회생활에 대해 조사 연구를 하고 있습니다. 잠시만 시간을 내어 주시면 도움이 됩니다. 응답하신 내용은 통계 용도로만 사용되며 통계법에 의해 비밀이 보장됩니다.

SQ 1. 귀하의 성별은 무엇입니까? (단수 응답)
  1) 남성   2) 여성

SQ 2. 귀하는 몇 살입니까? (만 나이 기준) _____ 세 → 만 19세 이상이 조사 대상임.

SQ 3. 귀하의 거주 지역은 어디입니까? (단수 응답)
  1) 서울   2) 부산   3) 대구   4) 인천
  5) 광주   6) 대전   7) 울산   8) 경기
  9) 강원   10) 충북   11) 충남(세종) 12) 전북
  13) 전남   14) 경북   15) 경남   16) 제주

SQ 4. 귀하의 종교는 무엇입니까? (단수 응답) → 1)기독교(개신교) 응답자만 조사 대상임.
  1) 기독교(개신교)   2) 천주교
  3) 불교/원불교   4) 이슬람
  5) 기타 _____   6) 종교 없음

SQ 5. 귀하께서 본격적으로 교회에 나가신 것은 몇 년도입니까? _____ 년도 → 2016년부터 출석자가 조사 대상자임.

SQ 6.   귀하께서는 평소 출석하는 교회가 있습니까? (단수 응답)

   1) 있다

   2) 기독교는 믿지만 교회에 다니지 않는다 → 조사 대상자 제외.

SQ 7.   귀하께서는 세례를 받았습니까?

   1) 받았다.   2) 안 받았다.

(SQ 7에서 1번 응답자)

SQ 8.   귀하께서는 언제 세례를 받았습니까? _____ 년도 → 2016년부터 출석자가 조사 대상자임. 그 이전은 조사 중단.

문 1)   귀하께서 교회에 나가시기 전에 귀신, 천국, 지옥 등 영적인 존재나 세계가 있다고 믿으셨습니까? (단수 응답)

   1) 거의 안 믿었다.   2) 별로 안 믿었다.

   3) 약간 믿었다.   4) 매우 믿었다.

문 2)   교회에 나가시기 전에 종교에 대한 관심이 있었습니까? (단수 응답)

   1) 거의 없었다.   2) 별로 없었다.

   3) 약간 있었다.   4) 매우 있었다.

문 3)   교회에 나가시기 전에 가장 호감이 갔던 종교는 무엇이었습니까? 하나만 응답해 주세요. (단수 응답)

   1) 기독교(개신교)   2) 천주교

   3) 불교   4) 이슬람교

   5) 무속신앙   6) 기타 _____

   7) 없었다.

문 4)   그러면 교회에 나가시기 전에 가장 싫어했던 종교는 무엇이었습니까? 하나만 응답해 주세요. (단수 응답)

   1) 기독교(개신교)   2) 천주교

   3) 불교   4) 이슬람교

   5) 무속신앙   6) 기타 _____

   7) 없었다.

문 5) 교회에 나가시기 전에 다른 종교 집회(예불, 미사 등)나 활동(굿 등)에 참여한 적이 있습니까? (단수 응답)

    1) 있다.   2) 없다.

(문 5에서 1번 응답자)
문 6) 어떤 종교 집회나 활동에 참여하셨습니까? 참여했던 종교나 활동을 모두 응답해 주세요. (복수 응답)

    1) 천주교   2) 불교
    3) 이슬람교   4) 무속신앙
    5) 기타 _____

(문 6에서 응답한 보기만 노출)
문 7) 그러면 기독교(개신교)를 믿기 전에 어떤 종교를 믿으셨습니까? 여러 종교를 믿으셨으면 기독교 믿기 바로 전에 믿었던 종교를 응답해 주세요. (단수 응답)

    1) 천주교   2) 불교
    3) 이슬람교   4) 무속신앙
    5) 기타 _____   6) 기독교(개신교) 이전에 종교를 믿은 적 없다.

문 8) 그러면 교회에 나가시기 전에 기독교(개신교)와 교회에 대해서 어떻게 생각하셨습니까? (단수 응답)

    1) 매우 싫어했다.   2) 약간 싫어했다.
    3) 싫어하지도 좋아하지도 않았다.   4) 약간 호감이 있었다.
    5) 매우 호감이 있었다.

문 9) 귀하께서 교회에 처음 나가실 무렵에 혹시 삶의 어려운 문제가 있었습니까? 있었다면 어떤 문제였습니까? 해당하는 것을 모두 응답해 주세요. 없었으면 없었다고 응답해 주세요. (복수 응답)

    1) 나(가정)의 경제적 어려움   2) 나(가족)의 신체적 건강 문제
    3) 나(가족)의 우울증/정신적 질병   4) 나(가족)의 학업/취업/퇴직 문제
    5) 가족 간의 갈등과 불화   6) 사업/직장의 어려움
    7) 인간관계의 어려움   8) 인생의 의미에 대한 혼란
    9) 진리에 대한 관심   10) 도덕적 죄책감
    11) 기타 _____   12) 없었다.

(문 9에서 보기 1-11번 응답자)

문 10) 그 당시 겪었던 삶의 문제 가운데 신앙에 대해 관심을 갖게 한 문제는 무엇이었습니까? 가장 중요한 것 한 가지만 응답해 주세요. (단수 응답)

1) 나(가정)의 경제적 어려움
2) 나(가족)의 신체적 건강 문제
3) 나(가족)의 우울증/정신적 질병
4) 나(가족)의 학업/취업/퇴직 문제
5) 가족 간의 갈등과 불화
6) 사업/직장의 어려움
7) 인간관계의 어려움
8) 인생의 의미에 대한 혼란
9) 진리에 대한 관심
10) 도덕적 죄책감
11) 기타 _____
12) 없었다.

문 11) 교회는 누구의 권유로 나가셨습니까? 여러 명이 권유했으면 가장 결정적인 분 한 분만 응답해 주세요. (단수 응답)

1) 누구의 권유 없이 자발적으로
2) 가족/친척
3) 친구/선후배
4) 직장 동료
5) 이웃
6) 기타 _____

문 12) 귀하께서는 어떤 이유/목적 때문에 교회에 나갈 마음을 가지셨습니까? 가장 중요한 것 하나만 응답해 주세요. (단수 응답)

1) 인생의 의미를 알고 싶어서

2) 내세에 대한 관심이 있어서

3) 건강, 가족, 사업/직장의 문제 해결을 위해서

4) 사업상 인맥을 쌓기 위해서

5) 친밀한 인간관계를 맺기 위해서

6) 훌륭한 인격 혹은 교양을 갖추기 위해

7) 그냥 호기심으로

8) 주위 권유로 특별한 목적 없이

9) 기타 _____

(문 11에서 1번 응답자)

문 13) 자발적으로 교회에 나가셨다고 했는데 구체적으로 어떤 계기로 교회에 나가셨습니까? 가장 중요한 것 하나만 응답해 주세요. (단수 응답)

1) 전도지를 받아 보고

2) 전도용/집회안내 현수막을 보고

3) 설교 방송/책을 보고

4) 다른 사람의 간증을 듣고/간증 서적을 읽고

5) 본받을 만한 훌륭한 인격을 가진 크리스천을 보고

6) 교회가 사회를 위해 좋은 일을 하는 것을 보고

7) 예전에 교회 다니던 기억이 나서

8) 특별한 계기 없이

9) 기타 _____

(문 11에서 2, 3, 4, 5, 6번 응답자)

문 14) (문 11의 응답 내용 표기)의 권유로 교회에 나가셨다고 하셨는데 구체적으로 어떤 상황이었습니까? 여러 상황이었으면 가장 중요한 상황 하나만 응답해 주세요. (단수 응답)

1) 내 고민을 듣더니 교회 가자고 권유했다.

2) 교회(혹은 종교)에 대해 관심을 보였더니 교회 가자고 권유했다.

3) 교회 새신자 초청 행사(총동원주일, 새생명축제 등)라고 교회 가자고 권유했다.

4) 특별한 계기 없는데 그냥 교회 가자고 권유했다.

5) 기타 _____

(문 11에서 2, 3, 4, 5, 6번 응답자)

문 15) (문 11 응답 내용 표기)께서는 귀하에게 어떤 방식으로 권유했습니까? 해당하는 것을 모두 응답해 주세요. (복수 응답)

1) 하나님의 사랑, 인간의 죄, 예수님의 대속의 죽음, 부활 등 복음의 내용을 논리적으로 설명했다.

2) 예수 믿으면 받는 복(물질, 건강, 범사)을 설명했다.

3) 나의 고민을 들어 주었다.

4) 내가 겪는 인생의 고민과 문제를 해결해 주려고 노력했다.

5) 교회가 이웃과 사회를 위해 얼마나 좋은 일을 많이 하는지 설명했다.

6) 기타 _____

(문 11에서 2, 3, 4, 5, 6번 응답자)

문 16) 그 가운데 귀하가 교회 나가는데 가장 큰 영향을 미친 것은 무엇이었습니까? (단수 응답)

    1) 하나님의 사랑, 인간의 죄, 예수님의 대속의 죽음, 부활 등 복음의 내용을 논리적으로 설명했다.

    2) 예수 믿으면 받는 복(물질, 건강, 범사)을 설명했다.

    3) 나의 고민을 들어 주었다.

    4) 내가 겪는 인생의 고민과 문제를 해결해 주려고 노력했다.

    5) 교회가 이웃과 사회를 위해 얼마나 좋은 일을 많이 하는지 설명했다.

    6) 기타 _____

(문 11에서 2, 3, 4, 5, 6번 응답자)

문 17) (문 11 응답 내용 표기)가(이) 처음 교회에 나가지고 권유한 이후 얼마 만에 교회에 나가셨습니까? (단수 응답)

    1) 즉시 바로   2) 1년 미만

    3) 1-2년 미만   4) 2-3년 미만

    5) 3-4년 미만   6) 4-5년 미만

    7) 5년 이상

(문 11에서 3, 4, 5, 6번 응답자)

문 18) 처음 교회 나가기를 권유받은 후 교회에 나갈 때까지 귀하에게 교회 나가기를 권유하신 (문 11 응답 내용 표기)와(과) 어떤 관계로 있었습니까? (단수 응답)

    1) 별로 연락이 없었다.   2) 가끔 안부를 주고받는 정도였다.

    3) 자주 연락을 주고받았다.   4) 내 고민을 들어 주고 어려운 것을 도와주었다.

(문 10에서 1-11번 응답자)

문 19) 귀하께서 신앙에 관심을 갖게 된 데에는 (문 10의 응답 내용 표기) 문제가 영향을 미쳤다고 하셨는데 그 문제 해결에 신앙이 도움이 되었습니까? (단수 응답)

    1) 거의 도움이 안 됐다.   2) 별로 도움이 안 됐다.

    3) 약간 도움이 됐다.   4) 매우 도움이 됐다.

문 20) 교회에 나가기로 결정할 때 망설이게 한 가장 큰 장애 요인은 무엇이었습니까? (단수 응답)

1) 하나님/예수님의 존재에 대한 의심　　2) 기적 등 비과학적으로 보이는 성경의 내용
3) 정기적으로 주일 예배드리는 것　　4) 헌금
5) 교회/기독교인의 부정적 이미지　　6) 제사/절하는 문제
7) 가족의 반대　　8) 종교에 깊이 빠질까 봐
9) 평소 좋아하던 것을 못하게 될까 봐　　10) 기타 _____
11) 없었다.

문 21) 귀하께서 처음 참석하신 교회 모임은 무엇이었습니까? (단수 응답)

1) 주일/수요 예배 등 정규 예배　　2) 전도 행사
3) 부흥회/사경회 같은 행사　　4) 수련회/캠프
5) 소그룹 모임　　6) 기도 모임
7) 찬양 모임　　8) 기타 _____

문 22) 귀하께서는 현재 본인의 신앙의 단계가 아래 보기의 4단계 가운데 어느 단계에 가장 가깝다고 생각하십니까? (단수 응답)

1) 1단계: 나는 하나님과 교회에 대한 관심을 갖고 탐구하고 있지만, 아직 분명한 신앙 고백이나 확신에 이른 것은 아니다.
2) 2단계: 나는 하나님을 믿고 예수님을 구주로 고백한다. 교회에도 규칙적으로 출석하려고 하지만, 신앙에 대해서는 아직 배워야 할 것이 많다.
3) 3단계: 나는 예배뿐 아니라 개인적으로 말씀 묵상이나 기도를 통해 하나님의 은혜와 사랑을 경험한다. 나는 교회의 모임이나 활동에도 잘 참여하는 편이다.
4) 4단계: 신앙은 나의 모든 삶에서 가장 중요한 가치다. 나는 내 인생을 향한 하나님의 뜻을 발견하여, 교회에서의 봉사뿐 아니라 세상에서도 이웃을 섬기는 삶을 살고자 한다.

(문 22에서 2, 3, 4번 응답자)
문 23) 교회 나가신 후 언제쯤 지나서 '내게 믿음이 생겼다'는 것을 확신하셨습니까? (단수응답)

1) 교회 출석 후 1년 미만　　2) 교회 출석 후 1-3년 미만
3) 교회 출석 후 3-5년 미만　　4) 교회 출석 후 5년 이후
5) 잘 모르겠다.

(문 22에서 2, 3, 4번 응답자)

문 24) 교회 출석 이후 믿음을 가지게 되는 데에 가장 도움이 된 것은 무엇이었습니까? (단수 응답)

1) 다른 사람의 간증 2) 복음의 유익과 믿는 방법의 논리적인 설명
3) 설교 4) 집회(예배, 모임)의 찬양/분위기
5) 삶의 문제에 대한 상담 6) 성경 공부
7) 교인들의 친절함 8) 기도 응답
9) 신비스러운 경험 10) 기타 _____

(문 22에서 1, 2, 3, 4번 응답자)

문 25) 교회 출석 이후 믿음을 가지게 되는 과정에서 가장 장애가 되는 것은 무엇이었습니까? (단수 응답)

1) 하나님/예수님의 존재에 대한 의심 2) 예수님만을 통해 구원받는다는 교리
3) 기적 등 비과학적으로 보이는 성경의 내용 4) 헌금
5) 교회의 부정적 이미지 6) 세사/실 하는 분세
7) 가족의 반대 8) 교인들의 배타적 태도
9) 기타 _____ 10) 없었다.

문 26) 교회 나가기 전의 삶과 현재의 삶을 비교하면 삶에 대한 만족도는 어떻습니까? (단수 응답)

1) 매우 더 불만족스러워졌다. 2) 약간 더 불만족스러워졌다.
3) 비슷하다. 4) 약간 더 만족스러워졌다.
5) 매우 더 만족스러워졌다.

문 27) 귀하께서는 전도 받은 후 처음 나갔던 교회에서 정식으로 등록하셨습니까? (단수 응답)

1) 등록했다. 2) 등록하지 않았다.

(문 27에서 1번 응답자)

문 28) 귀하가 처음 나갔던 교회에 정식으로 등록하도록 영향을 준 것은 무엇입니까? 영향을 준 순서대로 두 가지를 선택해 주세요. 1순위 ____, 2순위 ____

1) 나를 전도한 사람 2) 예배의 설교와 찬양의 감동
3) 교회의 성경 공부 4) 목사의 성품
5) 교인들의 친절한 분위기 6) 교회 건물의 위치/규모
7) 교회의 소그룹 모임(구역/셀/순/가정교회 등) 8) 교회의 사회적 봉사활동
9) 기타 _____

(SQ 5에서 2016-2019년 응답자)

문 29) 귀하께서는 코로나19 이전에 얼마나 자주 교회에 출석하셨습니까? (단수 응답)

1) 매주 출석　　　　　　　　　　2) 한 달에 3번 정도 출석
3) 한 달에 2번 정도 출석　　　　　4) 한 달에 1번 정도 출석
5) 두세 달에 1번 정도 출석　　　　6) 6개월에 1회 이하 출석

문 30) 현재 출석하시는 교회에서 직분은 무엇입니까? (단수 응답)

1) 장로　　　　　　　　　　　　2) 안수집사/남자 권사
3) 여자 권사　　　　　　　　　　4) 서리집사
5) 직분 없는 성도　　　　　　　　6) 목사/전도사

문 31) 귀하께서는 다음 교회 내 모임 가운데 어느 모임에 참여해서 활동하십니까? 코로나19 발생 이전을 포함해서 참여하신 모임에 모두 응답해 주세요. (복수 응답)

1) 구역/셀/순/가정교회 등　　　　2) 남선교회/남전도회
3) 여선교회/여전도회　　　　　　4) 청년부/대학부
5) 교회 내 취미활동 모임　　　　　6) 교회 내 사회봉사 모임
7) 큐티 나눔 모임　　　　　　　　8) 기타 _____
9) 참여하는 모임 없음

문 32) 참여하신 모임 활동에 대해 어느 정도 만족하십니까? (단수 응답)

	매우 불만족	약간 불만족	약간 만족	매우 만족
1) 구역/셀/순/가정교회 등	1	2	3	4
2) 남선교회/남전도회	1	2	3	4
3) 여선교회/여전도회	1	2	3	4
4) 청년부/대학부	1	2	3	4
5) 교회 내 취미활동 모임	1	2	3	4
6) 교회 내 사회봉사 모임	1	2	3	4
7) 큐티 나눔 모임	1	2	3	4
8) 기타	1	2	3	4

문 33) 귀하께서 성가대 등 교회에서 하셨거나 현재 하고 계신 봉사는 무엇입니까? 코로나19 발생 이전을 포함해서 교회 봉사하셨던 경험을 모두 응답해 주세요. (복수 응답)

1) 성가대
2) 찬양팀
3) 방송실/온라인 방송 촬영 및 송출 등
4) 교사
5) 주방 봉사
6) 예배 안내
7) 헌금위원
8) 새가족 안내/양육
9) 일대일 제자 양육
10) 주차 안내
11) 기타 _____
12) 봉사하지 않는다.

문 34) 귀하께서 하셨거나 현재 하고 계시는 봉사에 대해 어느 정도 만족하십니까? (단수 응답)

	매우 불만족	약간 불만족	약간 만족	매우 만족
1) 성가대	1	2	3	4
2) 찬양팀	1	2	3	4
3) 방송실/온라인 방송 촬영 및 송출	1	2	3	4
4) 교사	1	2	3	4
5) 주방 봉사	1	2	3	4
6) 예배 안내	1	2	3	4
7) 헌금위원	1	2	3	4
8) 새가족 안내/양육	1	2	3	4
9) 일대일 제자 양육	1	2	3	4
10) 주차 안내	1	2	3	4
11) 기타 _____	1	2	3	4

문 35) 현재 출석하시는 교회에 대해 어느 정도 만족하십니까? (단수 응답)

1) 매우 불만족스럽다.
2) 약간 불만족스럽다.
3) 약간 만족한다.
4) 매우 만족한다.

문 36) 귀하께서는 개인적으로 전도한 경험, 거리전도 경험 등을 모두 포함해서 전도해 보신 경험이 얼마나 있습니까? (단수 응답)

1) 거의 하지 않았다.
2) 별로 하지 않았다.
3) 가끔 했다.
4) 자주 했다.

(문 36에서 1, 2번 응답자)

문 37) 전도를 하지 않는 이유는 무엇입니까? 가장 중요한 이유 한 가지만 응답해 주세요. (단수 응답)

    1) 전도할 생각이 들지 않아서　　2) 어떻게 전도할지 방법을 몰라서
    3) 전도할 만큼 내 신앙이 깊지 않아서　　4) 전도할 용기가 나지 않아서
    5) 전도하기에는 내 삶이 부끄러워서　　6) 지인과의 관계가 어색해질까 봐
    7) 기타 _____

(문 36에서 3, 4번 응답자)

문 38) 귀하께서 해 보셨던 전도 방법은 다음 가운데 어떤 것입니까? 경험했던 방법을 모두 응답해 주세요. (복수 응답)

    1) 거리전도　　2) 가구 방문 전도
    3) 개인적 관계를 통한 전도　　4) 봉사활동을 통한 전도
    5) 기타 _____

문 39) 교회에 처음 나가시기 전과 비교하면 한국 교회에 대한 이미지는 현재 어떻게 변화되었습니까? (단수 응답)

    1) 매우 더 나빠졌다.　　2) 약간 더 나빠졌다.
    3) 교회 출석하기 전과 비슷하다.　　4) 약간 더 좋아졌다.
    5) 매우 더 좋아졌다.

문 40) 귀하께서는 코로나19 발생 이후 주일 예배를 얼마나 자주 드리십니까? 현장 예배와 온라인 예배를 포함해서 말씀해 주세요.

    1) 매주　　2) 한 달에 3번 정도
    3) 한 달에 2번 정도　　4) 한 달에 1번 정도
    5) 두세 달에 1번 정도　　6) 6개월에 1회 이하
    7) 거의 안 드림

문 41) 코로나19 발생 이후 온라인 예배 또는 방송 예배를 드리셨습니까?

    1) 예　　2) 아니오

(문 41에서 1번 응답자)

문 42) 온라인 예배 또는 방송 예배를 드렸을 때, 교회에서의 현장 예배와 비교해 어떠셨습니까? (단수 응답)

1) 현장 예배보다 만족하지 못했다.
2) 현장 예배보다 오히려 더 좋았다.
3) 현장 예배와 비슷했다.

(SQ 5에서 2016-2019년 응답자)

문 43) 코로나19를 겪으면서 귀하 신앙 수준의 변화가 있습니까? (단수 응답)

1) 신앙이 약해진 것 같다.
2) 코로나 이전과 비슷하다.
3) 오히려 신앙이 깊어진 것 같다.
4) 잘 모르겠다.

문 44) 귀하께서 코로나19 사태를 지내면서 본인의 신앙을 지키는 일에 가장 도움을 받고 있는 것은 무엇이라고 생각하십니까? 두 가지를 중요한 순서대로 응답해 주세요.

1위 _____ , 2위 _____

1) 담임목사의 설교
2) 교회 교역자의 심방과 상담
3) 다른 교회 목사 설교
4) 성경 묵상과 기도
5) 신앙 서적
6) 소그룹 리더와 멤버들의 섬김과 교제
7) 내가 속한 소그룹 외의 다른 교인들의 섬김과 관심
8) 기타 _____
9) 없다.

문 45) 코로나19 상황에서 신앙생활과 관련하여 가장 어려운 점은 무엇입니까? (단수 응답)

1) 예배에 집중하는 것
2) 교역자와의 상담 및 소통
3) 성도 간의 교제
4) 자녀(들)의 신앙 교육
5) 개인의 신앙 성숙
6) 교회에 자주 못 가는 것
7) 기타 _____

(SQ 5에서 2016-2019년 응답자)

문 46) 코로나19가 종식된 이후에는 주일 예배를 드리기 위해 귀하의 교회 출석이 어떨 것 같습니까? (단수 응답)

1) 코로나19 이전과 교회에 비슷하게 갈 것 같다.
2) 코로나19 이전보다 교회에 더 자주 갈 것 같다.
3) 코로나19 이전보다는 교회에 덜 갈 것 같다.
4) 잘 모르겠다.

자료 분석을 위한 질문을 드리겠습니다

DQ 1) 귀하의 직업은 무엇입니까? (단수 응답)

1) 농업/임업/어업
2) 자영업(종업원 9명 이하 소규모 장사 및 가족 종사자, 개인택시 운전사 등)
3) 판매/서비스직(상점 점원, 세일즈맨 등)
4) 기능/숙련공(운전사, 선반, 목공 등 숙련공)
5) 일반 작업직(토목 관계의 현장 작업, 청소, 수위 등)
6) 사무/기술직(일반 회사 사무직, 기술직, 초·중·고 교사, 항해사 등)
7) 경영/관리직(5급 이상의 고급공무원, 기업체 부장 이상의 위치, 교장)
8) 전문/자유직(대학교수, 의사, 변호사, 예술가)
9) 가정주부(주로 가사에만 종사하는 부인)
10) 학생
11) 무직

DQ 2) 귀댁의 경제적 수준은 어느 정도라고 생각하십니까? (단수 응답)

1) 상
2) 중상
3) 중
4) 중하
5) 하

DQ 3) 귀하는 결혼하셨습니까? (단수 응답)

1) 예(이혼, 사별 등 포함)
2) 아니오

DQ 6)   귀하 출석 교회의 출석 교인 수는 몇 명입니까?

1) 50명 이하   2) 51-100명
3) 101-300명   4) 301-500명
5) 501-1000명   6) 1001-2000명
7) 2001명 이상

새신자 조사에 응답해 주셔서 감사합니다.

한국교회탐구센터

한국 교회, 특히 개신교는 지난 120년 동안 초기의 민족적 수난과 열악한 상황 속에서 민족과 함께 고난받으며 괄목할 성장을 거듭했습니다. 그러나 오늘날 한국 교회는 사회에 희망을 주지 못한 채 오히려 비난을 받으며 쇠락의 모습을 보이고 있습니다. 그동안 한국 교회의 변화와 갱신, 개혁을 위한 제안들이 많았습니다. 그러나 단순히 아름다운 과거로 돌아가거나 새로운 프로그램을 도입하는 것으로는 해결되지 않는 보다 근본적인 대수술이 필요합니다. 이를 위해서는 무엇보다 한국 교회가 자신을 객관적으로 살피고 성찰함으로써 밑바닥에서부터 일어나는 뼈저린 회심과 새로운 비전이 중요합니다.

한국교회탐구센터(The Research Center for the Korean Churches)는 이러한 노력의 일환으로 시작된 작은 몸짓으로서, '하나님나라를 위한 교회, 한국 교회를 위한 탐구'를 모토로 2011년에 설립되었습니다. 우리가 습관적으로 답습해 왔지만 성서적·신학적·역사적 기반은 모호한 한국 교회의 관행과 면모들을 하나하나 밝혀 갈 것입니다. 신학교에서도 교회에서도 제대로 다루지 않았던, 그리고 세상 속에서 하나님 나라를 위해 거룩한 제사장으로 부름받은 성도들의 삶 속에서도 구현되지 못했던 과제들을 진지하게 탐구할 것입니다. 한국교회탐구센터는 한국 교회의 참된 회복을 위해 우리의 신앙 공동체에 대한 비판적인 분석과 선지자적 연민을 함께 일깨울 것입니다.

구체적으로 매년 '교회탐구포럼'을 개최함은 물론 연구 활동 및 자료 발간 등을 위해 힘쓸 것입니다. 그동안 "한국 교회와 직분자: 직분제도와 역할"(2011년), "한국 교회와 여성"(2012년), "급변하는 직업 세계와 직장 속의 그리스도인"(2013년), "교회의 성(性), 잠금 해제?"(2014년), "한국 교회 큐티 운동 다시 보기"(2015년), "한국 교회와 제자훈련"(2016년), "종교개혁과 평신도의 재발견"(2017년), "페미니즘 시대의 그리스도인"(2018년), "혐오의 시대를 사는 그리스도인"(2019년), "태극기를 흔드는 그리스도인"(2020), "교회를 선택한 사람들"(2021년) 등의 주제로 포럼을 개최했습니다.

한국교회탐구센터
주소 _ 04031 서울 마포구 동교로 156-10
전화 _ 070-8275-6314
팩스 _ 02-333-7361
홈페이지 _ http://www.tamgoo.kr

교회를 선택한 사람들

초판 발행_ 2022년 11월 9일
초판 2쇄_ 2022년 12월 30일

편집위원장_ 송인규
지은이_ 정재영·김선일·송인규·이민형·정지영
펴낸이_ 정모세

펴낸곳_ 한국기독학생회출판부
등록번호_ 제2001-000198호(1978.6.1)
주소_ 04031 서울시 마포구 동교로 156-10
대표 전화_ (02)337-2257 팩스_ (02)337-2258
영업 전화_ (02)338-2282 팩스_ 080-915-1515
홈페이지_ http://www.ivp.co.kr
이메일_ ivp@ivp.co.kr

ISBN 978-89-328-1944-0
ISBN 978-89-328-1171-0 (세트)

ⓒ 한국기독학생회출판부 2022

책값은 뒤표지에 있습니다.
무단 전재와 복제를 금합니다.